dtv

premium

George Wyland-Herzfelde

GLÜCK GEHABT

Erinnerungen
1925–1949

Deutscher Taschenbuch Verlag

Originalausgabe
März 2003
Deutscher Taschenbuch Verlag GmbH & Co. KG,
München
www.dtv.de

Umschlagkonzept: Balk & Brumshagen
Umschlagfoto: aus dem Besitz des Autors
Satz: Fotosatz Reinhard Amann, Aichstetten
Gesetzt aus der Garamond 10,5/12,5˙ (QuarkXPress)
Druck und Bindung: Kösel, Kempten
Gedruckt auf säurefreiem, chlorfrei gebleichtem Papier
Printed in Germany · ISBN 3-423-24329-5

BERLIN

1925–32

Ich kam 1925 auf die Welt, am 14. Oktober, um 11:30 abends, in Berlin. Und landete in einer Mansardenwohnung am Kurfürstendamm, wo ein gewisser Wieland Herzfelde seit 1917 wohnte und seinen Malik-Verlag gegründet hatte. Was ich damit sagen will: Das Märchen vom Storch ist keine reine Erfindung der Erwachsenen, sondern Ausdruck des kindlichen Empfindens, dem Zufall in der Elternwahl ausgesetzt gewesen zu sein.

Welchem Kind ist es nicht, wenn auch noch so flüchtig, durch den Kopf gegangen, was aus ihm in einer anderen Familie oder an einem ganz anderen Ort geworden wäre? Für mich stellte sich diese Frage im Lauf der Jahre oft sehr konkret. Denn meine Eltern waren politisch gefährdet. Vor meiner Ankunft war mein Vater schon zwei Mal nur knapp dem reaktionären Terror entkommen. Wenn er die Anschläge nicht überlebt hätte, wo wäre ich dann gelandet? Er erzählte seinem kleinen Jungen gern, wie er davongekommen war. Er wollte damit wohl mein Selbstvertrauen stärken und mich gegen alle Eventualitäten rüsten. Und es hat auch geholfen, als uns die Ereignisse ins Exil von einem Land zum anderen trieben.

Mehrmals wurde ich, gegen meinen Willen, vorweg in Sicherheit gebracht. Ob, wann und wo wir uns wiedersehen würden, war dabei niemals sicher. Die Eltern sprachen offen darüber, wer im Ernstfall ihren Platz in meinem Leben einnehmen könnte. Nur von den Abschiedsbriefen, die sie hinterlegten, wusste ich nichts. Sie mussten mir glücklicherweise nie übergeben werden. Dennoch malte ich mir aus, welche Richtung mein Leben bei den in Frage kommenden Zieheltern nehmen könnte. Nicht, wie es scheinen mag, aus Mangel an Liebe für die echten, sondern weil die Trennung andernfalls unerträglich gewesen wäre.

Für den Anfang konnte ich mit meinem Los jedenfalls sehr zufrieden sein. *Your daddy's strong and your mother's good looking …* So war es. Mein Vater war nicht gerade gross, aber kräftig wie ein Bergsteiger, mit kurzen Armen und Beinen. Er hatte einen massiven Kopf, mit den Anfängen einer Glatze, die mit der Zeit schöner wurde, einen heiteren, gütigen Blick, einen sinnlichen Mund und zärtliche Hände – die Worte, mit denen ich ihn jetzt beschreibe, waren mir damals natürlich nicht geläufig. Aber es war für uns ganz natürlich, Hand in Hand zu gehen, einander auf den Mund zu küssen und zu umarmen. Dazu gehörte auch, dass wir uns von Anfang an ungewöhnlich gut verstanden haben.

Meine Mutter küsste ich auch, aber weniger spontan, mehr anbetend. Sie war sehr schön, schlank, elegant, zurückhaltend. Für mich hatte sie das Gesicht eines Engels, sanft und streng. Ich war mir ja nicht bewusst, dass wir sogenannter jüdischer Abstammung waren und keinen Anspruch auf Engel hatten. Religion war in unseren Kreisen kein Thema. Dennoch könnten die Trauer und Skepsis in Mutters Blick, selbst in ihrem Lächeln, ein Erbe der Diaspora sein.

Als ich erwachsen war, erzählte sie mir, mit etwas Bedauern, dass ihr der Verleger Bruno Cassirer, kurz nachdem sie aus ihrer Heimatstadt Salzburg ins wilde Berlin gekommen war, das Angebot gemacht hatte, seine Galerie zu führen. Es war ihr suspekt, weil sie über Kunst so gut wie gar nichts wusste.

»Es ist Ihre Gelegenheit zu lernen«, war seine prompte Antwort. Sie lehnte trotzdem ab. Aber ich kann mir vorstellen, dass Cassirer ihre besonderen Eigenschaften erkannt und dass er es gerade deshalb ehrlich gemeint hatte.

Ich hatte selten Spielgefährten. Im Freundeskreis meiner Eltern gab es kaum Kinder in meinem Alter. Nur Peter, der Sohn von George Grosz, kam in späteren Jahren gelegentlich zu Besuch. Tom und Eva, die Kinder von meinem Onkel John Heartfield, waren älter als ich.

Ich bin lange der Meinung gewesen, dass wir gleich nach meiner Ankunft aus der Mansardenwohnung, in der Vater seit Ewigkeiten gehaust und seinen Verlag gegründet hatte, in das Nobelviertel Dahlem übersiedelt seien. Das stimmt aber nicht. Bei meinen Nachforschungen entdeckte ich in Elias Canettis Erinnerungsbuch »Die Fackel im Ohr«, dass er noch im Sommer 1928 bei uns im Gästezimmer am Kurfürstendamm wohnte, um an einer dringenden Übersetzung zu arbeiten.

Erst danach sind wir in das Haus an der Schorlemer Allee umgezogen, und der Umzug fand nicht nur mir zuliebe statt. Er entsprach sicher auch den eigenen, lang verleugneten Wünschen der Eltern. Ich sehe die hohen Räume noch vor mir, die massiven, schweren Türen in ihren Rahmen, geräuschdämpfende Doppel- und Schiebetüren, Fenster, die bis zum Boden reichten, das gepflegte Parkett und die Stukkatur an den Decken, die Treppe mit dem zum Runterrutschen einladenden Geländer. Und mein eigenes Zimmer, das grosse Bett und die blaue Daunendecke, die sich unter Tags in ein Tipi oder eine Zeppelinkabine verwandeln liess.

In unserer Umgebung gab es nur ein Kind, ein Mädchen meines Alters, mit dessen Eltern ich meine vergleichen konnte. Es lebte in einer Bauhaus-Villa, nein, eigentlich einem Bauhaus-Haus nebenan. Es hatte eine Garage, und die Eltern ein Auto. Darin waren sie meinen Eltern, zum Beispiel, voraus.

Ich spielte ein, zwei Mal mit dem Mädchen in ihrem Garten. Wir nannten einander (lange vor Beckett) Herr Herr und Frau Frau. Sie brannte auf einem teueren Puppenherd mit zu viel Zucker ein Stück Rhabarber an, das ich gegessen habe, in der Hoffnung, von ihren Eltern zu einer Autofahrt eingeladen zu werden.

Umsonst. Ihre Eltern traten nie in Erscheinung, kümmerten sich reichlich wenig um ihre Tochter. Sie hatte es also, trotz Auto, mit dem Auf-die-Welt-kommen schlechter getroffen und glaubte deshalb, dass sie adoptiert worden sei.

Natürlich gewöhnt man sich mit der Zeit an seine Eltern und ihren Geschmack, ihre Meinungen. Deshalb gewöhnte sie sich auch an die ihren und ihr eiskaltes Haus, das meine Eltern, und deshalb auch ich, entsetzlich fanden. Umgekehrt fanden die Nachbarn das Haus, in dem wir zwei Stockwerke bewohnten, sicher furchtbar altmodisch.

Begeistert machte sich mein Vater daran, die neue Wohnung einzurichten. Er ging auf Auktionen, nicht mit der Mutter, sondern mit seinem besten Freund, George Grosz, dem Maler, den er entdeckt und berühmt gemacht hatte. Grosz war übrigens auch mein Pate, und ich war nach ihm George genannt worden.

Wie zwei Jäger, oder zwei kleine Jungen, brachten sie ihre Beute nach Hause. Antike Tische und Stühle, Schränke und Büchergestelle, Truhen und Kommoden aus gepflegtem, mit duftendem Wachs sanft poliertem Holz oder Furnier, mit alten Beschlägen; flauschige Sofas und Sessel; Leuchter und Lampen; Krüge, Teller und Vasen aus Steingut und Zinn. Mutter und ich durften jedes Stück bewundern und mitbestimmen, wo es hingehörte. Bald sah es so aus, als hätten wir schon ewig dort gewohnt. Auch märchenhaft gemusterte Orientteppiche und Gegenstände aus fernen Ländern trugen dazu bei.

Einmal brachten die beiden Männer einen wunderschönen japanischen Samurai-Bogen mit. Sie konnten ihn mit aller Kraft nicht spannen, fürchteten ihn vielleicht zu zerbrechen. Glücklicherweise hatten sie zugleich für mich einen kleinen Bogen mit einem Köcher voller Pfeile aus dunklem Edelholz mitersteigert. Auf den stürzten sie sich nun. Schliesslich durfte ich auch mitspielen. Die strohhalm-dünnen, mit farbigen Federn geschmückten Pfeile flogen erstaunlich weit und zielgenau, jedenfalls so gut wir zielen konnten.

Der kleine Bogen musste einmal dem Sohn eines grossen afrikanischen Häuptlings gehört haben. Damals wurde es nicht so genau genommen, wie solche Stücke zur Auktion gelangten.

Grosz kam oft zu Besuch, alleine oder mit Eva, seiner Frau. Die Eltern nannten sie Maud und ihn Bœuf. Er hatte auch wirklich etwas von einem Stier an sich, sein immer glattrasiertes, durchblutetes Gesicht, seine stahlblauen, herausfordernden Augen, auch seine muskulösen Unterarme und Hände, die ich besonders bewunderte. Er bezeichnete sich gerne als einen Malerknecht, war aber in seinem Auftreten und der ausgesucht gepflegten Kleidung von Kopf bis Fuss ein Herr. Abgesehen von dem schelmischen Blick, mit dem er sich selbst und die Welt zu durchschauen schien.

Er genoss das Leben, seine Havanna-Zigarren, den Whisky, und war ein wunderbarer Unterhaltungskünstler. Wenn er eine Geschichte erzählte, schlüpfte er in alle Rollen, die des Grossverdieners, des Sommeliers, des Offiziers, des Untertanen und unterwürfigen Künstlers – auf den hatte er es besonders abgesehen – bis zum Meuchelmörder. Sie waren alle irgendwie Teil von ihm selbst.

Nach dem Essen spielte er mit dem Vater gerne ein Schach besonderer Art. Sie bezichtigten einander lauthals des Betrugs und rechtfertigten ihre Züge mit neu entdeckten Regeln aus erfundenen Fachzeitschriften und literarischen Quellen oder unbekannten Texten von Marx, Engels oder Lenin, die bekanntlich unanfechtbar waren. Selbst ich konnte erkennen, dass sie sich über ähnliche Rechthabereien in politischen Diskussionen, denen ich gelegentlich lauschte, lustig machten.

Manchmal, muss ich sagen, schien mir unser verwöhnter Lebensstil nicht gerade zu dem sozialen Bewusstsein zu passen, das mir Vater mit Erfolg beizubringen versuchte. Er stand auch in Widerspruch zu den Ölbildern und Grafiken von Grosz, die an den Wänden hingen und die bürgerliche Gesellschaft bitterböse an den Pranger stellten.

Diese Bilder waren für mich lange der Inbegriff von Kunst. Ich sah wenig andere. Und diese Kunst gefiel mir auch, mit Ausnahme der lüsternen Bilder, in denen Grosz die Verdorbenheit zu zelebrieren schien und meine ritterliche Unschuld beleidigte, die sich Frauen ganz anders vorstellte.

Zum ersten Mal hatte Vater einen Garten zur Verfügung, und er nutzte ihn für ausgelassene Feste, zum Missfallen der langweiligen Nachbarn. Bier wurde in grossen Eichenfässern geliefert. Ketten farbiger Glühbirnen wurden von Baum zu Baum gehängt. Ich durfte aufbleiben, bis sie angeknipst wurden und die ersten Gäste kamen.

»Wieland kannte jeden«, schrieb Canetti über meinen Vater, »und machte mich mit jedem gleich bekannt. Er kam Menschen rasch nahe, wie ein Kind, verfiel ihnen aber nicht und löste sich leicht wieder... er war immer auf dem Sprung, agil und rege, von keinem überflüssigen Wissen belastet, üblicher Bildung abgeneigt ... aber wenn es darum ging, etwas herauszubringen, erstaunlich genau, plötzlich eigensinnig wie ein Alter.«

Kein Zweifel, Berlin war Vaters Stadt, er gehörte zu Berlin. Er wurde auch nach dem Krieg gleich zwei Mal zum Ehrenbürger von Berlin ernannt. Das erste Mal in der DDR-Zeit. Und die Ehrung wurde, im Gegensatz zu vielen anderen, nach dem Fall der Mauer und seinem Tod bestätigt.

Im Bett hörte ich sie alle, hauptsächlich Männer, draussen im Garten lachen und singen, Volkslieder und amerikanische Songs, denn besonders Grosz war von Jazz begeistert, *Come on an' hear* und »Dort unten vor dem Tore«. Eine eigenartige Mischung von Fernweh und Heimweh, über das sie sich im gleichen Masse lustig machten.

Ich summte, wo ich konnte, die zweite Stimme mit. Das gab mir ein wohliges Gefühl des Dabeiseins, bis ich einschlief.

Ich habe die Harmonie, glaube ich, von meinem Brummkreisel gelernt, der lange mein liebstes Spielzeug war.

An kühlen Morgen, ehe die Eltern und das Kindermädchen erwachten, war die Wohnung am schönsten, grössten, luftigsten, weil nur ich, keine Erwachsenen, als Masstab diente. Ich schlich zum für die Eltern gedeckten Frühstückstisch, nicht um Zucker, sondern Salz mit dem sprichwörtlichen kleinen Silberlöffel aus einem Meissen-Näpfchen zu naschen.

»Das ist doch völlig ungesund«, schimpfte die Mutter, wenn sie die Spuren entdeckte.

»Kälbern gibt man auch Salz zu lecken«, kam Vater, wie immer, zu meiner Verteidigung. »Der Junge wird schon damit aufhören, wenn er genug hat.«

Die widersprüchliche Haltung der Eltern hatte damit zu tun, dass ich mit einem Herzklappenfehler und einem Septumdefekt geboren wurde. Meiner Mutter, wie wohl jeder Mutter an ihrer Stelle, machte dieser Defekt grosse Sorgen. Sie liess mich immer wieder untersuchen. Die Ärzte hielten mich für zu klein, um verlässliche Auskunft zu geben, wie es mir ergehe. Ihr Rat war jedes Mal derselbe: Da es keine Heilung gäbe, sei die einzige Hoffnung Ruhe, und noch mal Ruhe und Schlaf. Eigentlich wussten sie nichts, warnten trotzdem, dass Missachtung ihrer Empfehlung fatale Folgen haben könnte.

Ich hatte mit dem Herz keine Schwierigkeiten. Die schlimmsten Folgen des Zustands waren für mich, so leben zu müssen, wie es die Ärzte verlangten. Ich hasste die endlosen Ruhestunden am Vormittag und Nachmittag. Mir kam es manchmal vor, als wollte Mutter ihre Ruhe vor mir haben.

Es war eigentlich meine Schuld, denn meine Geburt hatte sie, so sagte man, sehr mitgenommen. Also wollte ich mich nicht beklagen. Im Gegenteil, ich wollte mein Mütterchen beschützen, ihr Schutzengel sein. Aber es trübte doch meine Liebe für sie.

Gerne hätte ich noch ein Brüderchen oder Schwesterchen gehabt. Und ich half dem Wunsch nach, mit halbverstandener Aufklärung, indem ich eines Morgens auf Zehenspitzen ins Eltern-Schlafzimmer schlich, vorsichtig ihre Decke zurückzog und meiner Mutter, die sich schlafend stellte, einen Apfelkern in den Nabel legte. Es fruchtete nichts, die Zeiten waren auch nicht danach.

Ihr Arzt fand einen Schatten auf ihrer Lunge. Also ging sie, als ich zwei oder drei war, mit mir und einem Kindermädchen einen Winter lang in die Schweiz nach Montana. Ich liebte den Schnee, die Eiszapfen und die wärmende Sonne in der Kälte. Vater kam uns dort kurz besuchen, wie immer in Verbindung mit Geschäftlichem. Er machte selten einfach Ferien. Aber Zeit, um einen Schneemann zu bauen, hatte er doch.

Meine Liebe für ihn war ungetrübt, auch wenn ich wenig von ihm hatte. Er war auf meiner Seite. Den Ärzten glaubte er kein Wort. Ich war offensichtlich ein lebhaftes Bürschchen. Er unternahm alles, um aus mir einen nach seinen Vorstellungen richtigen Jungen zu machen. Und ich tat alles, um ihn dabei zu unterstützen.

Ich war drei oder vier, so erzählten mir die Eltern, als sie wiederholt aus meinem Zimmer einen dumpfen Schlag hörten, gefolgt von lautem Gelächter. Sie eilten hinzu und sahen, dass ich mich rücklings von einem kleinen Schemel fallen liess.

»Ich lerne zu lachen, wenn es weh tut«, erklärte ich mit Stolz. Und tatsächlich konnte mich nur eine Ungerechtigkeit zum Weinen bringen.

Natürlich war auch mein Vater besorgt, wenn ich mal wirklich krank war. Zum Beispiel, als ich Lungenentzündung hatte. Da es mir immer schlechter ging, bat er den befreundeten Gynäkologen, der meine Mutter entbunden hatte, das Vorgehen des mich behandelnden Kinderarztes zu beurteilen.

Der hatte dem Kindermädchen befohlen, meinen unbekleideten Körper zehn Minuten lang am offenen Fenster, auch wenn es noch so kalt war, der frischen Luft auszusetzen. Unser Freund beschuldigte den Herrn Kollegen, mein Leben damit bewusst aufs Spiel gesetzt zu haben, und zwar aus politischen Motiven.

Mein Vater warf den Mann aus dem Haus und wollte ihn verklagen. Das tat er dann aber doch nicht, denn der Ausschluss unseres Zeugen aus der Ärztekammer war schon zu der Zeit wahrscheinlicher als ein gerechtes Urteil vor einem Gericht.

Es ging es mir bald besser, besonders wenn Vater lächelnd an mein Bett kam und mich verspielt hin- und herrollte, wie einen kleinen Welpen, um mir das Atmen zu erleichtern. Ich gab daraufhin bekannt, ich sei der »Wuddel-Waddel von Papa«.

Ich weiß nicht genau, wann und warum wir von Dahlem nach Wannsee übersiedelt sind. An den Umzugstag erinnere ich mich allerdings deutlich. Der Bogen aus Afrika und die dazugehörigen Pfeile, mein wertvollster Besitz, standen in ihrem Gestell auf dem Boden und kamen vor meinen Augen unter die Stiefel eines

Möbelpackers, der eine schwere Truhe schleppte und das Spielzeug nicht sehen konnte. Es knackte furchtbar und war nicht zu reparieren.

Die Schorlemer Allee hatte sich, trotz modernem Bauhaus-Haus, als zu spießig erwiesen. Ich hatte Streit mit einer Frau nebenan, weil ich einmal meinem Ball über ihren manikürten Rasen nachgelaufen war. (Wiesen waren hier unbekannt.) »Wenn er so empfindlich ist, rollen Sie Ihren blöden Rasen auf und nehmen Sie ihn mit ins Haus«, soll ich ihr gesagt und damit einen Schreikrampf ausgelöst haben.

»Das ist doch ein guter Vorschlag«, sagte mein Vater mit dem freundlichsten Lächeln, als sie sich bei ihm beschwerte.

In einem anderen Garten, wo wir, wer weiss warum, zu Besuch waren, hatte man zum Schutz des Rasens einen Pfad mit flachen Steinen, jeweils einen Schritt weit voneinander, ausgelegt. Es muss sehr langweilig gewesen sein, denn mein Vater hat mit einem Kunststück versucht die Gäste zu unterhalten.

Er warf mich über seine Schulter, um mich, wie immer, millimetergenau zwischen den Beinen aufzufangen. Aber diesmal knallte ich mit der Stirn auf eine der leicht erhöhten Platten und musste mit der Ambulanz ins Spital gebracht werden. Die Narbe habe ich noch heute. So gesellte sich zu unserem schlechten Ruf in der Nachbarschaft auch noch Kindesmisshandlung in aller Öffentlichkeit.

Ehe wir endgültig wegzogen, nahm mich Vater noch zu einer Feier aus Anlass der durch Strassenproteste erzwungenen Freilassung von Max Hölz aus dem Zuchthaus mit. Hölz war ein romantischer roter Robin Hood, mit dunklem Haar, schwarzen Augen und buschigem Schnurrbart. Er und seine Jungens zeigten es den Nazis , wenn sie es wagten, eine Wahlversammlung, die er zu schützen hatte, anzugreifen. Die jungen Männer waren sich auf fröhliche Art ihrer Kraft bewusst und kampfbereit. Hölz schüttelte meine Hand, und ich wäre gerne gross genug gewesen, um bei ihm mitzumachen.

Wozu gab es Lieder wie »Unser kleiner Trompeter«, das von einem Jungen handelte, sicher nicht viel älter als ich, der in einer der immer häufiger werdenden Strassenschlachten einer feindliche Kugel zum Opfer fiel?

Aber die Mehrzahl der Kundgebungsteilnehmer waren verhärmt und verbissen. Es war meine erste Begegnung mit dem Proletariat und ich war enttäuscht.

»Das ist doch verständlich«, antwortete mein Vater auf meine Beobachtung. »Das Leben im Kapitalismus verroht und verdummt die Menschen, um sie besser ausbeuten und in den Krieg schicken zu können.«

»Und denkst du, wenn der Kapitalismus abgeschafft würde – wären sie dann plötzlich anders?«

»Nicht sofort. Und lange nicht alle. Aber du hast ja gesehen, es gibt schon jetzt viele unter ihnen, die anders sind, die mit viel Mut für ein besseres Leben kämpfen.« Das war nun wiederum richtig.

In meiner Erinnerung ist Vater auf meine Fragen immer geduldig eingegangen. Im seinem Nachlass finden sich auch viele Stellen, in denen sich zeigt, dass er ähnliche Bedenken wie ich hatte.

Aber ganz so harmonisch war es vielleicht doch nicht immer. Einen Hinweis gibt die Geschichte mit meinem Frosch, einem grünen Laubfrosch namens Hildebrand. Er lebte in einem grossen, mit Gras bepflanzten Konservenglas. Er hatte eine Leiter, die er aber nicht, wie von Fröschen erwartet, hochkletterte, um das Wetter vorherzusagen, sondern nur um mich zu begrüssen, wenn ich in mein Zimmer kam. Dann nahm ich ihn heraus und er hüpfte um mich herum oder sass auf meiner Hand und wir sahen einander an. Ich konnte sein Herz schlagen sehen und wagte kaum zu atmen. Es war ein beglückendes Gefühl.

Hildebrand war pflegeleicht. Ich musste nur Fliegen fangen und sie noch lebend ins Glas stecken. Mein Vater brachte es mir bei und machte auch später gern dabei mit. Wenn sie sich setzten, fegte man sie mit der hohlen Hand von hinten weg, schneller als sie abfliegen konnten, und schloss sie in der Faust ein, ohne sie zu erdrücken.

Mein Vater entdeckte noch eine besondere Fangmethode und war ganz stolz darauf, wie auf so manche andere Entdeckung, zum Beispiel die doppelte Buchhaltung. Ich weiss, die gab es schon vor ihm, aber er wusste es nicht.

Wenn Fliegen auf einem Fenster landeten, trommelte er leicht mit zwei Fingern an die Scheibe. Davon wurden die Fliegen ganz benommen. Er konnte sie behutsam mit Daumen und Zeigefinger fassen und ins Glas setzen. Der Vorteil war, dass sich die so gefangenen Fliegen schnell erholten und dann im Glas herumflogen. Das machte Hildebrands Jagd um so aufregender. Er sass ganz still oder rückte nur ein kleines Stück in ihre Richtung. Seine Augen verfolgten sein Opfer, und wenn es in die Nähe kam, holte er es sich mit einem blitzschnellen Zungenschlag.

Schwupps! Schon war die Fliege weg.

Mit Anfang der kalten Jahreszeit wurde die Nahrungsbeschaffung schwieriger. Eines Tages, schon in Wannsee, suchten wir sonstige Insekten im sympathisch verwilderten Garten des neuen Heims. Aber es gab nicht mehr viele. Schließlich erbeutete mein Vater hinter der bröckelnden Verschalung des trocken gelegten Springbrunnens eine grosse, schwarze, haarige Spinne.

Ich hatte gleich ein ungutes Gefühl und bat ihn, sie im Garten zu lassen. Aber er fasste sie mit einem Taschentuch – ganz sicher fühlte er sich also auch nicht – und bestand darauf, sie Hildebrand vorzusetzen. Denn Frösche hatten Spinnen zu fressen. Aber Hildebrand zog sich zurück. Vater schob ihm die Spinne immer näher. Jetzt flehte ich ihn an, sie aus dem Glas zu nehmen. Aber es missfiel ihm, dass ich, in seinen Augen ein sonst tapferer, waghalsiger Junge, mich auf einmal so zimperlich verhielt.

In die Ecke getrieben, schnappte der Frosch schliesslich zu. Einmal. Ein zweites Mal. Er würgte die Spinne herunter, wurde gelb, dann dunkelviolett und war tot.

Ich war in Tränen, ausser mir vor Wut und Trauer. Ich schlug auf meinen Vater ein, beschuldigte ihn des Mordes.

»Du weisst immer alles besser!« schrie ich wieder und wieder. Also muss er mir doch häufiger und schmerzlicher widersprochen haben, als ich meinte. Er befürchtete, mit dem Tod von Hildebrand mein grenzenloses Vertrauen verloren zu haben. Aber darum ging es nicht. Ich hatte ja schon vorher seine Meinungen in Frage gestellt. Nur musste ich mich zum Schluss stets seinem Urteil beugen. Jetzt fühlte ich mich in meinen Zweifeln bestätigt. Er hatte nicht immer recht.

Das war im Jahr 1930. Die Nazis erzielten ihren ersten erschrekkend grossen Wahlerfolg und zeigten unverzüglich ihr wahres, brutales Gesicht. Sie steigerten ihren Terror, um die Macht zu erzwingen. Hölz wurde von der SA verschleppt und beinahe totgeschlagen.

Meine Eltern liessen mir vorsorglich einen Reiseschein ausstellen, anstatt mich in einen ihrer Ausweise eintragen zu lassen. Damit konnte man mich wenn nötig auch getrennt von ihnen in Sicherheit bringen.

Vor kurzem fragte mich mein Kardiologe in Zürich, dessen jährlicher Kontrolle ich mich, dem Andenken meiner Mutter zuliebe, alle drei Jahre unterziehe, ob mein Herz vor dem Einschlafen ein Rauschen im Ohr verursache. Es war mir zunächst nicht bewusst. Dann erinnerte ich mich, als Kind ein Geräusch gehört zu haben, als komme eine Horde mit genagelten Stiefeln im Gleichschritt aus einem Tunnel auf mich zu. Das liess mein Herz noch stärker schlagen, bis ich mir sagte, dass es doch nur Einbildung sei. Aber konnten die blutigen Ausschreitungen in der Innenstadt und den Arbeitervierteln nicht auch einmal in unsere abgeschirmte Gegend einbrechen?

Als meine Eltern eines Abends spät aus der Stadt nach Hause kamen, fanden sie mich, nur mit einem Nachthemd bekleidet, im Garten. In der Dunkelheit versuchte ich mit einem grossen Spaten einen Schützengraben auszuheben, um im Ernstfall bereit zu sein.

Das soll nicht heissen, dass ich permanent in Angst lebte und den Alltag nicht genoss. Jeden Morgen begleitete ich Vater zur U-Bahn, und wir hatten die interessantesten Gespräche. Nicht nur über Politik, sondern zum Beispiel auch über die Zeit. Waren wir ihr voraus, konnten wir gemütlich gehen. Ein anderes Mal mussten wir ihr nachlaufen. Das ist etwas ganz anderes als »zu früh« oder »zu spät« dran zu sein. Denn Zeit war nicht konstant. Sie konnte blitzschnell vorbeifliegen oder fast stillstehen. Es beschäftigte mich, wie andere Lebewesen, zum Beispiel Insekten, Zeit erlebten. War für sie eine Sekunde so lang wie für uns eine Stunde? Wieso, wenn ihr Leben so kurz war, ergriffen sie die Flucht, um es zu retten? Was empfanden die Blumen? War es für sie ein Unterschied, gepflückt zu werden und zu verwelken oder natürlich zu verblühen, auch wenn beides gleich viel von unserer Zeit in Anspruch nahm?

Aber Vater brachte mir auch so schöne Nebensachen bei, wie man zum Beispiel die lange Treppe der U-Bahnstation wie beim Steptanz hüpfend am schnellsten hinunterkam. Unten gab es ein 10-Pfennig-Päckchen PEZ-Mints aus dem Automaten. Das war für den Heimweg.

Wenn Vater früh genug heimkam, holte ich ihn wieder ab, und wir sangen, Treppe aufwärts, das Werbeliedchen »Jeden Morgen, jeden Morgen les' ich die BZ«, weil es so schön blöd war und auf den Setzstufen der U-Bahn geschrieben stand. Natürlich las ich gar keine Zeitung, und Vater sicher nicht dieses Boulevardblatt.

Er machte für seinen Verlag bessere Werbung! Im Kino, schon damals. Unter der Grosz-Zeichnung eines hassenswerten Militärkopfs, Pfaffen oder Spekulanten stand die einfache Zeile: »In mein Haus kommt kein Malik-Buch.«

Das Haus in Wannsee gefiel mir viel besser als das in Dahlem. Es war irgendwie romantischer. Schon von aussen, denn es hatte einen kleinen Turm auf dem Dach. (Weil er als Beobachtungsstand in Frage kam, wurde das Haus bei der Einnahme Berlins durch die Rote Armee am Ende des 2. Weltkriegs besonders unter Beschuss genommen und leider völlig zerstört.)

Ich nahm den Turm, der nur über eine Klappleiter und durch eine Luke zugänglich war, sofort in Besitz, als meine private Festung. Nur Vater gewährte ich Zugang, besonders wenn sich die Kastanien aus ihren Stachelmänteln lösten. Ich sammelte sie für die Fütterung des Rotwilds in den Wäldern der Stadt, versuchte aber die schönsten mit Salatöl, Wachs und Mutters Nachtcréme zu konservieren – vergebens. Also sind Vater und ich durch ein Fenster aus dem Turm aufs Dach gestiegen, haben die verschrumpelten Kastanien auf zugespitzte, lange Ruten gespiesst und sie, wie beim Fliegenfischen, in die Ferne katapultiert.

Der Besitzer des Hauses war ein wunderbarer alter Mann, Julius Falk, der mit seiner Frau in der ersten Etage wohnte. Bei schönem Wetter sass er meistens mit Flip, seinem Terrier, im Garten. Er war zuckerkrank und musste sich Insulin spritzen. Ich habe ihm manchmal dabei geholfen und dachte schon daran Arzt zu werden.

Er trug helle Anzüge und Panama-Hüte, als käme er aus den Tropen. Dazu hatte er ein sonnengebräuntes Gesicht, eine scharfe Hakennase und weisses Haar. Wie ein alter Indianer, nur nicht so lang. Er erzählte mir auch faszinierende Geschichten von den Indios in den Anden. Man konnte meinen, sie seien seine Vorfahren. Wer hätte vorausgesehen, dass er schliesslich bei ihnen in Quito, Ecuador landen und dort beerdigt werden würde, weil er als Jude aus Berlin flüchten musste?

Da wir jetzt an einem See wohnten, konnte ich mit Vater im Sommer nicht nur wandern, sondern auch in einem mit Wasser vollgesogenen, schweren Vierriemer – den er aus Verantwortungsgefühl gegen sein undichtes Faltboot eingetauscht hatte – rudern gehen. Sogar im Mondlicht bei Nacht. Das war besonders aufregend. Und wenn der See zufror, haben wir auf Schlittschuhen regelrechte Ausflüge gemacht. Ich wollte schon »immer wenn …« schreiben, habe es aber wahrscheinlich nur einen Winter lang erlebt, ehe ich aus Berlin wegmusste.

Wir haben unsere Abenteuer noch mehr genossen, wenn wir uns vorstellten, was »unser Mütterchen« sagen würde, wenn wir ihr erzählten, dass wir in der Dunkelheit unsern Anlegeplatz beinahe nicht mehr gefunden hatten oder das Eis unter unseren Kufen gekracht hatte. »Ich darf gar nicht daran denken ... ihr hättet im Dunkeln kentern können ... wisst ihr, wieviel Leute jedes Jahr durch's Eis brechen ...!« Ich bin mir heute allerdings nicht mehr sicher, ob Mutter uns den Gefallen getan hat, das wirklich zu sagen.

Als ich sechs war, kaufte mir Vater, anstelle meines Kinderrads mit Hilfsrädern (die allerdings schnell abgenommen wurden) ein richtiges Fahrrad. Schon der Geruch im Laden von Gummi und Leder, Öl und Metall war atemraubend. Ich durfte wählen, was ich wollte – Freilauf, Hand- und Rücktrittsbremse, Dynamo, Scheinwerfer und Stoplicht, Rückspiegel, Pumpe und Ledertasche mit richtigem Werkzeug. Es war, im Gegensatz zu dem, was man Kindern sonst schenkt, der Inbegriff von »echt«.

Jetzt konnten wir zusammen längere Touren unternehmen, durch den äusseren Ring der Stadt, von einem Viertel zum anderen. Um ehrlich zu sein, war oft auch Geschäftliches damit verbunden, wenn nicht sogar der Zweck dieser Fahrten.

Ich hätte meinen Vater gern für mich allein gehabt. Aber dazu kam es nur selten. Dafür war ich stolz darauf, bei wichtigen – ich wusste nicht, wie wichtigen – Gesprächen dabei sein zu dürfen. »Wir machen kurz halt bei Eduard Fuchs«, erwähnte Vater beiläufig. »Der hat eine grossartige Sammlung von Indianerkunst.« Aber nebenbei war Fuchs eben auch Aufsichtsratsvorsitzender des Verlags, der in eine Aktiengesellschaft verwandelt worden war, und hatte eine »unfreundliche Übernahme« im Sinn, die Vater gerade noch verhindern konnte. Aber zu mir war Herr Fuchs sehr freundlich und schenkte mir nach der Sitzung eine echte indianische Pfeilspitze aus Obsidian.

Insgeheim fühlten wir uns ein bisschen schuldig, Mutter so auszuschliessen, und spielten nach unserer Rückkehr Heinzelmännchen, um mit kleinen Überraschungen gut Wetter zu machen.

Vielleicht hätte Mutter auch gerne ein Rad gehabt und wäre zumindest manchmal mitgekommen. Es gibt ein Foto aus dem Jahr 1927 von ihr, kühn auf einem Motorrad. Aber das wusste ich nicht.

Wenn Vater nicht mit mir unterwegs war, wurde ich einem Kindermädchen überlassen. Es hiess Elfriede, aber es widerstrebt mir, von ihm in der weiblichen Form zu sprechen. Elfriede war an der Rosskur mit meiner Bronchitis beteiligt gewesen, und man hätte sie mit dem Quacksalber zusammen hinauswerfen sollen. Sie gehörte nämlich einer religiösen Sekte an und reizte meine Mutter zu Tränen mit solchen unverschämten Behauptungen wie: meine Mutter sei gottlos und unfähig ein Kind zu erziehen.

Ein Streitpunkt war mein Anspruch auf den Turm. Das Dachgeschoss, wo das Mädchenzimmer war, wollte Elfriede ganz für sich haben. Als ob ich dieser hässlichen Person etwas hätte »abgucken« wollen! Ich hätte ja mein eigenes Zimmer, sagte sie, und wenn ich vom Turm aufs Dach steigen würde, könnte ich herunterfallen und dann wäre sie verantwortlich.

»Ich bin für mich selbst verantwortlich«, sagte ich, und wisse nicht, wofür sie überhaupt da sei – eine berechtigte Frage, denn Mutter war gelernte Kindergärtnerin. Deshalb wagte sie auch nicht, meinen Vater mit Elfriedes Unverschämtheiten zu belästigen. Schliesslich brachte ich eines Abends die Sache zur Sprache. »Du musst weinen?« fragte er Mutter fassungslos. Und als sie schuldbewusst nickte, öffnete er die Türe zum Gang und rief mit donnernder Stimme: »Elfriede! Raus!« Das war bis unters Dach zu hören. In zehn Minuten war das Ekel weg. Sein Koffer muss schon längst gepackt gewesen sein.

Nach ihr kam Käte. Sie war ein grosses, sportlich anmutendes Mädchen, hatte einen roten Bubikopf, milchweisse Haut, blinzelnde Augen und einen etwas schiefen Mund, der zu ihrer heiseren, leicht spöttischen Stimme passte.

Familienfoto 1928. Mutter besorgt wegen meinem Herzen. Vater entschlossen, es nicht in meinem Weg stehen zu lassen.

So kannte ich meine Mutter nicht.

1931 Wannsee. Mit meinem besten Freund Peter Grosz.

»Das is aber ’n grosser Junge«, stellte sie mit Überraschung fest und fragte sich wahrscheinlich, wozu ich noch ein Kindermädchen brauchte und was von ihr erwartet würde.

Ich starrte sie unablässig an. Sie trug ein einfaches Sommerkleid, das sich an die sanften Rundungen ihres Körpers schmiegte, an den Bauch, die Schenkel und vor allem den Busen. Ein Beben ging durch meinen Körper, als sie sich zu mir niederbeugte und mich umarmte. Mein Herz pochte und meine Stimme versagte.

Mein Leben hatte eine neue Orientierung. Herr Falk trat etwas in den Hintergrund, aber ich glaube, auch er freute sich, Käte in der Nähe zu haben. Vater war mir immer noch am wichtigsten, aber Käte nahm viel Platz in unseren Gesprächen ein.

Ich wurde folgsam wie noch nie, weil ich nur Dinge tun musste, die wir vorher vereinbart hatten, die ich also tun wollte. Oder meinte tun zu wollen. Ich glaube, Käte war ganz schön gerissen. Sie respektierte, was mich beschäftigte, und ließ mir genügend Zeit, meine Arbeiten fertigzumachen. Zum Beispiel: eine leere Seite mit Buchstaben zu füllen, in einem der Blindbände, die bei der Herstellung von Büchern entstehen. Vater hat mir immer eine grosse Freude gemacht, wenn er so einen Band mitbrachte. Ich benützte sie, um mir das Schreiben beizubringen. M-A-L-I-K war ein guter Ausgangspunkt. Zum Schluss setzte ich das Malik-Männchen, das Werbesignet des Verlags, mit einem Stempel unter meine Arbeit, in der Art der Chinesen.

Stolz zeigte ich diese Übungen meinen Eltern. Und auf ihre Frage »Wo hast du denn das gelernt?« war meine stete Antwort: »In der Rechenhochschule.«

Ich wollte Schriftsteller oder Verleger werden, wie mein Vater. Das fand Käte toll. Ich wollte auch, wie er, eine Glatze haben und riss mir die Haare aus, um das zu erreichen. Das fand sie nicht toll und konnte mich auch davon abbringen, indem sie mir zärtlich mit den Fingern durchs Haar fuhr und sagte, jeder Mann wäre sicher froh, solche Haare zu haben. Ich könnte ja meinen Vater mal fragen.

Wir verabredeten es auch, wenn sie Zeit für sich haben wollte, etwa um sich für ein Rendezvous schön zu machen. Ich schaute ihr dabei gerne zu, auch wenn ich wusste, dass sie mit einem Verehrer verabredet war. Ich war zu klein, um es mit ihnen aufzunehmen. Aber sie versicherte mir, dass es ihr mehr bedeutete, mir zu gefallen, als von einem Begleiter fadenscheinige Komplimente zu hören. So lernte ich Eifersucht herunterzuschlucken.

Zum Schluss, geschminkt, gepudert und parfümiert, umarmte sie mich, ehe sie ging.

Meine Mutter war sehr damit zufrieden, dass das Ärgernis Elfriede beseitigt war und Käte einen so guten Einfluss auf mich hatte. Sie hatte auf diese Weise mehr Zeit, an Vaters Arbeit teilzunehmen. Im Tagebuch von Graf Kessler, einem Freund und Mäzen meines Vaters, las ich jedenfalls zu meiner Überraschung, dass ihm meine Eltern 1932 einen Vorschlag für eine Plakatkampagne präsentiert hatten, um parteiunabhängig die Stimmen der zerstrittenen Linken in den Wahlen gegen Hitler zu vereinen. Mutter wollte Bilder von Heartfield, Grosz, Käthe Kollwitz und anderen beschaffen, mein Vater die Texte schreiben, wie er es schon immer für Heartfield getan hatte. Graf Kessler bot sofort seine volle Unterstützung an. Leider wurde die Idee von den Parteifunktionären verworfen. Die tragischen Folgen des Bruderzwists zwischen SPD und KPD sind Geschichte.

Auch für mich fing ein neuer Lebensabschnitt an: 1. Klasse Volksschule in Zehlendorf. Ich freute mich darauf, endlich mit anderen Kindern zusammen zu sein und einen richtigen Lehrer zu haben. Die anderen Erstklässler kamen, wie ich, mit ihren Müttern, gestriegelt, die Wundertüte mit Früchten und Süssigkeiten in den Armen und neuen Schultaschen auf dem Rücken.

Wir verabschiedeten uns von den Müttern und wählten im Klassenzimmer unsere Plätze. Die ersten drei Reihen blieben leer. Da kam auch schon der Lehrer herein, warf die Aktentasche auf sein Pult und befahl uns, nach vorne zu rücken.

Er sah aus wie eine grosse Kröte, mit kurz geschnittenem blondem Haar, dickem Hals, mit Warzen und Knollennase im roten Gesicht. Er schien schon jetzt am Rande eines Wutausbruchs zu stehen. Mit hervorstehenden Augen blickte er auf uns herab, rief von einer Liste unsere Namen auf, und jeder musste, wenn er genannt wurde, aufstehen und »hier« rufen.

Bei »Herzfelde« setzte er seinen Zwicker auf und musterte mich, ehe er weiterlas. Schließlich gab er seinen Namen bekannt, Wolfgang Schlimmer (»… gehts nicht«, dachte ich mir und unterdrückte ein Kichern), verlangte aber, mit »Herr Lehrer« angesprochen zu werden. Kein Wunder.

Das tat sogleich ein kleiner Junge, der austreten musste. Ein ganzer Chor anderer, die aufs Klo gehen mussten, stimmte mit ein. Aber so einfach war das nicht: Erstens müsse man die Hand heben, um sprechen zu dürfen. Zweitens dürfe immer nur einer das Klassenzimmer verlassen. Und drittens müssten wir alle Disziplin lernen. Deshalb dürfe jetzt erst einmal gar niemand austreten.

»Pünktlichkeit, Reinlichkeit, Ehrlichkeit, Pflichtbewusstsein und Disziplin«, zählte der Lehrer auf und liess einen fetten Finger nach dem anderen hochschnellen. »Die werdet ihr hier lernen, um aufrechte Männer zu werden, die bereit sind, ihrem Land zu dienen und es gegen den Feind zu verteidigen.« Als Anfang mussten wir die Liste mehrmals (ebenfalls mit springenden Fingern) wiederholen. Dann hob ich meine Hand und stand auf.

»Herr Lehrer, ich bin gekommen, um Lesen, Schreiben und Rechnen zu lernen«, sagte ich und liess meine Finger hochschnellen. »Nicht die anderen Dinge, die Sie aufgezählt haben.«

Es wurde mäuschenstill. Der Herr Lehrer lief rot an, seine Augen quollen noch weiter hervor, er rang um Atem. »Herzfelde, ich sage es dir jetzt schon voraus: Du wirst am Galgen enden.«

Die Schule war also eine große Enttäuschung für mich, fast ein Gefängnis. Schon am nächsten Tag kam es während der Pause zu einer Rempelei mit älteren Buben. Es war nicht schwer zu erraten, wer dahintersteckte. Der Pausenwart kam gerade noch dazwischen. Nicht alle Lehrkräfte waren wie Schlimmer.

Und ich machte eine wunderbare Entdeckung. Wenn ich mein Zwerchfell fest an die Kante des Pults presste, kippte das Schulzimmer weg! Schlimmer wurde klein und verschwand in der Tiefe. So oft ich wollte.

Die Regierung wechselte ununterbrochen, es ging immer weiter nach rechts. Der senile Hindenburg wurde zum Präsidenten gewählt. Hitler, mit der zweitgrößten Zahl von Stimmen, drängte zur Macht. Das zeitweilige Verbot der SA wurde aufgehoben. Nun mussten die Eltern das Schlimmste befürchten. Es wurde beschlossen, mich vorerst einmal zu den Eltern meiner Mutter nach Salzburg zu schicken.

Käte hatte eine Woche frei, und ehe ich nach Salzburg musste, durfte ich mit ihr nach Köln fahren und ihre Eltern besuchen. Sie kam aus einfachen Verhältnissen. Ihre umfangreiche Familie wohnte seit Generationen in derselben Stadt, zum grössten Teil im selben Viertel.

Die Mutter, vom Leben nicht verwöhnt, hatte trotzdem Kätes Humor und herzliche Art der Umarmung. Alt und jung, Männer und Frauen und Kinder gingen ein und aus, um den Zögling von Käte, der Ausreisserin, zu begutachten.

So eine Grossfamilie war mir neu, und es hatte etwas Besonderes, einer solchen Sippe anzugehören. Der Vater war sogar ein Leser, und Malik war auf seinem Bücherbrett vertreten. Er war erstaunt, dass Kätes Knirps den Inhalt vieler Titel kannte.

Es wurde gelacht und getratscht – und geschimpft. Viele Familienmitglieder waren arbeitslos. Man war wütend auf die rücksichtslosen Unternehmer, auf die Beamten im Arbeitsamt, die sich für etwas Besseres hielten, und die brutale, auf dem rechten Auge blinde Polizei. Eine junge Frau trug einen Arm in einer Schlinge. Niemand war ihr zu Hilfe gekommen, als sie beim Aufhängen eines Wahlplakats von Nazis angegriffen wurde. Es kam zu einer Protestkundgebung. Die wurde brutal auseinandergetrieben.

Die Wohnung, in einem mehrstöckigen Block einer Siedlung, war klein und eng. Niemand hatte sein eigenes Zimmer, und man teilte wenn notwendig sein Bett, wenn jemand zu Besuch kam. Es verstand sich also scheinbar von selbst, dass ich bei Käte schlafen würde.

Ich hatte nie begriffen, warum Erwachsene so eine Geschichte über das Zusammen-ins-Bett-gehen oder Miteinander-schlafen machten. Ich hatte es immer genossen, dass ich unter meiner Decke allein war.

Aber plötzlich war es ganz anders. Käte lächelte über meine Verwirrung, die ich zu verstecken suchte.

»'s hat och noch bei Oma Platz«, bot sie an.

Das Haus, eines von mehreren in einer Siedlung, bestand aus vier Flügeln um einen Innenhof. In dem fand das gemeinschaftliche Leben statt. Am Tag nach unserer Ankunft ging ich hinunter. Es wimmelte von Kindern, von ganz kleinen bis zu Sechzehn-, Siebzehnjährigen. Die älteren schienen auf die jüngeren aufzupassen. Ein friedliches Bild.

Viele beschäftigten sich mit Schnitzen. Aber was schnitzten sie? Schlagstöcke, Schleudern und Speere. Man erklärte mir, dass zwischen den verschiedenen Strassenzügen, deren Anwohner politisch entweder links oder rechts standen, ein Bandenkrieg herrsche. Kätes Block war, Gott sei Dank, links. Da konnte ich mich der Bande also anschliessen und meinen Abschied von der Zehlendorfer Schule wieder gutmachen, der mir irgendwie feige erschien.

Aber die Anführer gaben mir den Rat, mich während des kurzen Besuchs aus den Kämpfen herauszuhalten. Ich könnte ohnehin in Schwierigkeiten geraten, wenn ich allein auf der Strasse einer feindlichen Bande begegnen sollte. Für den Fall gab es eine Regel, die ich mir merken müsse: An allen vier Seiten jedes Blocks führten, wegen Überschwemmungsgefahr des Rheins, drei, vier Treppen zu Sockeln vor den Eingangstüren. Die waren neutrales Territorium. Dort war man im Fall eines Angriffs sicher.

Und einen Tag später, als ich einkaufen gehen durfte, passierte es dann. Auf dem Weg zurück kam mir eine fremde Bande entgegen. Ich sprang schnell auf den Sockel vor unserem Eingang.

Es könnte sein, dass sie mich sonst gar nicht bemerkt hätten. Jetzt versuchten sie, mich herunter zu drängen. War das erlaubt? Durften sie mir ins Treppenhaus folgen? Ich riskierte es jedenfalls, schnell zur Wohnung im dritten Stock hochzulaufen. Atemlos klopfte ich an. Die Tür wurde einen Spalt breit geöffnet. Von einer Unbekannten.

Ich war im falschen Flügel. Die Bewohnerin betrachtete mich und die Burschen, die mir gefolgt waren, mit Argwohn. Einbrecher benützten alle möglichen Tricks. Schliesslich glaubte die Frau meinem Wortschwall und liess mich herein.

Erst nach einer halben Stunde wagte ich, nach Hause zu rennen. Ich wurde von Käte und der besorgten Familie mit Erleichterung empfangen. An den Bandenkrieg hatten sie nicht gedacht. Meistens waren die Zusammenstösse geplant. Es hatte schon viele Opfer gegeben, sogar Todesopfer, weil ältere Burschen manchmal zu Messern und Revolvern griffen, die ihre Väter wegen der zunehmenden Kriminalität in den Wohnungen hatten.

Zu schnell ging die Woche, gingen die Nächte mit Käte zu Ende. Ich war von der äussersten Kante des Bettes nur zaghaft etwas zur Mitte gerückt, aber das Bett war schmal, und wir lagen zum Schluss sanft beieinander. Der Duft von Parfum und Puder verblasste, der des schlafenden Körpers betörte mich völlig.

Den Rest der Ferien verbrachte ich in Ahrenshoop an der Ostsee mit Maud und ihrem Sohn Peter, während Grosz in New York an der renommierten Art Students League Unterricht erteilte. Er war ja von Amerika begeistert, und es war seine Chance das Land zu sehen, von dem er träumte. Jazz. Step-Tanz. Wolkenkratzer. Seine glücklichsten Bilder waren Zeichnungen und Aquarelle von New York, in denen er den Zauber der Stadt erfasste, ehe er sie je gesehen hatte.

Für mich war Ahrenshoop die erste Begegnung mit dem Meer. Wir fuhren in einem offenen alten Tourenwagen einen Deich entlang, und der Fahrtwind salziger Seeluft mit einem Hauch von Fisch und Algen nahm mir den Atem und zerzauste die

Haare. Zur einen Seite lag das offene Meer, mit grossen Schiffen in der Ferne, auf der anderen der Bodden. Ein paar bunte Kutter waren unterwegs. Möwen folgten uns kreischend. Wir kamen an einem echten Leuchtturm vorbei. Ich stellte es mir wunderbar vor, der Sohn eines Leuchtturmwärters zu sein.

Schliesslich kamen wir zu dem schönen Riegelhaus, mit einem Dach aus Schilf, wo die Famile Grosz seit Jahren Ferien machte.

Mehrere Frauen erwarteten uns am Gartentor. Maud wurde von der Besitzerin des Hauses wie eine alte Freundin begrüsst. Aber sie war ganz aufgelöst, weil sie Maud diesmal nicht unterbringen konnte. Ihr Bruder, erklärte sie, liege im Sterben. Sein Bett stünde, dem Brauch gemäss, seit zwei Tagen in der guten Stube. Sie hätte keine Zeit zu schreiben gehabt und wisse auch nicht, wie lang er dort liegen und dann noch aufgebahrt werden würde. An Unterkünften in ebenso schönen Häusern fehle es nicht. Die anwesenden Frauen redeten jetzt alle auf Maud ein.

Was bedeutete das: Er liegt im Sterben? Ich hatte den Tod bisher nur bei meinem Laubfrosch erlebt, und bei Menschen nur im Zusammenhang mit politischem Terror von ihm gehört. Aber hier war das Sterben scheinbar ein natürlicher, feierlicher Vorgang. Das wollte ich genauer wissen.

Unbemerkt schlich ich ins Haus und ging auf Zehenspitzen in die gute Stube. Wie ein Fremdkörper stand ein hohes schwarzes Bett in der Mitte des Raums. Es war auch schwarz bezogen, und ein Mann lag darin, auf dem Rücken, in einem schwarzen Nachthemd und eine flache schwarze Kappe auf dem massiven Kopf. Er hatte ganz weisses Haar. Sein Gesicht, voll guter Falten, und die knochigen Hände, die auf der Decke ruhten, waren windgebräunt wie bei Bergsteigern.

Er schlief und sah eigentlich ganz gesund aus. Vom Sterben war nichts zu bemerken. Schon wollte ich gehen, da wachte er auf. Ich erschrak, denn es war ein heiliges Gebot in unserer Familie, dass man den Schlaf von Erwachsenen nicht störte.

»Entschuldigen Sie, bitte«, stammelte ich. »Ich wollte Sie nicht aufwecken. Ich weiss, Sie sind am, am ...«

»… am Sterben?« half er mir aus. Er sprach langsam und leise und atmete schwer. »Du musst dich nicht entschuldigen. Und auch keine Angst haben.« Er deutete auf die Bettkante. »Komm, setz dich zu mir.« Zögernd folgte ich seiner Einladung. Es war ja bis jetzt immer umgekehrt. Mein Vater oder Freunde setzten sich zu mir ans Bett, ehe ich einschlief.

»Wie heisst du?«

»Ge-org.«

»Georg«, wiederholte er. »Ein schöner Name.«

Mir hatte er nie recht gefallen. »Bist also nach dem heiligen Georg benannt. Dem Drachentöter.«

»Nein. Nach Vaters bestem Freund. Der heisst George Grosz. Das ist der Maler. Es wird eigentlich englisch ausgesprochen. Dschordsch. Und wie heissen Sie?«

»Johann. Ein Name aus der Bibel.«

»Ich weiss.« Ich kannte die Bibel zur Genüge von Elfriede.

»Sterben, weisst du, das ist wie einschlafen. Nach einem langen Tag bist du ja auch müde.« Ich nickte. »Manchmal wehrst du dich dagegen, aber zum Schluss schläfst du doch gerne ein.«

Er musste immer wieder Atem holen. »Mit dem Im-Sterben-Liegen ist es ähnlich. Nach einem langen Leben ist man müde, und man wünscht sich nichts sehnlicher als einzuschlafen.«

»Und dann?« fragte ich. Das war, nach »wieso«, meine am häufigsten gestellte Frage.

»Was dann kommt, weiss ich nicht. Das weiss niemand. Ebenso wie du nicht weißt, was du träumen wirst. Aber du hast vielleicht schon von Himmel und Hölle gehört.«

»An die glauben wir nicht.«

»Musst du auch nicht. Es ist nur ein Bildnis, verstehst du. Man will damit ausdrücken, ob du verdient hast, belohnt zu werden oder bestraft, für das, was du im Leben getan hast. Du bist dein eigener Richter. Du kannst dir nichts vormachen, und: Es lässt sich nichts mehr ändern. Für alle Ewigkeit.« Seine Lider fielen wieder zu. Ich blieb unentschlossen sitzen und versuchte seine Worte zu verstehen. Und dann fing er zu erzählen an. Ich gebe es wieder, so gut ich mich erinnern kann.

Als er so alt war wie ich, sagte er, hat er seinen Vater jeden Tag vor Morgengrauen zum Boot begleitet. Sein Vater hat ihm alles über das Wetter, das Meer und den Fang erklärt; alles bis auf die Dinge, die man nur aus eigener Erfahrung lernen kann. Der Vater, der kaum lesen, schreiben und rechnen konnte, wollte, dass Johann zur Schule gehen sollte, um es zu lernen. Er meinte damit auch das Gymnasium, vielleicht sogar die Universität. Als Johann zwölf war, nahm ihn der Vater zum ersten Mal mit aufs Meer. Als er vierzehn war, kam der Vater nach einem Orkan nicht zurück.

Wie ist es, fragte ich mich, wenn man so stirbt. Mir schien Ertrinken ein furchtbarer Tod zu sein.

Der alte Mann hatte meine Gedanken gelesen. »Das ist natürlich ein schlimmer Tod. Es bleibt viel ungetan, und man hinterlässt Menschen, die einen brauchen. Fischer lernen nicht schwimmen«, erklärte er, »damit es schnell geht. Aber danach ist es gleich: Was hat man verdient? Himmel oder Hölle?«

Mit der Schule war es nach dem Tod des Vaters vorbei. Johann musste Geld verdienen, weil seine Mutter nicht wieder heiraten wollte und, ich glaube, zwei Töchter aufziehen musste. Die heirateten mit achtzehn oder zwanzig. Aber er blieb bei der Mutter. Sie ging auch arbeiten und half ihm, mit einem Freund zusammen sein erstes Boot zu kaufen.

Später hatte er geheiratet, eine junge Frau. Seine Mutter wohnte bei ihnen und hatte von allen Kindern acht Enkel, als sie starb. Da war er über fünfzig und hatte inzwischen Anteile an zwei, drei Booten. Das gab viel zu tun, und er hatte keine Zeit mehr, selbst noch hinauszufahren. Oder den Sohn und die Enkel das Fischen zu lehren.

Das klang traurig. Sie gingen alle fort, machten ihren Weg, gründeten Familien. Eine Tochter wurde Meeresbiologin und ging nach Amerika. Man sah sich, so oft es halt möglich war. Das Haus war leer. Seine Frau nahm Sommergäste. Aber das hat ihr Leben nicht erfüllt, und sie war früh gestorben. Da ist die andere, verwitwete Schwester zu ihm gezogen, die lebhafte Frau, jetzt beinahe achtzig, die uns empfangen hatte. Sie war bekannt für ihr kräftiges, schwarzes Brot, im eigenen Ziegelofen vor dem Haus gebacken, und für die geräucherten Flundern und Aale, von denen ich noch heute träume.

Zum Schluss, erzählte der alte Mann, habe er nur noch beim Netzeflicken geholfen und kleine Fischerboote mit Segeln, wie es sie früher einmal gab, für die Enkel und Kinder im Dorf geschnitzt. Eines stand in einer Vitrine, einfach, aber in jedem Detail perfekt, blau und gelb bemalt. Er bat mich, es ihm zu bringen, und hielt es behutsam in seinen Händen. Dann hat er es mir geschenkt. Er schloss die Augen und hörte auf, um Atem zu ringen. Es wurde ganz still.

Plötzlich stürzte die Aussenwelt zu uns herein. Seine Schwester war ungehalten, weil ich sie nicht gerufen hatte, weil ich auf dem Totenbett sass und weil ich behauptete, ihr Bruder hätte mir das letzte Boot geschenkt. Es gehöre ihr. Sie nahm es mir weg und stellte es zurück an seinen gewohnten Platz. Ich konnte es ihr nicht übelnehmen.

Von Grosz kamen viele Briefe aus Amerika. Tante Maud schenkte mir die Marken und musste Peter und mir aus seinen begeisterten Berichten vorlesen. Schliesslich kam er auf den Plan zu sprechen, nach Amerika auszuwandern: »Soll man's wagen? Ein vollkommen gemachtes Bett gibt es im Leben eben selten. Es fragt sich, ob Du Lust hast, das Wagnis einzugehen.«

Darum also war er in New York. Würden meine Eltern auch auswandern wollen? Würden sie es müssen? War meine bevorstehende Reise nach Salzburg mehr als ein Besuch?

Zurück in Berlin, kam die erste Frau meines Vaters, sie hiess Margaret Buchholz, mit ihrem Sohn Jan zu Besuch. Vater nannte sie Frosch, es gab eine gewisse Ähnlichkeit, runde Augen und einen breiten Mund. Sie war nicht schön, aber nett, doch unbegreiflich anders als meine Mutter. Ich erinnere mich, sie schlurfte beim Gehen mit den Fersen am Boden, eine Unart, die damals in Mode war und mich sehr störte.

Ich wusste, dass es sie gab, hatte sie sogar vielleicht ein paar

Mal getroffen. Aber es war eine rechte Überraschung, dass ich einen älteren Halbbruder hatte. Jan war recht gross, blond und blass, schaute weder mir noch Vater ähnlich. Ich wusste nicht, wie ich mich verhalten sollte.

Ich hatte ja mein neues Fahrrad, und er konnte das Rad unseres gemeinsamen Vaters benutzen, also schlug ich vor, ihm die Umgebung zu zeigen, die ich selber kaum kannte.

Mein Irrweg führte uns an einer Wiese vorbei, auf der ein paar Zigeunerwagen standen. Neugierig näherten wir uns. Da niemand da war, steckten wir die Köpfe in einen Wagen, um zu sehen, wie Zigeuner lebten. Die Läden waren geschlossen, es war dunkel, eng und ärmlich, bis auf die unseren Teppichen ähnlichen Kissen und Decken, die sehr romantisch wirkten.

Dann hörten wir Stimmen. Wir sprangen auf die Räder, ignorierten die wütenden Rufe und fuhren so rasch wie möglich nach Hause. Jan, auf Vaters Fahrrad, natürlich voran.

Ich schämte mich für mein Verhalten. Wir hatten uns wie Einbrecher benommen, auch wenn wir nichts stehlen wollten. Die Flucht machte uns noch verdächtiger. Ich bat meinen Vater um Hilfe, als er nach Hause kam. Für ihn gab es nur eins: ich müsse zurückfahren, um mich zu entschuldigen. Ich, ohne Jan.

Die Fahrt in der Dämmerung fiel mir schwer. Die Zigeuner waren wegen ihrer Gewalttätigkeit gefürchtet. Warum lieferte mich Vater ihnen aus, alleine? Liebte er seinen ersten Sohn mehr als mich? Oder war der Grund, dass Jan, als Älterer, mehr Gewalt auslösen könnte? Es war, entschied ich, weil Vater mehr von mir erwartete. Ausserdem musste ich ja hier mit den Zigeunern weiterleben, und Jan nicht.

Sie waren sehr überrascht, als ich wieder auftauchte. Sie griffen mich nicht an. »Wir waren nur neugierig und dumm«, erklärte ich und bat um Entschuldigung. Sie straften mich mit Schweigen. Was hatte ich erwartet? Eine Verbrüderung? Vielleicht, hoffte ich, würden wir uns mit der Zeit näher kommen. Ich fuhr nach Hause und kam nach ein paar Tagen wieder vorbei. Die Wiese war leer.

SALZBURG

1932–33

Ich war also noch nicht sieben, als ich von Berlin zu den Eltern meiner Mutter, Siegmund und Olga Bernheim, nach Salzburg geschickt wurde. Ich hatte sie schon öfters besucht, aber nie alleine. Ich war enttäuscht, dass ich meinen Eltern im Kampf gegen Hitler nicht beistehen durfte. Der Schützengraben im Garten war ernst gemeint. Hitler durfte einfach nicht siegen.

Deshalb kam auch Auswandern nach Amerika für mich nicht in Frage. Nach Salzburg zu gehen war etwas anderes, für beide Eltern war es ein Stück Heimat. Ich entschied, dass mein Aufenthalt, egal wie lange, nur ein Besuch sein würde. Sonst hätte ich ja sicher mein neues Fahrrad mitgebracht.

Ich musste zugeben, dass mir Salzburg gefiel. Mein Berlin war ja nur unser Haus und die Umgebung am Rande der wirklichen Stadt. In die bin ich selten mitgenommen worden. Es war dort laut und schmutzig. Hauptsächlich die drängelnden, unwirschen Menschen und die hupenden, knatternden Autos sind mir von damals in Erinnerung geblieben. Und die vielen Bettler, die im Krieg fürs Vaterland zu Krüppeln gemacht worden waren. Wieso kümmerte sich niemand um sie? Ich wollte jedem etwas geben, aber die Erwachsenen wurden gleich ungeduldig. Sie hatten sich an Bettler gewöhnt.

In Salzburg wohnten die Grosseltern am Makartplatz, neben dem Haus von Mozart, mitten in der gepflegten alten Stadt, die mich in eine verklärte Vergangenheit versetzte. Auf dem Mönchsberg, einem der zwei Ausläufer des nahen Hochgebirges, welche die Stadt umarmen, thronte die mächtige Festung, eine gruselig schöne Kulisse. Der prächtige Dom und die vielen schmucken Kirchtürme verklärten die unerbittliche Herrschaft der Kirchenfürsten, die sie gebaut hatten.

Die Häuser, die aus dem Stein der Berge gebaut oder mit pastellfarbenen Zuckerbäckerfassaden verkleidet waren, die einladenden Namen und Schilder der Wirtshäuser, die verwinkelten, kopfsteingepflasterten Gassen und grossen Plätze, auf denen die Pferdedroschken auf Kundschaft warteten, strahlten Wohlergehen und Zufriedenheit aus. Die sozialen Konflikte waren in die Aussenbezirke verbannt. Denn es gab damals in Österreich genausoviel Arbeitslosigkeit und Armut wie in Deutschland.

Grossvater war selbst arbeitslos, versteckte es aber. Mir schien es normal, dass ein Mann in seinem Alter – er war 1865 in München geboren – nicht mehr arbeiten musste. Das wäre es auch gewesen, hätte er nicht sein ganzes Vermögen 1914 in deutsche Kriegsanleihen gesteckt und verloren.

Er war hager, immer noch gutaussehend, stolz, streng und gütig. Ich hatte ihn sehr gern. Nur wenn er mit dem Taschentuch an mir herumputzte, störte mich der säuerliche Geruch des alten Mannes.

Er hatte kurzgeschnittenes graues Haar und eine beinahe militärische Haltung. Ich bezweifle aber, dass er Dienst geleistet hat. Er war ja schon fast fünfzig, als der Erste Weltkrieg ausbrach.

Er trug immer einen dunkelgrauen Anzug aus Harris-Tweed und Krawatte, selbst zu Hause. Dort zog er die Jacke aus, behielt aber die Weste an.

»Üb' immer Treu und Redlichkeit, bis an dein kühles Grab, und weiche keinen Finger breit von Gottes Wegen ab«, das kleine Liedchen war sein Leitmotiv, ohne lange Geschichten aus der Bibel. Das fand ich gut.

Ich hatte von klein auf etwas dagegen, wie die Kirchen die Menschen mit Wundern köderten. Die fleckenlose Empfängnis, nur zum Beispiel, war doch eine Beleidigung aller anderen Mütter und Kinder, von Vätern nicht zu sprechen. Die Welt war Wunder genug, und Gottes Wege und Abwege konnte man von alleine erkennen, wenn man wollte.

Grossmutter, geborene Hahn, war vierzehn Jahre jünger als ihr Mann und auf dem Hochzeitsbild eine üppige Schönheit aus Pilsen, das zum kaiserlich-königlichen Österreich-Ungarn gehörte. Sie hielt weniger auf sich, war in die Breite gegangen und schien deshalb zumindest gleich alt wie der Grossvater.

Ich gestehe ein Vorurteil gegen Fettleibigkeit. Aber es ist ungerecht. Ich litt nach meiner Ankunft in Salzburg an Verstopfung und Grossmutter nahm mich Abend für Abend auf ihren üppigen Schoss, massierte behutsam meinen verhärteten Bauch und umgab mich mit ihrer Wärme, bis der Umzug verdaut war.

Sie war ein Gefühlsmensch, dem Schicksal ergeben und anspruchslos. Es ging ihr aber um Kleinigkeiten. Niemanden konnte eine Aufmerksamkeit so sehr freuen, eine Gedankenlosigkeit dermassen kränken wie sie.

»Das werde ich mir aufschreiben«, drohte sie, wenn sie sich von mir schlecht behandelt fühlte. Aber sie hatte gar nichts zum Schreiben, und das Unrecht wurde nicht lange nachgetragen.

Grossvater war mit ihr 1890 aus beruflichen Gründen aus München nach Salzburg übersiedelt, und sie brachte hier vier Kinder auf die Welt: Franz, Grete, meine Mutter Gertrud und Kurt. Im Aussehen und Wesen waren Franz und Trude dem Grossvater Siegmund ähnlich. Auch ich habe einige Züge von ihm geerbt. Grete und Kurt gerieten mehr nach ihrer Mutter.

Überraschenderweise landeten alle Kinder aus diesem bürgerlichen Elternhaus, wenn auch (im Falle von Franz) nur für kurze Zeit, in dem ausgesprochen linken, gegen Krieg und Faschismus kämpfenden Verlag meines Vaters. Grossvaters ernüchternde Erfahrung mit den Kriegsanleihen mag dazu beigetragen haben.

Ich dachte ursprünglich, dass Staatsangehörigkeit mit Wohnort zu tun hat, die Grosseltern also Österreicher waren. Aber dann erinnerte ich mich an einen Ausflug, den einzigen mit Grossvater, nach Freilassing. Dort verläuft die Grenze nach Deutschland. Er muss damals, in einer der letzten Wahlen, seine Stimme gegen Hitler abgegeben haben und dementsprechend

Deutscher gewesen sein. Sein Totenschein, den ich gefunden habe, hat es bestätigt.

Ich habe noch einen Botengang mit ihm in Erinnerung, in einen Teil von Salzburg, der mir fremd war. Dort wurde uns von einer Grossdemonstration, einer skandierenden, sich langsam fortbewegenden Menschenschlange mit roten Fahnen und Spruchbändern der Weg versperrt.

So etwas hatte ich noch nie gesehen und in Salzburg nicht erwartet. Noch weniger, was dann geschah: Ein grosser Panzerwagen fuhr plötzlich auf die Menge zu und fing an, sie mit einem unheimlich starken Wasserstrahl aufzulösen. Die vordersten Demonstranten, darunter Frauen, wurden zu Boden gerissen und einfach weggeschwemmt. Ich war sprachlos vor Entsetzen.

Die Sozialisten und Gewerkschaften waren, so habe ich nachgelesen, in Salzburg, in ganz Österreich, eine lange Zeit stark vertreten und für die fortschrittlichen sozialen Programme der Regierung massgebend verantwortlich. In den 30er Jahren wurden sie aber von klerikal-faschistischen Parteien und ihren bewaffneten Verbänden zerschlagen.

Die Demonstration, auf die wir gestossen waren, stand vermutlich mit dem letzten Widerstand der Eisenbahner in Verbindung. Vater hätte es mir sicher erklärt, aber Grossvater nahm mich nur fest an der Hand und brachte mich ausser Gefahr.

Er muss aber von der politischen Lage gewusst haben. Er ging ja jeden Tag in sein Stamm-Café Bazar, um die Zeitung zu lesen. Manchmal nahm er mich mit und bestellte mir ein Eis mit einer Waffel in einem kalten Silberbecher. Ich war beeindruckt, mit welcher Aufmerksamkeit wir von den Kellnern, vor allem vom Oberkellner, behandelt wurden. Es muss für Grossvater eine heilsame Bestätigung in seinem bescheidenen Dasein gewesen sein.

Zu Hause hatten wir ein Radio. Das helle Holzgehäuse setzte sich krass von der dunklen Wohnungseinrichtung ab. Nur der Grossvater durfte die neue Erfindung bedienen. Sie war für Grossmutter und mich die einzige Quelle von Nachrichten, die aber in so gespreizter Sprache und stückchenweise aus dem Rauschen auftauchten, dass wir ihnen kaum folgen konnten.

Nur wenn eine wichtige Rede vorangesagt war, von einem wie Dollfuss, Schuschnigg oder Hitler, fing Grossvater eine Stunde früher an, den Sender zu suchen und fein einzustellen. So bekam ich den geifernden Führer zu hören, der drohte alle Feinde auszumerzen, die ihm im Wege standen. Er machte mir Angst um meine Eltern, Verwandten und ihre Freunde.

Über das, was mit mir passieren würde, wenn mit den Eltern etwas geschah, habe ich nie nachgedacht, wagte es vielleicht nicht, daran zu denken. Ich wusste auch nicht, dass mein Vater den Grosseltern meine Unterkunft bezahlte und sie ohne seine Unterstützung selbst kaum hätten existieren können.

Dass sich die Massen von Hitler in einen Rausch versetzen liessen, war das wirklich Beängstigende für mich. Was waren das für Menschen, die sich da heiser schrien? Fühlte man sich nicht auch im Alltag von lauter unerkennbaren Feinden umgeben? Es sah so aus, als müsste ich länger in Salzburg bleiben als erwartet.

Die Wohnung der Grosseltern war ziemlich klein. Als meine Mutter und ihre Geschwister noch zu Hause lebten und Grossvater ein gut verdienender Textilkaufmann war, belegten sie ein ganzes Stockwerk. Jetzt benützte die Bank, der das Haus gehörte, die meisten Räume für ihre Büros. Den Grosseltern blieb ein kombiniertes Wohn- und Speisezimmer, ein Schlafzimmer, eine kleine Kammer und eine Küche mit Holzofen.

Ein Badezimmer – das Prunkstück unserer Wohnung in Wannsee – gab es hier nicht. Das Klo war im Treppenhaus. Krug und Becken auf einem Drahtgestell genügten der täglichen Katzenwäsche. In einem Wäschetrog wurde ich einmal die Woche sauber geschrubbt. An kalten Tagen erwärmte das Feuer im Küchenherd zugleich den Kachelofen im Wohnzimmer auf der anderen Seite der Wand. Aber man musste Brennstoff sparen, und die Wärme drang kaum bis ins Schlafzimmer der Grosseltern. Von der kleinen Kammer zu schweigen.

Also wurde ich in der Nähe des Ofens im Wohnzimmer auf ein Rosshaarsofa gebettet. Die gepolsterten Arm- und Rückenlehnen und der gewölbte Sitz waren mit borstigem, strapazierfähigem, weinrotem Samt bezogen. Er roch nach Rauch, obwohl beide Grosseltern nicht wirklich rauchten. Ich musste mich zuerst daran gewöhnen. Nach einer Weile hätte ich den Geruch vermisst.

Wenn ich schlafen ging, wurden zwei Stühle mit der Lehne zum Sofa gerückt, um zu verhindern, dass ich aus dem Bett fiel oder die Decke verlor. Da habe ich mich schon manchmal nach meinem grossen Bett und der blauen Steppdecke in Berlin/Wannsee gesehnt.

Mit einem Paravent wurde ich symbolisch abgeschirmt, obwohl keine Gefahr bestand, dass mich das bescheidene Licht der Deckenlampe mit den Glasperlenfransen und das dahinplätschernde Gespräch der Grosseltern am Einschlafen hindern würden. Im Gegenteil.

Nur wenn sie sich über etwas »Privates« unterhielten, wurde ich hell wach – zum Beispiel, wenn es darum ging, ob mein neuer bester Freund Haller, wegen seiner Mutter, ein geeigneter Umgang für mich sei. Dann sprachen meine Grosseltern nämlich Französisch, das sie beide kaum konnten, für den Fall, dass ich noch wach sei.

Es kam immer zum Streit über die Bedeutung dieses oder jenes Wortes, was man damit sagen wollte und wie man es sagen sollte. Schiesslich wusste ich, wovon die Rede war, selbst wenn ich es nicht unbedingt begriff. Etwas Französisch habe ich jedenfalls mitbekommen.

Die Grosseltern vermuteten, dass Hallers Mutter eine Prostituierte sei. Warum würde sie sonst in einer Kellerwohnung in einer öffentlichen Unterführung leben? Vielleicht, dachte ich, weil sie arm war. Sie machte jedenfalls den Eindruck, wenn ich sie aus der Ferne in ihrer Haustüre verschwinden sah.

Sie ähnelte den kräftigen jungen Frauen, die jede Woche in der Küche, den Rock geschürzt und barfuss, für Grossmutter an dem dampfenden Trog mit Kernseife die Wäsche schrubbten. Der Geruch der Seife und die Frauen hatten für mich etwas primitiv Anziehendes, ganz anders als der Duft von Käte.

Die Küche war überhaupt mein liebster Raum. Sie roch an und für sich nach Holz und Harz, wenn Grossmutter nicht gerade am Kochen oder Backen war oder einen frischen Kaffee braute und ein wunderbares Aroma die Wohnung erfüllte. Ich leistete der Grossmutter gern in der Küche Gesellschaft. Ich mahlte für sie die Kaffeebohnen, auch wenn die alte Mühle meine mageren Oberschenkel empfindlich kniff. Dafür durfte ich dann auch »Kaffee trinken«, das heisst meine Milch mit einem Schluck Kaffee und einem Stück Zucker veredeln.

Ich half auch beim Ausziehen ihres speziellen Teigs, bis er hauchdünn war, ihr Geheimnis für einen Apfelstrudel ohnegleichen. Die übriggebliebene Füllung von sauren Äpfeln, Zimt und Zucker, Zitronensaft mit etwas geriebener Schale, Mandelsplittern und Rosinen war meine Belohnung.

Im Hof schlug ich für sie die Teppiche mit einem Pracker. Oder ich sass einfach bei ihr und schnitzelte an einem Scheit Brennholz. Die Späne halfen zumindest am nächsten Morgen beim Feuermachen.

Zur Abwechslung schauten wir zusammen aus dem Fenster, um das Geschehen auf dem Makartplatz zu beobachten. Es gab extra Kissen zwischen den Doppelfenstern, um die Ellenbogen zu schonen. Denn es war ein ernst zu nehmender Zeitvertreib, wie heute Seifenopern am Fernsehen zuzuschauen, mit regelmässiger Besetzung und Stareinlagen. Drehort war der Eingang zum Nobelhotel Bristol, uns gegenüber. Die Hauptrolle hatte der Portier, in der Uniform eines Potentaten mit Schärpe und Orden, der die Gäste aus aller Welt empfing und betreute.

Für Komik sorgte das Sepperl, der hinkende, geistig leicht behinderte Dienstmann, demütig und liebenswürdig, stolz auf seine Schildmütze und grüne Schürze, der unaufhörlich im Laufschritt Botengänge machen und die für ihn viel zu schweren Koffer schleppen musste, mit denen man damals reiste.

Dann gab es noch das Fräulein Urban, eine alte Dame, die in der billigen Dachwohnung unseres Hauses wohnte. Tag für Tag promenierte sie auf dem Platz in sorgfältig coordinierter Garderobe aus anderen Zeiten – mit Hüten und Handschuhen, geknöpften Schuhen und einer scheinbar unbegrenzten Auswahl von Sonnen- und Regenschirmen, je nach Witterung.

Mir schien es eigenartig, dass eine so alte Dame »Fräulein« genannt wurde. Es stellte sich heraus, dass Urban gar nicht ihr Name war, sondern der eines erfolgreichen, verheirateten, viel älteren Schirmmachers. Sie war seine Mätresse gewesen, was immer das bedeutete, und spitze Zungen hatten ihr den Namen angehängt, der nach seinem Tod an ihr hängen blieb. Aber sie hat den Schandmäulern den Spass verdorben, denn sie bewahrte sein Andenken, indem sie die Schirme mit seinem Namen, derengleichen es nicht mehr gab, täglich mit Stolz zur Schau stellte.

Die Vorführung spielte sich in kleinen Szenen vor dem Hotel ab. Die Darsteller trugen die neueste Mode, und wenn man genau hinschaute, fielen die wechselnden Zusammensetzungen der Paare und Gruppen auf. Wir haben dann gerätselt, was wohl im Hotel geschehen sein mochte. Grossmutter war froh, einen Komplizen in mir gefunden zu haben. Denn Grossvater hatte für dieses Theater kein Verständnis.

Wie heute im Fernsehen waren teuere Autos wichtige Requisiten und sagten viel über ihre Besitzer aus. Manchmal lief ich hinüber, um meine Liste der Marken zu ergänzen, die es heute, mit wenigen Ausnahmen, nicht mehr gibt: Duesenberg, Hispano-Suiza, Pierce-Arrow, Styrer.

Ich versuchte auch, mich mit den uniformierten Chauffeuren fachmännisch zu unterhalten. Manche konnten freilich kein Deutsch, andere waren zu eingebildet, um mit mir zu sprechen. Aber es gab auch nette, sogar welche, die es mir erlaubten, mich kurz hinter das Lenkrad ihres Wagens zu setzen.

Grossmutter unternahm viel mit mir, viel mehr als je mit ihren eigenen Kindern. Bei früheren Besuchen hatte mich ihr schwerfälliges Tempo, wenn die Familie zusammen ausging, verrückt gemacht. Jetzt wanderten wir beide, oben am Kai oder unten am Ufer, kilometerweit an der reissenden grünen Salzach entlang und manchmal auf die kleinen Inseln von Geröll hinaus, um nach schönen Steinen zu suchen.

Oder sie ging mit mir auf den Mönchsberg. Einmal kamen wir vom Weg ab, und ein Förster mit Hund musste uns retten, als Grossmutter sich auf einem steilen, laubbedeckten Hang, an einen kleinen Baum geklammert, nicht weiterwagte. Er verschwand aber rasch, als ich meine Begleiterin »Grossmutti« nannte.

Es war nicht das einzige Mal, dass ich, ohne es zu wollen, einen Kavalier in die Flucht schlug. Da war zum Beispiel auch der schmucke Herr mit einem flachen Strohhut, einem Boater, der sich erwartungsvoll neben sie setzte, als sie mich nach Leopoldskron zum Schwimmen begleitete. Sie schwamm natürlich nicht, aber sah von Tag zu Tag schlanker und jünger aus und hat sich, glaube ich, sogar ein bisschen gepudert. Auch dieser Bewunderer ergriff die Flucht, als ich ihr schon aus der Ferne das verhängnisvolle Wort zurief.

Wenn in der Stadt ein Wimpel die freudige Kunde bekanntgab, dass das Eis in Leopoldskron tragfähig sei, begleitete sie mich zum Schlittschuhlaufen. Meine eigenen Schlittschuhe, die man mit einem Schlüssel an die Schuhe schrauben konnte, hatte ich in Berlin gelassen. Fräulein Urban bot mir ihre an, die eigentlich für die Füsse einer Dame in Pelz mit passendem Muff und Hut gedacht waren. Die Eisen, an *café-au-lait*-farbene Stiefel geschraubt, endeten vorne in einer Schnecke ohne Zacken. Es war nicht leicht, mit ihnen abzustossen oder zu bremsen. Deshalb engagierte Grossmutter einen Lehrer, aber ich fuhr ihm davon, nach vorn gebeugt, wie ein Schnelläufer.

»Wie ein Schneider am Sonntag«, korrigierte sie lachend, als wir dem Grossvater von unserem Abenteuer erzählten.

Wenn Schnee auf unserem Hausberg lag, begleitete sie mich auch zum Schilaufen. Geduldig wartete sie am Fuss des kleinen Hangs, während ich immer wieder aufstieg und herunterfuhr. Aber als ich oben plötzlich einen Drang verspürte, musste die Arme durch den tiefen Schnee zu mir hinaufeilen, weil ich das Zipfelchen selber nicht schnell genug aus den vielen Lagen der Bekleidung holen konnte.

Sie trug auch meine Schier, bis wir beinahe zu Hause waren.

Dann habe ich die Bretter selber geschultert. Ich glaube, sie waren aus Fassdauben hergestellt und wurden einfach mit Lederriemen an die Kappen der Bergschuhe geschnallt, die ich im Winter trug.

Ich begleitete Grossmutter natürlich auch gerne beim Einkaufen. Es war eine Vorfreude der guten Sachen, die sie uns, auch mit knappem Haushaltsgeld, auf den Tisch zauberte. Sie war Stammkundin in ausgewählten Läden und wurde mit grossem Zuvorkommen bedient. Ich bekam immer Kostproben, auch wenn sie auf jeden Heller achten musste: beim Fleischer kaufte sie selten einen Braten, meistens Leberkäs, Aufschnitt und Zutaten für Beuschel und Leberknödel, noch immer meine Lieblingsspeisen; beim Bäcker holte sie Bauernbrot, frische Kaisersemmeln (und alte, für Knödel), und manchmal spendierte sie uns eine Breze.

In einem Kellergewölbe versteckt war der faszinierenste Laden von allen, gestopft voll mit Kisten, Fässern und Jutesäcken aus den fernen, romantischen Kolonien. Dort bezog sie den frisch gerösteten Kaffee und Gewürze, Zitronat und Rosinen, Mandeln und Mohn, Powidl und Hülsenfrüchte, Kandiszucker für mich und ein paar Johannisbrot-Schoten, ein bescheidener Luxus, für sich.

Dann ging es auf den Markt, mit den vielen Ständen, einer so bunten Auswahl, dass sogar ich manchmal Lust auf Gemüse hatte, das ich bei der Mutter nie essen wollte, zumindest gekocht nicht, sondern allenfalls roh. »Wozu koche ich dann überhaupt noch?« hat sie sich oft beschwert.

Damals war das Angebot noch jahreszeitbedingt, und das erhöhte den Genuss. Während der Aprikosenzeit gab es Marillenknödel in Semmelbröseln, mein absolutes Lieblingsgericht. Ich war kein grosser Esser, aber Marillenknödel konnte ich, zu Grossmutters Zufriedenheit, dutzendweise verschlingen. Trauben und vor allem frische, schälbare Baumnüsse gehörten zu den anderen sehnsüchtig erwarteten Ernten.

Orangen, Mandarinen, Datteln und Feigen (»mit Verstand« zu geniessen) waren Vorboten von Weihnachten sowie das Auslecken der Teigschüsseln, wenn die Weihnachtsspezialitäten, Bischofsbrot, Stollen und Vanillekipferln, gebacken wurden.

Die Wochen vor Weihnachten waren eine magische Zeit in Salzburg. Es wurde früh dunkel. Es lag Schnee auf den Strassen. Im fahlen Licht der Strassenlampen leuchteten einem auch die bescheidensten Schaufenster verheissungsvoll entgegen. Neben den begehrenswerten Waren, Süssigkeiten und Christbaumschmuck, stellten die Läden schöne, alte Krippen aus oder Figuren von Nikolaus und Krampus, dem schwarzen Teufel, der unfolgsame Kinder mit seiner Rute eines Besseren belehren sollte. Er stand meistens in einem sehr realistisch anmutenden Fegefeuer – von unten beleuchtete und mit einem Ventilator nach oben geblasene, züngelnde Flammen aus rotem Seidenpapier.

Bei den Grosseltern, überhaupt in unserer Familie, kam das »Christkindl« am Heiligen Abend, nachdem ich ins Bett gegangen war. Ob es die Geschenke brachte, war nicht ganz klar. Grossvater musste es in der Küche empfangen, da mein Bett im Wohnzimmer stand. Ich stellte mich schlafend, damit er mich mit einem kleinen Glasglöckchen wecken und zur Bescherung rufen konnte.

Grossvater war derjenige, der sich, ähnlich wie meine Mutter, unnötige Sorgen um mich machte. Nicht wegen des Herzens, sondern wegen der Schule. Ich wurde nämlich in der St.Andrea Knaben-Volksschule in die zweite Klasse gesteckt, obwohl ich die erste in Zehlendorf kaum besucht hatte. Aber unter einer Bedingung: dass ich die gotische Schrift mit Tinte und Feder zu schreiben lernte. Grossvater hatte sich verpflichtet, mir das beizubringen.

Die Schrift war ein Politikum. Sie wurde für öffentliche Bekanntmachungen, deutschnationale Bücher und Publikationen der Kirche und eben in der Schule gepflegt. Vater verwendete deshalb konsequent von Anfang an Antiqua für die Bücher seines Verlags, und diese hatten als Vorlage für meine hier nicht anerkannte Kritzelei gedient.

Wenn Grossvater selber etwas zu unterschreiben hatte, zog er seine Hemdsärmel mit Schonern hoch. Wer kennt die heute noch? Dann wusch er sich wie ein Chirurg lange und gründlich die Hände und nahm ein leeres Blatt, um den Schriftzug mehrmals zu üben. Erst dann setzte er seine Unterschrift mit Schwung unter das Schriftstück, als besiegle er einen Staatsvertrag, und löschte sie mit einem halbrunden Fliessblatthalter.

Als Lehrer aber war er erstaunlich geduldig und sanft. Wenn ich einen Klecks machte sagte er nur »o-ha«. Und wenn er mit meiner Leistungen in seinen Nachhilfestunden zufrieden war, bekam ich zur Belohnung (auch Grossmutter, wenn sie es verdiente) zwei, drei fingerhutgrosse, mit Fruchtcréme gefüllte Pralinés, die er in seiner Schreibtischschublade aufbewahrte. So erzielten wir gemeinsam ein Zeugnis mit lauter Einsern.

Ich ging gerne in die Schule. Sie war protestantisch, also für alle Andersdenkenden in der tief katholischen Stadt, auch für die Kinder der jüdischen Gemeinde. Ich war Ausländer, meinem Namen und dem der Grosseltern nach jüdisch, und war noch dazu von jedem Religionsunterricht befreit. Einige jüdische Eltern nahmen Anstoss daran, aber ich fühlte mich nicht diskriminiert. Im Gegenteil, privilegiert.

Da war zum Beispiel die Geschichte mit dem kleinen, hölzernen Pavillon im Kurpark, wo das städtische Blasorchester im Sommer sonntagsnachmittags Konzerte gab. Als er neu verglast wurde, habe ich mit meinem Freund Haller den zu dick und lieblos aufgetragenen Kitt mit Sorgfalt geglättet. Unserer Mühe Lohn war die überflüssige Knetmasse, die wir nach Hause mitnahmen. Leider trocknete und schrumpfte der belassene Kitt dermassen, dass beinahe alle neuen Scheiben am nächsten Morgen aus den Rahmen fielen.

Ein Parkwächter, der mit mir auf Kriegsfuss stand, glaubte mich bei der Tat gesehen zu haben und meldete es der Schule.

Habe oft mit Mutter ihre Eltern, Siegmund und Olga Bernheim, in Salzburg besucht …

… und mit Vater seine Schwester Lotte und Frau Varnschein, bei der sie beide aufgewachsen sind.

1932 im Mirabellgarten mit Mutter in meiner Alltagskluft und mit dem Großvater am Sonntag im feinen Anzug.

Auch als er mich nicht eindeutig identifizieren konnte, beharrte er darauf, dass es zwei von den »St. Andrea-Burscherln« gewesen sein müssten.

Unwillig rief der Direktor eine Schulversammlung ein. Er bat den oder die Schuldigen, falls es welche gab, sich zu melden. Kein Wort von einer, in solchen Situationen oft angedrohten, Kollektivstrafe, falls niemand die Tat gestehen würde.

Ich stand aber trotzdem sofort auf und entschuldigte mich. »Ich wollte die Arbeit nur verschönern und habe mit den Folgen nicht gerechnet. Es tut mir ehrlich leid.« Anstatt zu schimpfen, lobte der Direktor meine Courage und meine Ehrlichkeit. Alle Schüler sollten mich zum Vorbild nehmen.

Als sich die Festspiele näherten, wurden wir in der Schule aufgefordert, Socken und Sandalen anzuziehen. Sonst würden wir bei den ausländischen Besuchern einen falschen Eindruck von Armut in Salzburg erwecken. Grossvater sagte ärgerlich, der Eindruck wäre ja berechtigt, denn wegen der Touristen würde alles teuerer werden.

Aber er hatte Freude, als ich vom Gesangslehrer, wegen meiner dialektfreien Aussprache und hohen Sopranstimme, ausgewählt wurde, um in dem berühmten Passionsspiel, zusammen mit anderen Stimmen in allen Tonlagen bis zum tiefsten Bass, den Jedermann von den Kirchturmspitzen am Domplatz zum Jüngsten Gericht zu rufen. Es war ein tolles Erlebnis, von dort oben auf die Bühne und das Publikum hinunterzuschauen und in der Stille die eigene Stimme zu hören.

Außerdem erhielt ich Freikarten, sodass ich die Grosseltern zur Vorstellung einladen konnte. Und dann ging ich auch noch in meine erste richtige Theatervorstellung mit ihnen: Kleists »Zerbrochenen Krug«. Ich war begeistert. Eine Geschichte ganz im Dialog erzählt! Und zwar spannend. In Büchern, jedenfalls den wenigen, die ich gelesen hatte oder die mir vorgelesen wurden, wurde er viel zu selten eingesetzt, fand ich und blätterte immer voraus, um die nächste Passage zu finden.

Ich will nicht den Eindruck erwecken, dass ich in der Schule ein Musterknabe war. Die Bande der Kinder in Köln war mir in Erinnerung geblieben, und ich beschloss, auch so eine Bande zu gründen. Etwas anspruchsvoller sollte es allerdings schon sein, deshalb nannte ich sie eine »Partei«. Politische Ziele hatten wir allerdings keine. Unsere »Partei« war weder für noch gegen etwas. Es machten auch nur ein paar Buben in meiner Klasse mit. Ich hätte es an ihrer Stelle nicht getan.

Und, was noch schlimmer war: Unsere Aktivitäten führten zu einer Gegenpartei, auch ohne Inhalt, und der Vater eines Jungen dieser »Gegenpartei« war zufällig der jüdische Besitzer des grössten Warenhauses in Salzburg. Das hätte peinlich werden können. Glücklicherweise war Antisemitismus (noch) kein Thema in dieser Schule oder der Elternschaft.

Die Mitglieder beider Parteien kamen aus ähnlichen gemischten Verhältnissen, nur hatten unsere Gegner eben den Mäzen, der den Freunden seines Sohns harmlose Spielzeugwaffen schenkte: Kapselpistolen und Restbestände von unverkäuflichen Säbeln und Dolchen aus Blech. Das führte zu Korruption, wie im richtigen Leben. Ich schrieb meinem Vater (in gotischer Schrift), dass mich einer meiner Anhänger, wegen der Geschenke, verraten habe: »Da hab' ich gesagt, geh in die andere Schulpartei. Aber jetzt haben wir schon wieder sechs Buben.«

Mit Brennesseln drohend, die wir an den Stielen mit Papier umwickelt hielten, haben wir den Gegnern die Spielzeugwaffen abgenommen und verbogen. Nachschub gab es keinen. Also verlor das Ganze seinen Reiz. Aus der Partei wurde ein Tierschutzverein, offen für alle.

Sonntags ging Grossvater, während Grossmutter das Essen kochte, mit mir im Garten vom Schloss Mirabell spazieren. Es war ein Ritual. Grossvater wurde von vielen Leuten gegrüsst und erwiderte dies, indem er seinen Hut lüftete. Nur selten tauschte er ein paar Worte mit jemandem. Meistens mit älteren Damen, die sich auf seinen Enkel stürzten.

»Der Bub vom Truderl! Ja, was Sie nicht sagen! Herzig.«

Ich stand dann da, in meinen Sonntagskleidern, Flanellanzug, weissem Hemd, Kniesocken und von Grossmutter frisch geputzten, wie neu riechenden kalbsledernen Halbschuhen. Damals war das Wort Halbschuh mit bester Qualität und Erwachsensein verbunden.

Der Parkwächter, der Verräter, schlich umher, um für den Gebrauch von Stühlen und Bänken Gebühren einzuziehen. Er tat so, als kenne er mich nicht und verkaufte uns zwei kleine Tüten mit Pinienkernen für die Vögelchen, die gegenüber vom Schloss in einem Irrgarten aus Buchshecken nisteten. Meine Kerne mussten sie allerdings mit mir teilen.

Ich ging gerne alleine in den Irrgarten. Erstens wegen dem herben Aroma der gestutzten Büsche. Zweitens weil es in seiner Mitte ein kleines Heckentheater gab. Ich habe dort leider nie eine Vorstellung gesehen. Aber von meinem ersten Theatererlebnis angeregt, dachte ich mir auf dieser Freiluft-Bühne meine eigenen Stücke aus. Tunnelartige Zugänge, die dem unbemerkten Auftritt von Schauspielern dienten, sonst aber mit schmiedeeisernen Gittern verschlossen waren, dienten mir als Kerker, die im Mittelpunkt der selbsterdachten Dramen standen.

Am Eingang zum Park, gerade um die Ecke vom Hotel Bristol, gab es vier Skulpturen, an denen Grossvater stracks mit mir vorbeiging, vor denen ich aber alleine gern halt machte. Im Gegensatz zu anderen Statuen und allen mit der Kirche verbundenen, verlogenen Darstellungen zeigten sie die Körper von Männern und Frauen ganz unverhüllt. Und ich konnte sie in aller Ruhe betrachten.

Der Bildhauer hatte sich diese Freiheit erlaubt, indem er sich auf klassische Mythen berief, die ich allerdings nicht kannte. Zwei davon waren der Raub der Helena durch Paris und die Entführung Proserpinas durch Pluto, also Gewaltanwendung gegen Frauen. Aber die schienen sich nicht übermäßig zu widersetzen. Ich konnte mir ein solches Verhalten bei den Menschen in meiner Umgebung nicht vorstellen.

Auch in der Auseinandersetzung mit religiösen Gefühlen war ich mir selbst überlassen. Es zog mich in leere, bescheidene, nicht mit vergoldetem Schmuck überladene Kirchen, die im barocken Salzburg nicht leicht zu finden waren. Ich liebte die kühle Ruhe und den Duft von Weihrauch und Wachs. Die Spitzbögen, die sich im Dunkeln verloren, entsprachen meiner Vorstellung vom Streben nach Höherem, was immer das auch sein mochte. Die gebündelten Sonnenstrahlen, die durch die farbigen Fenster fielen, schienen eine Antwort von oben. Und doch war alles Menschenwerk. Nur noch Musik (allerdings selten die Orgel) liess mich Vergleichbares empfinden.

Mehrmals ging ich den steilen, von Andachtskapellen gesäumten Kreuzweg zum Kloster am Kapuzinerberg hinauf, der heute nach dem jüdischen Salzburger Dichter Stefan Zweig benannt ist. Ich empörte mich dermassen über die Leiden, die Christus, dem Menschen, zugefügt worden waren, dass ich eines Tages die lebensgrosse Gipsfigur eines römischen Peinigers zu Boden stiess. Sie zerbrach in tausend Stücke.

Ich wurde von einem netten Polizeimann, die es damals noch gab, festgenommen und nach Hause gebracht. Ohne ein Wort des Vorwurfs, auch als er den jüdischen Namen meiner Grosseltern erfuhr. Ich weiss, das steht in totalem Widerspruch zum virulenten Antisemitismus und den späteren, furchtbaren Ausschreitungen vieler seiner Landsleute. Vielleicht wurde er später auch mitgerissen. Oder mitverfolgt.

Jedenfalls konnte er mein Mitgefühl für Jesus verstehen und versprach, sich bei den Grosseltern für mich einzusetzen. Das war allerdings nicht nötig. Sie erklärten sich sofort bereit, die zerbrochene Figur zu ersetzen. Bezahlt hat dann letzten Endes mein atheistischer Vater.

Grossmutter, so habe ich später erfahren, ist selber öfters den beschwerlichen Kreuzweg hinaufgegangen. Mir hat sie es nicht gesagt. Grossvater war, soviel ich weiss, Freimaurer. Gab es damals noch andere in Salzburg? Mozart war Freimaurer gewesen, aber seine Loge war in Wien. Ich konnte bei meinen Recherchen keine Spur einer Loge in Salzburg mehr finden. Mitglied der jüdischen Gemeinde war Grossvater jedenfalls nicht. Da muss er manchmal sehr einsam gewesen sein.

Während ich dort war, hatten die Grosseltern nie Gäste und wurden auch nie eingeladen, ausser von meinem Vater oder ihren Kindern, wenn sie zu Besuch kamen. Dann gingen wir alle in den Keller oder Gartenausschank einer der guten Bierbrauereien. Grossvater machte sich nicht viel daraus, aber Grossmutter und ich haben diese Gelegenheiten richtig genossen. Es gab Brezen, weissen Rettich, Leberkäs und, aus einem schweren Masskrug, von der Schaumkrone in Schranken gehalten, hin und wieder auch einen Schluck Bier für mich.

Tante Grete kam als erste für ein paar Tage aus Berlin. Ein solches Wiedersehen war natürlich eine Riesenfreude. Zugleich musste ich mich dagegen wappnen, nach wenigen Tagen wieder Abschied nehmen zu müssen. Daraus ergab es sich, aus Selbstschutz, dass ich mich in meinem Leben oft mehreren Menschen gleich eng verbunden fühlte, ja, fühlen musste.

Grete war die abenteuerlustigste der Geschwister, sie war zum Beispiel ohne Begleitschutz durch Kirgisien geritten, wo es noch Blutrache gab. Da wäre ich gerne mitgekommen. Sie nannte mich »Steffi« und hätte mich, da sie keine Kinder haben konnte, am liebsten adoptiert. Da wäre ich sicher ein Anderer geworden. Ihrem Mann, dem Schriftsteller Franz Carl Weiskopf (FCW), den ich Onkel Goka nannte, stand ich nicht sehr nah, und Tante Grete hat sich zum Schluss furchtbar verändert. Sie war der ganzen Familie böse. Auch mir. Sie starb an einem Hirntumor.

Noch liebten wir einander innig, und ich hatte sie *in absentia* zur Ehrenpräsidentin meines Tierschutzvereins ernannt. Sie brachte bestürzende Nachrichten: Hitler sei Vegetarier und Ehrenvorsitzender des Deutschen Tierschutzvereins.

Sofort rief ich meine Mitglieder zusammen. Ich stellte ihnen unsere Ehrenpräsidentin vor und löste den Verein dann ohne

Gegenstimme auf. Ich hatte meinen Eltern eh' schon geschrieben, dass wir keine kranken oder misshandelten Tiere gefunden hätten, die wir hätten schützen oder retten können.

Als nächster kam Onkel Kurt zu Besuch, der auch im Malik-Verlag arbeitete. Er war der einzige Studierte der Geschwister und deshalb ziemlich eingebildet. Körperliche Arbeiten, wie Pakete zur Post bringen, fand er unter seiner Würde. Um so öfter, erzählte Grete mit Schadenfeude, wurde er von meinem Vater, der sich selber dafür nicht zu schade war, mit derlei Aufträgen eingedeckt.

Er schlief mit den Haaren in einem Netz, um sie im Schlaf nicht zu zerzausen, und trug es noch am Morgen. Er fand es nicht komisch, dass ich lachte. Seine Toilette dauerte ewig und füllte die Wohnung mit dem aufdringlichen Geruch seines Rasierwassers. An der Universität war er Mitglied einer schlagenden Verbindung gewesen und er hatte einen »Schmiss«, eine Narbe nahe dem linken Mundwinkel, wie eine der Spiesserfiguren von Grosz. Aber seinen Mut bewunderte ich doch ein bisschen.

Er berichtete, dass meine Eltern und viele ihrer exponierten Freunde sich nicht mehr trauten, in den eigenen Wohnungen zu schlafen, weil schon mehrere Leute von der SA während der Nacht aus dem Bett geholt und verschleppt worden waren. Sie mussten sich jeden Abend eine neue Unterkunft suchen bei mutigen, weniger exponierten Bekannten und selbst Fremden, die bereit waren, das damit verbundene Risiko und etwaige spätere Konsequenzen auf sich zu nehmen.

Vaters ältere Schwester Hertha, die in seinem alten Atelier am Kurfürstendamm wohnte, hatte ihn abgewiesen. Aber, so schrieb er in einem Brief, »es gehört Kraft und Verstand dazu, in der heutigen Zeit unter so schweren Bedingungen vernünftig zu bleiben, und davon hat sie nicht allzuviel. Nicht ihre Schuld.«

Als mein Vater dann als letzter vor Hitlers Machtantritt noch nach Salzburg zu Besuch kam, war ich enttäuscht, weil er mir irgendwelche veralteten Spielsachen mitbrachte, anstatt meines Fahrrads, um das ich ihn so gebeten hatte. Denn mit meiner Rückkehr nach Berlin war nicht mehr zu rechnen.

Heute schäme ich mich natürlich über diese kindliche Gedankenlosigkeit. Denn abgesehen davon, dass Vater andere Sorgen hatte, wäre es sicher riskant gewesen, einen so grossen Gegenstand aus der Wohnung holen zu lassen, und es hätte womöglich beim Grenzübergang unerwünschte Aufmerksamkeit auf ihn gelenkt.

Ich aber gab meiner Enttäuschung lautstarken Ausdruck, indem ich mit den unnützen Mitbringseln wütend herumpolterte. Weil er nach der langen Reise etwas schlafen wollte, setzte es eine verdiente Ohrfeige von meinem Vater, ich glaube die einzige, die er mir je gegeben hat. Nachdem er sich ausgeruht hatte, entschuldigte er sich dafür und schlug vor, zusammen einen kleinen Ausflug zu machen. Unterwegs wollte er Carl Zuckmayer treffen, um ihn für den Verlag zu gewinnen.

Eigentlich hätte ich mich beim Vater entschuldigen sollen. Statt dessen weigerte ich mich ihn zu begleiten, weil er mich geohrfeigt hatte. Er zeigte dafür Verständnis, meinte aber, es wäre bedauerlich, wenn wir die knappe Zeit des kurzen Besuchs verstreichen liessen. Er hatte recht.

Wir sind dann noch, wie er einst in seiner Jugend, auf den Untersberg gestiegen. Der Tag fing frisch und sonnig an. Aber dann zogen dunkle Wolken auf und es begann zu regnen.

»Das zieht vorbei«, sagte Vater zuversichtlich. Ein alter Baum bot uns etwas Schutz. Aber ich war nicht so sicher und drängte ihn, zu einem kleinen Stall zu laufen, der in der Nähe stand, ehe es richtig giessen würde. Kaum dort angekommen, schlug ein Blitz in den Baum ein und spaltete den Stamm. Grollender Donner entlud sich krachend direkt über unseren Köpfen.

»Da haben wir aber Glück gehabt«, sagte Vater nachdenklich. »Du warst unser Schutzengel.«

Den Ausdruck »Schutzengel« benützten wir ganz gedankenlos, so wie andere »Gott sei Dank«. Aber mit der Zeit widersprach er meiner Vorstellung von Gerechtigkeit. Was war mit all den vom Blitz getroffenen, zur See ertrunkenen, im Krieg gefallenen, an Hunger gestorbenen Menschen? All den Armen der Welt? Hatten sie keinen Schutzengel? Und warum nicht? Gab's nicht genügend?

Es war doch eigentlich eine Frage der Vernunft oder des Zufalls, dass wir dem Blitz entkommen waren. Und doch – wenn man einem Unglück entkam, war man geneigt, an überirdische Mächte zu glauben.

Salzburg, eine von Religion getränkte Stadt, begünstigte die im Menschen schlummernde Bereitschaft zu glauben. Im Vater vielleicht noch mehr als in mir. Auch er war Sohn eines Flüchtlings und hatte hier eine lange, prägende Kindheit verbracht.

So paradox es klingt: Manchmal scheint mir, dass diese kindlichen Erfahrungen meines Vaters den Eckstein seiner Treue zu einer politischen Überzeugung bildeten, die zwar behauptete, auf Vernunft zu beruhen, diese aber unentwegt auf eine harte Probe stellte. Gegen Ende seines Lebens, als ich ihn im Altersheim besuchte, fragte Vater mich einmal unvermittelt: »Hast du ihn gesehen?«

»Wen gesehen?«

»Den Papst. Du musst ihm im Gang begegnet sein. Er war gerade hier und hat mich gefragt, woran ich glaube.«

»Und ...«

»An das Gute im Menschen«, habe ich geantwortet. »Daraufhin hat er mir das Du angeboten.«

Vom Schicksal seiner Eltern, das Vater nach Salzburg brachte, hat er oft, wenn auch nie ganz vollständig, erzählt und geschrieben. Aber es gehörte zu den tiefen Eindrücken meiner Kindheit.

Franz Herzfeld, so hiess mein anderer Grossvater, von dem ich meinen zweiten Vornamen habe, den ich aber nie kennenlernte, wurde unter seinem Künstlernamen Franz Held sehr früh als ein vielseitiger und ausserordentlich produktiver Schriftsteller bekannt. 1895 wurde er wegen eines in München veröffentlichten Gedichts der Majestätsbeleidigung beschuldigt und zu einem Jahr Gefängnis verurteilt. Er entzog sich der Strafe und landete mit seiner hochschwangeren Gefährtin, meiner anderen Grossmutter, Alice Stolzenberg, und ihren zwei Kindern, Helmuth und Hertha, in Weggis am Vierwaldstättersee. Aus den Unterlagen der ordnungsliebenden kleinen Schweizer Gemeinde ist noch heute ersichtlich, dass sie, weil nicht verheiratet, getrennt und die Kinder an einer dritten Adresse untergebracht wurden.

Alice hatte nämlich ihrem Vater am Sterbebett versprochen, den Namen Stolzenberg zu bewahren und ihren Kinder weiterzugeben. Helmuth, später als John Heartfield für seine Fotomontagen weltberühmt, wurde sogar auf den Namen Stolzenberg protestantisch getauft.

Ursprünglich hiess ihre Familie von Stolzenberg und gehörte in Schleswig-Holstein dem Kleinadel an. Besitz und Titel hatten sie verloren, als die Preussen 1848 das Gebiet besetzten. Alle Bemühungen um eine Rückerstattung schlugen fehl und verzehrten das bescheidene Vermögen, das der Familie geblieben war.

Alice sah sich gezwungen in die Fabrik zu gehen. Erstaunlich ist, dass sie sich, als Frau und noch dazu aus ehemals gutem Hause, um die Jahrhundertwende am Kampf für eine Gewerkschaft beteiligte. Vermutlich hat sich Franz, ein romantischer Rebell, auch deshalb in sie verliebt.

Um den moralischen Ansprüchen der Gemeinde Weggis Genüge zu leisten heiratete sie meinen Großvater. Dadurch ging der Name Stolzenberg verloren und wurde durch Herzfeld ersetzt, auch bei den zwei älteren Kindern.

Im April 1896 kam dann mein Vater in Weggis zur Welt.

Aber die Familie musste, weil mittellos, die Schweiz bald wieder verlassen und landeten in der kleinen Gemeinde Aigen bei Salzburg. Dort erbarmte sich der Bürgermeister, ein Herr Varnschein, der Flüchtlinge, stellte ihnen eine Hütte auf dem Gais-

Mein anderer Großvater, der Dichter Franz Held, 1897 in Salzburg im Exil.

Und seine Frau, geborene von Stolzenberg. Beide verschwanden wortlos.

Ignaz Varnschein und seine Frau mit den vier verlassenen Kindern. Links Helmuth, Lotte oben, Wieland unten, und Hertha rechts.

berg zur Verfügung und half das bescheidenes Heim einzurichten.

Das hört sich romantisch an, war aber sicherlich ein hartes Leben. Varnschein soll die Familie deshalb manchmal auch im Dorf untergebracht haben, wenn sie eingeschneit wurden, wenn jemand krank war und auch als zwei Jahre später das vierte Kind, Lotte, erwartet wurde. Mein Vater hat das aber nie erwähnt.

Die mir nur von alten Portraitfotos bekannten Grosseltern müssen sonderbare Menschen gewesen sein: Franz fing in den Bergen einen noch nicht flüggen jungen Adler ein, der aus dem Horst gefallen war. Er brachte ihn, die Schultern von den Krallen des Muttertiers blutig geschlagen, zum Zoo am Ende des Mirabellgartens, und schenkte ihn der Stadt, um sich für sein Asyl zu bedanken.

Ich fand einen grossen, schwarzen, verstaubten Vogel in der zu engen Voliere, als ich nach Salzburg kam. War das sein Adler? Kann ein Adler in Gefangenschaft dreissig Jahre leben? Niemand konnte mir Auskunft geben. Auf jeden Fall ist er seitdem verstorben, und aus dem Vogelhaus ist eine weiss getünchte Galerie geworden.

Alice, ihrerseits, entdeckte eines Nachts einen Edelmarder auf Lottes Bettchen. Sie erwürgte das Tier mit blossen Händen. Der unbeschädigte Pelz war viel wert, und sie hätte das Geld dringend gebraucht. Aber anstatt ihn zu verkaufen, hat sie ihn unter der Türschwelle der Hütte vergraben, um das Töchterchen vor anderen Mardern zu schützen.

Es ist schwierig, dieses Verhalten in Übereinstimmung damit zu bringen, dass kurz darauf beide Eltern die Kinder wortlos verließen. Als sie nach mehreren Tagen nicht, wie gewohnt, im Tal erschienen, um ihre Post abzuholen, stieg Herr Varnschein den Berg hinauf, um nach dem Rechten zu sehen, und fand die im Stich gelassenen vier Kinder.

Von Briefen, vielleicht auch Überweisungen, die zuvor gekommen waren, kannte er die Adresse von Joseph Herzfeld, dem ältesten Bruder von Franz. Joseph war in Amerika gewesen, hatte

Versicherungspolicen an Einwanderer am Mississippi verkauft und damit ein Vermögen gemacht. Dann war er nach Deutschland zurückgekehrt, wurde der erste Anwalt für Arbeiterrecht und einer der wenigen sozialdemokratischen Reichstagsabgeordneten, die sich weigerten, dem Kaiser 1914 einen Kriegskredit zu gewähren. Angesichts dieser Verdienste bildet seine Antwort auf Varnscheins Anfrage, was mit den Kindern seines Bruders geschehen solle, ein Rätsel.

»Schicken Sie sie in ein Waisenhaus«, soll er gesagt haben. So jedenfalls zitierte ihn mein Vater, auch die Varnscheins, die noch immer entrüstet davon erzählten, wenn ich sie mit ihm besuchen ging.

Auch der Grossvater der verlassenen vier Kinder, ein als weltoffen bekannter Unternehmer, in dessen Haus Karl Marx ein und ausgegangen sein soll, und dessen Bruder, der wegen seiner Beteiligung an der Gründung der Sozialdemokratischen Partei schon 1848 außer Landes gehen musste – Exil hat in unserer Familie Tradition – zeigten für die Kinder kein Interesse. Das fand ich unverzeihlich. Da lobte ich mir die Varnscheins, die zwar Protestanten im Prinzip verabscheuten – das war die Kehrseite ihres festen katholischen Glaubens –, aber trotzdem alle vier Kinder bei sich aufnahmen.

»Sie dem Schicksal zu überlassen«, sagte der strenge, kleine Mann mit Mittelscheitel und gepflegtem Vollbart, »das hätte uns Gott nie verziehen.«

Glücklicherweise waren drei der Geschwister, Hertha, Wieland und natürlich die kleine Lotte, zumindest nicht protestantisch getauft. Sie konnten also noch bekehrt werden. Die Zieheltern überliessen diese wichtige Entscheidung aber den leiblichen Eltern oder den Kindern selbst. Tatsächlich wurde nur Lotte auf eigenen Wunsch katholisch und auf ihre Art tief religiös. Für Helmuth, protestantisch getauft und rothaarig, gab es hingegen aus Varnscheins Sicht keine Hoffnung.

Als er ein wenig später pensioniert wurde und in die Stadt übersiedelte, brachte er Helmuth deshalb bei dem etwas freier denkenden Geldbriefträger Bischof unter. Das währte nicht lange. Vom Verlust seiner Eltern am tiefsten getroffen, verstört und jähzornig, beteiligte sich Helmuth in der Schule an einer Revolte gegen einen verhassten Lehrer und wurde in die von Nonnen geführte Zwangserziehungsanstalt »Johannäum« gesperrt. Die Varnscheins holten ihn aber schnell wieder heraus, als der perverse Strafvollzug der Anstalt bekannt wurde.

Bis zum Schulabschluss hatte es Helmuth trotzdem schwer. Seine Schwester Hertha weigerte sich sogar eines Tages, ihm auch nur die Hand zu reichen. In der Religionsstunde hatte der Katechet gesagt, die Protestanten kämen alle in die Hölle, weil sie Ketzer seien. »Ausspucken muss man vor ihnen! Pfui!«

In Tränen lief Helmuth aus dem Zimmer, Wieland ihm nach, um ihn zu trösten. »Ich halte zu dir. In deren ihren Himmel will ich gar nicht. Lieber komme ich mit dir in die Hölle!«

So ergab es sich, dass die Schwester ihrer Mutter, Tante Helene, nicht nur Helmuth, sondern beide Brüder, die schon damals unzertrennlich waren, zu sich nach Wiesbaden nahm.

Zuerst brachte sie aber noch alle Kinder mehrmals in die Salzburger Nervenheilanstalt in Lehm, in der sie ihre Schwester Alice gefunden hatte. »Wir liefen ihr nie entgegen«, erinnerte sich Vater in einem Brief an Else Lasker-Schüler, »sondern liessen alles über uns ergehen, die zärtlich drolligen Küsse, die unendlich weit hergeholten Fragen. Sie sagte oft so sonderbare Sachen, die auf keinen Fall richtig waren. Ich hätte sicher widersprochen, doch meine Tante gab ihr immer gleich recht.«

Mit der Übersiedlung nach Wiesbaden brach der Kontakt der Brüder zu ihrer Mutter ab. Sie wurde, als gebürtige Berlinerin, in die Klinik Buch verlegt und nach zehn Jahren als »geheilt« entlassen. Unfähig, die Verantwortung für ihr Leben zu übernehmen, kehrte sie allerdings freiwillig in die Heilanstalt zurück. Es kam zu einem einzigen Wiedersehen mit Wieland, und nach einem Austausch nichtssagender Briefe schlief die Beziehung ein.

Ihren Vater sahen die Kinder nie wieder. Als deutscher Bürger wurde er gleich 1899 in eine Anstalt in Berlin eingeliefert. Er starb, nach langem Verfall, neun Jahre später. Ein Jahr danach folgte ihm Alice in den Tod, die aus Verzweiflung und Hoffnungslosigkeit keine Nahrung mehr zu sich nahm.

Als er schon erwachsen war, kam Helmuth ganz unerwartet in den Besitz eines von seiner Mutter beschriebenen und an den Rändern verzierten Blattes. Es stammte aus einem Manuskript, das Alice in der Klinik verfasst und den Varnscheins aus Dankbarkeit geschenkt hatte. Die wussten nicht, was sie damit anfangen sollten, und steckten den Stoss Papier in den Ofen. Nur eine Seite wurde gerettet. Der Text, so erzählte mir Vater, entsprach einem modernen lyrischen Gedicht in Prosa. Er weckte in ihm die Sehnsucht und Liebe, die er seiner entfremdeten Mutter, während sie noch lebte, nicht entgegenbringen konnte.

Und dann, 1912, veröffentlichte der angeblich so herzlose Onkel Joseph – so nannte auch ich ihn, obwohl er mein Grossonkel war – die »Ausgewählten Werke« seines verstorbenen Bruders Franz, eine reichlich verspätete Hommage zu dessen fünfzigstem Geburtstag. Meinem Vater und seinem Bruder waren die Arbeiten bis dahin vorenthalten worden. Jetzt, erzählte er, fegte eine späte Bewunderung die Verletzung hinweg, die sein unerklärliches Verschwinden bei den Kindern hinterlassen hatte, und seine Texte beeinflussten ihren gemeinsamen künstlerischen und politischen Weg.

Ganz versöhnt waren sie offenbar aber doch nicht. Als sie beide Jahrzehnte später in der DDR wohnten, schrieb Heartfield meinem Vater, er sei bei einer Beerdigung auf dem Friedhof Friedrichsfeld gewesen, wo seines Wissens auch ihr Vater liege. Er habe das Grab aber nicht aufgesucht. Jedes Mal, wenn ich mit dem Auto nach Berlin kam, bot ich meinem Vater an, mit ihm hinauszufahren. Ich wollte das Grab selbst gerne sehen. Er ging aber nie darauf ein. Erst nach seiner Beerdigung machte ich mich allein auf die Suche. Aber das Grab meines mir unbekannten Grossvaters war sechs Monate zuvor von der Friedhofsverwaltung aufgelöst worden.

Ernst Kreowski, Freund und grosser Bewunderer von Franz Held, spekuliert im Vorwort der Werkausgabe über die Ursache seines Todes: »Unwillkürlich denken wir da an Maupassant; denn beider Krankheit weist frappante Ähnlichkeit auf...« Vom Schicksal meiner Grossmutter Alice und ihrem Zusammenbruch erfährt man nur indirekt. Eine Bemerkung ihres Mannes, die im Vorwort abgedruckt ist, deutet aber darauf hin, dass sie und Franz, genau betrachtet, getrennte Wege gingen.

Er sei tagelang durch Hochalpenwiesen gestreift, schreibt Franz Held, als er die Familie verlassen hatte. Zu spät kam er »zum Haus zurückgelaufen« und war allein. »In ungeheurer Leere ganz allein.« Die einst so mutige Gefährtin war verschwunden. Wie unerträglich müssen ihr gemeinsames Leben, sein versiegtes Talent, die Ablehnung der Familie zum Schluss gewesen sein, um sie dazu zu bringen, ihre Kinder zu verlassen? Einblick in ihre lang verjährte Krankheitsgeschichte wurde mir von der Salzburger Nervenheilanstalt wegen der brandneuen Datenschutz-Bestimmungen nicht gewährt.

Nahm Franz an, dass sie die Kinder mitgenommen hatte? Hat er sich nicht erkundigt? War er erleichtert? Gab er der unbewältigten Verantwortung für die Familie die Schuld am Verlust seiner schöpferischen Kräfte?

Der Auslöser solcher Nervenkrankheiten wurde damals weitestgehend mystifiziert, man kann aber nicht ausschließen, dass es sich tatsächlich um die Spätfolge einer Geschlechtskrankheit wie bei Maupassant handelte. Hat die Familie nicht gewusst, was Franz und Alice fehlte, oder doch, und hat es verschwiegen, weil es dem guten Namen schaden würde? Befürchtete man, dass sich, was immer es sei, auf ihre Kinder übertragen haben könnte, und lehnte sie deshalb ab?

Die Erblast war damals ein vieldiskutiertes, in Literatur und auf der Bühne häufig behandeltes Thema. War die extreme Empfindlichkeit meines Onkels Helmuth ein Symptom dieser Erblast? Es gab in dieser Richtung zahlreiche Anekdoten. 1915 sollte er als frisch ausgebildeter Infanterist mit seiner Einheit ins Feld ziehen. Seine Freunde wollten es verhindern, und Else Lasker-Schüler schlug vor, ihm mit übertriebener Rücksichtnahme zu suggerieren, dass seine Nerven dem nicht gewachsen seien. Er reagierte, wie erwartet, höchst aufgebracht. Das diente ihnen nur als Beweis. Beim Appell am nächsten Morgen meldete er sich tatsächlich »nicht felddienstfähig« und das spöttische Lächeln des Kommandanten versetzte ihn so in Rage, dass er wirklich in ein Sanatorium eingeliefert wurde. Wochen später besuchte ihn mein Vater und erschrak. Blass, geistesabwesend, in einem gestreiften Pyjama, rechte Helmuth das Laub im Park des Krankenhauses zusammen. Hatten es die Freunde zu weit getrieben? Erst einige Monate später wurde er entlassen.

Seine Wut gegen jede Art von Unrecht löste einen, wie es mein Vater nannte, produktiven Jähzorn aus. So anglisierte er mitten im Krieg seinen Namen – aus Protest gegen den Gruss »Gott strafe England«. Aus Helmuth Herzfeld wurde John Heartfield. Nicht überraschend wurde sein Antrag auf eine offizielle Eintragung von den kaiserlichen Behörden abgelehnt und erst während der Weimarer Republik anerkannt. (Zum Thema Namen: Vater hat, angeregt von Else Lasker-Schüler, das »e« an den Namen Herzfeld gehängt. Ohne, meinte sie, klang er wie ein Bummelzug, mit wie ein D-Zug. Ich bin froh. Herzfelde gefällt mir.)

Lotte wurde von der Sorge über die Vererbung am tiefsten getroffen. Sie verzichtete auf die grosse Liebe ihres Lebens, auf Heirat und Kinder. Sie blieb, von kurzen Versuchen auszubrechen abgesehen, in der nicht ganz selbstlosen Obhut ihrer Pflegeeltern.

Aber man sah ihr das Leiden nicht an. Ich begegnete ihr manchmal in der Nähe vom Markt, auf der anderen Seite der Salzach, beim Café Tomaselli. Dort verkaufte sie Wildblumensträusse, die sie früh am Morgen taufrisch auf den Alpenwiesen pflückte und für die sie stadtbekannt war. Sie sah aus wie eine

Bäuerin aus dem Bilderbuch, klein, fest und windgebräunt, mit roten Backen. Sie trug echte Salzburger Dirndl, mit Knöpfen aus alten Münzen, ein Kopftuch oder einen Strohhut, Bergschuhe und einen flachen Blumenkorb am Arm. Sie war im Wesen und in ihren Begabungen ihren Brüdern sehr nah und doch ganz anders. Sie schnitt aus Seidenpapier zarte Sterne aus – eine Kunst, die sie mit meinem Vater teilte – und war Urheberin vieler Sinnsprüche, die nach altem Brauch in ein Brett geschnitzt und bei der Einweihung eines neuen Heims über den Eingang genagelt wurden.

Sie begrüsste mich jedes Mal, ähnlich wie auch Onkel John, mit überschwenglicher Herzlichkeit, und hatte immer Zuckerln dabei, die wie Himbeeren aussahen und schmeckten. Und sie erzählte mir von den wunderbaren Geschenken, die ihr Gott an dem Tag gegeben hatte –Palmkätzchen, aus denen sie allerliebste Osterhasen machte, oder Reif in einem Spinnennetz, ein Diadem für eine Fee – die alltäglichen Wunder, die auch mich begeistern konnten. Ohne Gott.

Aber ich musste zugeben, sie hatte eine schöne Beziehung zu Ihm. Sie konnte sich bei Ihm bedanken, im Gebet sich etwas wünschen oder sich auch beklagen. Das gab ihr Mut und Trost. Helfen, das wusste sie, musste sie sich selbst, oder die Menschen, die sie liebten. Ich konnte sie verstehen, denn es entsprach irgendwie meiner Idee von der menschlichen Seele.

DIE FLUCHT

Ende Januar 1933 wurde Hitler Reichskanzler. Einen Monat später ging der Reichstag in Flammen auf. Ein geistig behinderter Holländer, angeblich Kommunist, wurde festgenommen und beschuldigt, das Feuer ganz alleine an allen Ecken gleichzeitig entfacht zu haben. Das diente als fadenscheinige Rechtfertigung einer Notstandsverordnung, um vor den bevorstehenden Wahlen eine Hetzjagd auf alle Gegner loszulassen.

Mein Vater musste sofort fliehen. Er fuhr über München nach Salzburg. Das heisst, er stieg an der Grenze in Freilassing aus, um die scharfen Kontrollen im Zug zu umgehen, die nicht nur von Grenzbeamten, sondern auch von SA-Männern durchgeführt wurden. Die Varnscheins und Lotte holten ihn auf der deutschen Seite ab. In ihrer Begleitung und ohne Gepäck haben ihn die lokalen Grenzposten ebenfalls für einen Einheimischen gehalten und zu Fuss passieren lassen.

Schon nach ein paar Tagen reiste er weiter, zuerst nach Paris, anschliessend nach Prag, um die Fortsetzung seiner Verlagsarbeit zu planen. Es stellte sich heraus, dass ich den Eltern im Kampf gegen Hitler doch ein wenig geholfen hatte. Als ich nach Salzburg fuhr, war nämlich schon eine Liste mit Geschäftsadressen, die für einen Neuanfang jetzt sehr wichtig waren, in meinem Gepäck.

Die Mutter blieb noch einige Wochen in Berlin, um die Spedition des Hausrats zu organisieren. Dann kam sie nach Salzburg, um von dort aus Guthaben bei Grossisten und Buchhändlern einzuziehen, ehe sie nach Deutschland überwiesen wurden. Dort wären sie sofort blockiert, wenn nicht gleich konfisziert worden.

Ich war wieder beteiligt am Leben der Eltern. Mutters Stimmung war düster und kritisch. Sie ermahnte Vater, sparsam zu sein, denn man sehe miesen Zeiten entgegen. Es ärgerte sie, dass er einem Vertreter weiter Spesen bezahlte, der keine Leistung mehr erbrachte. Im Gegenteil, sagte sie, er verhalte sich, als wäre er der Sprecher für die Gläubiger. Zugleich forderte Mutter meinen Vater auf, einem Übersetzer in Wien zumindest einen Teil des geschuldeten Honorars zu bezahlen, um ihm, wenn nötig, die Flucht aus der Stadt zu ermöglichen. Sie legte Geld beiseite für den Fall, dass wir, auch die Grosseltern, Salzburg sofort verlassen müssten. Mit einem Schlag wurde mir die kritische Lage im scheinbar heilen Österreich bewusst.

Onkel Kurt war noch in Berlin, um bei der Auflösung des Verlags behilflich zu sein. Das musste man ihm lassen. Er berichtete, dass die SA die Verlagsbüros ausgeraubt und verwüstet hatten. Sein Schmiss leistete ihm gute Dienste. Man hielt ihn für einen »echten Deutschen« und glaubte ihm, als er behauptete, das Arbeitsamt habe ihn geschickt und er wisse weder, was es zu tun gäbe, noch wie er bezahlt werden würde. Es gäbe nichts mehr zu tun, sagten die Braunhemden hämisch, und er solle zwecks Bezahlung ein paar der Büromaschinen mitgehen lassen, die sie nicht zu Schrott geschlagen hatten. Kurz danach kehrte auch er Berlin den Rükken. Sein erster Halt war Stockholm.

Die Mutter wollte nicht nach Prag. Sie sah voraus, dass die Tschechoslowakei in Gefahr war, eingekreist zu werden. Auch musste sie in ihren Verhandlungen feststellen, dass sich die Absatzmöglichkeiten für linke deutsche Bücher zusehends verringerten. Selbst freundlich gesinnte Buchhandlungen wagten es nicht mehr, sie ins Schaufenster zu stellen.

Mutter schlug vor, nach Paris zu übersiedeln und dort Bücher in deutscher und französischer Sprache parallel zu veröffentlichen. Auch träumte sie davon, eine kleine Buchhandlung zu führen. Ich fand, dass sich das gut anhörte, obwohl mir Paris nur durch das einzige Buch in Grossvaters Besitz, über das Leben Napoleons, bekannt war.

Aber die Entscheidung für Prag war gefallen. Einer von Vaters Berliner Autoren, Johannes R. Becher, eine schillernde Persönlichkeit, plötzlich ein einflussreicher Funktionär, spielte dabei eine wichtige Rolle. Er versicherte Vater, dass die Partei jetzt hinter seinem früher eher umstrittenen Verlagsprogramm der Öffnung stünde.

Die Tschechoslowakei war, neben Frankreich, das demokratischste der an Deutschland grenzenden Länder, und Prag beheimatete schon seit langem deutschsprachige, insbesondere jüdische Schriftsteller und Künstler. Und die durchlässige »grüne Grenze« versprach, die Zusammenarbeit mit dem deutschen Widerstand zu erleichtern.

Tante Grete und ihr Mann, F.C. Weiskopf, waren schon dort. In Berlin war Weiskopf Redakteur der Arbeiter Illustrierten Zeitung (AIZ) gewesen, die jetzt in Prag erscheinen sollte. Als Tscheche konnte er meinem Vater sowohl bei den Behörden als auch auf politischer Ebene bei seinem Neuanfang behilflich sein.

Heartfield, der inzwischen mit ganzseitigen Fotomontagen zum Weltgeschehen in der AIZ Furore machte, war auch schon in Prag. Auch das hat die Entscheidung meines Vaters, der die Zusammenarbeit mit seinem Bruder gern fortsetzen wollte, sicher beeinflusst.

Heartfield war den Nazis nur knapp entkommen. Die SS stürmte seine Wohnung in Berlin, als er ausnahmsweise eine Nacht zu Hause verbrachte, um am nächsten Morgen seine Sachen, vor allem seine Arbeitsunterlagen, einem Spediteur zu übergeben. Es ging alles verloren, aber er selbst entkam aus dem Fenster, nur in Hemd und Hose, ohne Schuhe, fünf Mark in der Tasche, und versteckte sich im abgesperrten Hinterhof eines Friseurladens.

Am nächsten Morgen wurde er, halb erfroren, von einem Lehrling entdeckt, der ihn laufenliess. Auf der Strasse stand aber ein Polizist. Also sprang Heartfield in das erstbeste Auto und hatte nochmals Glück. Der Fahrer brachte ihn zu Freunden, die ihm etwas Geld, Kleider, Schuhe und einen Rucksack mitgaben. In einem Schneesturm ging er übers Gebirge, überquerte die Grenze und tauchte schließlich durchnässt und unrasiert – das Bild eines Flüchtlings – im Emigranten-Café »Kontinental« auf.

Mehr als die Frage Prag oder Paris machte mir die Spannung zwischen den Eltern Sorge. Die Mutter meinte, sie wäre in Prag entbehrlich, und wollte erst mal in Österreich bleiben. Wenn Prag, dann wollte sie nur eine möblierte Unterkunft mieten, um nicht gebunden zu sein.

Es gab in Salzburg genug für sie zu tun. Neben geschäftlichen Problemen bedrückte es sie, dass es immer schwieriger wurde, die zahlreichen hilfsbedürftigen Verwandten – Lotte und Hertha, die Varnscheins, Mutters Eltern, Frosch und Tante Lene – weiter zu unterstützen.

Die schlechten Nachrichten nahmen kein Ende. Alle Malik-Bücher kamen auf den Index und wurden verbrannt – zum Teil auch im Ausland verramscht. Das drückte die Preise des Lagers im Handel. Das Verlagsbüro wurde versiegelt. Ein Anwalt des Verlegervereins, der beauftragt war, zumindest einen Teil des Bücherlagers ins Ausland zu retten, veranlasste statt dessen seine Beschlagnahmung. 400000 Bände gingen verloren.

Ein entfernter Verwandter meiner Mutter hatte angeboten, ein Guthaben zu übernehmen, dessen Ausfuhr gesperrt worden war, und uns – natürlich zu einem unverschämten Kurs – dafür Kronen zu schicken. Aber stattdessen verschwand er einfach mit dem Geld. Unter den gegebenen Umständen Anzeige zu erstatten, wäre Zeitverschwendung gewesen.

Einen kleinen Sieg hat die Familie damals allerdings trotzdem errungen. Onkel Franz, Mutters älterer Bruder, war in der Filiale des deutschen »Familien-Kaufhauses« in Gleiwitz zum Leiter aufgestiegen und wurde wegen seiner jüdischen Herkunft auf die Strasse gesetzt. Es existierte aber ein 1922 mit Polen abgeschlossener Vertrag zum Schutz der polnischen Minderheit, der jedem Bewohner in Deutsch-Oberschlesien das Recht gab, im Fall von Diskriminierung an den Völkerbund zu appellieren.

Ein spitzfindiger Anwalt hat sich auf dieses Recht in der sogenannten Bernheim-Petition gegen alle nach Januar 1933 erlassenen antijüdischen Verfügungen des Dritten Reichs berufen! Und hat gewonnen. Die deutsche Regierung musste nicht nur Onkel Franz eine Entschädigung zahlen. Alle 10000 jüdischen Angestellten in dem Gebiet waren vier Jahre lang von allen diskriminierenden Massnahmen ausgenommen, bis der Vertrag im Juni 1937 erlosch. Ausgerechnet mein lieber, schüchterner Onkel Franz hatte Hitler eins ausgewischt.

Um so unbegreiflicher ist ein Brief meines Vaters (an George Grosz), den ich im Nachlass fand. Darin machte er sich über die Zivilcourage von Onkel Franz lustig: »Die jüdisch-nationale Organisation suchte bereits die ganze Zeit nach einem Dummen, aber bekanntlich sind die Juden schlau, und so musste erst unser langer Franz auftauchen, der unter Katholiken aufgewachsen ist und daher keinen Einwand fand, als man ihm erklärte, einer müsse für alle beim Völkerbund Klage gegen Hitler-Deutschland erheben... Ich habe ja schon immer gewusst, dass kleine Anwälte grosse Männer machen... Du musst Dich nicht verwundern, wenn Du ihn gelegentlich in der Halle eines vornehmen New Yorker Hotels mit dicker Zigarre wiedersiehst.«

Warum diese beschämenden Unterstellungen? War mein Vater nicht selber ein unter Katholiken aufgewachsener Jude? War er verbittert, weil all seine politischen Bemühungen schliesslich erfolglos waren, während dieser wirklich bescheidene, unpolitische Mann zumindest einen Aufschub der Verfolgung für sich und viele andere erreicht hatte?

Nicht genug, Vater schrieb meiner Mutter, dass vermutlich der »ganze Rummel von den Herrschaften hauptsächlich aus demagogischen Gründen gemacht wird und es ihnen sicherlich viel lieber wäre, es bliebe alles beim alten«.

Zugegeben, die Zionisten und orthodoxen Juden spielten während des Aufstiegs der Nationalsozialisten eine abwartende Rolle, die ihnen schliesslich zum Verhängnis wurde. Zur Verfolgung politischer Gegner nahmen sie selten Stellung, obwohl viele der Opfer jüdischer Herkunft waren. Aber das entschuldigt Vaters beleidigenden Angriff nicht. Ich hätte gerne mit ihm darüber gesprochen. Es ist traurig, dass ich das nicht mehr kann.

Im Juni 1933 musste die Mutter dann doch nach Prag, wie vorauszusehen war, um meinen Vater zu vertreten und den Verlag, wie mir scheint, sehr kompetent zu führen, während er in Amsterdam und Paris Geschäftliches erledigte und unterwegs ein mir unbekanntes Filmszenario schrieb und verkaufte. Sie kam erst Mitte Juli wieder nach Salzburg – und zwar um mich nach Prag zu holen. Ich habe die Zeit mit den Grosseltern immer als die einzigen Jahre normaler, wenn nicht ganz unbeschwerter Kindheit, mit Schule, Kameraden und viel Freiraum in Erinnerung gehabt. In Wirklichkeit waren es nur knappe elf Monate, die ich in Salzburg verbrachte.

Am Abschiedstag fuhren wir in Begleitung der Grosseltern, viel zu früh, mit einem Taxi zum Bahnhof. Alles war Unruhe, der stockende Verkehr, die vielen Stimmen und fremden Sprachen, die schnaubenden Züge. Es roch nach Benzin, Öl und Dampf, auch in der Gartenwirtschaft, in die wir uns setzten, um zu warten.

Das Gespräch war stockend. Grossmutter sagte: »Du freust dich sicher, wieder bei den Eltern zu sein.«

Was antworten? Ich bat um Erlaubnis, mich noch einmal von meinem Salzburg verabschieden zu dürfen. Vorsichtig suchte ich den Weg zu vertrautem Terrain und schaute immer wieder zurück, um mir die Merkmale für eine schnelle Rückkehr einzuprägen. Plötzlich stand ich an der Ecke, wo die Demonstranten vom Wasserwerfer angegriffen worden waren. Ich ging hastig weiter und kam schliesslich zur Salzach. Von meinem Standort lag die Stadt vor mir wie eine Ansichtskarte, anstatt mich wie gewohnt zu umgeben. Schon war sie mir etwas fremd.

Eine herrische Fistelstimme riss mich aus meinen Gedanken.

»Wos host du hia zu suchen?«

Ich drehte mich um. Ein Kerl stand hinter mir, doppelt so alt wie ich. Er hatte ein spitziges Gesicht, dünnes, scharf gescheiteltes blondes Haar und böse Schweinsäuglein.

Mein Blick fiel sofort auf das kleine, blitzend scharf geschliffene, beinahe begehrenswerte goldene Hakenkreuz am Revers seiner Jacke.

Die Nazi-Partei war in Österreich zu der Zeit wegen verschiedener Terrorangriffe auf öffentliche Einrichtungen und Überfälle zwar verboten, wurde aber heimlich um so mehr geliebt – und gefürchtet. Sie konnte sich alles herausnehmen. Immer mehr Leute fingen an, das Abzeichen verdeckt oder offen zu tragen. Nur hatte ich bis jetzt mit keinem von denen zu tun gehabt.

»I frag' net noamal ...«

Was wollte der denn von mir? Ich stand doch einfach da, in meinen Sonntagskleidern. Wenn ich in Lederhosen, Leibchen oder meinetwegen barfuss gewesen wäre ...

»I muss z'rück zum Bahnhof. Mei Mutter wartet auf mi.« Ich hätte gerne Vater gesagt. Das hätte sicher mehr Eindruck gemacht. Aber der war nicht da. »Also wann's mi entschuldign mögn ...«

»Na, Burscherl, so schnell kommst mir net weg.« Er stellte sich mir in den Weg.

»Aber wir han an Zug ...«

»Ah, so. Dann bist an Auswärtiger?«

»Na. Ich wohn' bein Grosseltern.«

»Wohnst jetzt bein Grosseltern oder nimmst 'n Zug?« Er grinste unverschämt, zufrieden, mich bei einem Widerspruch ertappt zu haben. »Da stimmt doch wos net.«

Was konnte ich sagen? Ausgerechnet dem?

»Lass mi jetz gahn! Oder i ruf' die Polizei!«

Er nahm eine Trillerpfeife aus Metall, kein Spielzeug, aus der Tasche. »Des kann i für di tun. An Pfiff, und sie kommen mir z' Hilf.« Jetzt hatte ich Angst. Seine Polizei war bestimmt die mit dem Wasserwerfer. »Dann gahts ab ins Kommissariat und dort kannst dei blöde G'schichten erzähln.«

»Es san keine blödn G'schichten!« Mir kamen die Tränen, wie

immer bei Ungerechtigkeiten. »Meine Grosseltern wohnen am Makartplatz neb'n Mozarthaus …«

»Und heissen tun's?«

»Siegmund und Olga Bernheim.«

»Bernheim.« Wieder das Grinsen, dann der Befehl. »Zeig mir an Ausweis.«

»Den hat mei Mutter. Mit'n Bahnbillet.« Das wusste ich, da sich Grossvater, ehe wir aus dem Haus gingen, zumindest zehn Mal vergewissert hat, dass die Papiere in ihrer Handtasche waren.

»Kan Ausweis.« Straftat Nummer eins. »Lass mal sehen, wos du sonst in deinen Taschen hast.«

»Nichts.« In Sonntagskleidung füllte man die Taschen nicht. Ich drehte sie nach aussen, und zu meiner Überraschung kam ein sehr schöner kleiner Schlüssel zum Vorschein.

»A-ha!« triumphierte mein Peiniger. »Und wo ist das dazu g' hörige Schloss?«

»Wahrscheinlich verlorn. Deshoib hob i ja dn Schlüssel b'-kommen.«

Ich besass einige derartige Schätze. Ein Kristallgehänge von einem verschwundenen Kronleuchter. Oder eine orangenrote Korallenkugel, Überbleibsel einer der teueren Ketten, die ich nur in den Schaufenstern der Salzburger Juwelierläden gesehen habe.

»Wenn ich den Schlüssel verbiegen tu«, sagte der Bursche mit von der Anstrengung gepresster Stimme, »geht das Schloss nimmer auf.«

»I hab' gsagt, das Schloss is verlorn.« Der Schlüssel gab nicht nach und wurde in meinen Augen noch wertvoller.

»Dann ist er ja wertlos«, sagte er und gab mir den Schlüssel zurück, erleichtert, von der Kraftprobe befreit zu sein. »Beweis es. Schmeiss 'n weg. Dann lass i' di laufen.«

Es fiel mir schwer, aber ich warf ihn in die Salzach. Er landete mit hellem Klang auf einer der kleinen Kiesbänke, die aus dem Wasser ragten.

Freigelassen, lief ich schnell zurück. Wenn ich nur nicht zu spät kam! Mit einem »Wo bist du gewesen … schon Sorgen gemacht« wurde ich von meinen Lieben empfangen. Wir mussten wirklich gleich aufbrechen.

Mutter und ich stiegen ein, fanden unsere Plätze und zogen das Fenster zum Bahnsteig so weit herunter wie möglich, aber ich hatte immer noch das Glas vor der Nase.

»Sei ein guter Bub und lern fleissig«, sagte Grossvater mehr als einmal, während der Zug schwer atmend zur Abfahrt mahnte.

»Und versprich, brav zu essen«, fügte Grossmutter hinzu. Ich nickte.

Die einfachen Sätze sagten alles, Liebe, Trauer und Bangen um die Zukunft.

»Ich werde euch schreiben«, rief ich laut, als der Zug sich in Bewegung setzte. »Mit Haar- und Schattenstrich! Und ganz ohne Kleckse!«

Wir winkten. Ich liess die Hand noch lange draussen, nachdem ich die Grosseltern nicht mehr sehen konnte. Mein Leben in der Fremde nahm seinen Anfang.

PRAG

1933–38

Prag war überwältigend. Was in Salzburg die Festung, war hier der Hradschin, tausend Jahre alt, Burg und Palast, mit Kirche und Dom, Hof von Königen und Kaisern und Regierungssitz der jungen Republik. War zuvor die eisige, reissende Salzach für mich Inbegriff eines Flusses gewesen, wurde sie jetzt von der trägen, dunklen Moldau verdrängt. Die Stadt hat so viel an Kultur und Geschichte zu bieten, dass ich jedes Mal, auch heute noch, wenn ich zurückkehre, Unbekanntes entdecke.

Zum Glück gab es Ernst Bloch, den Philosophen, den meine Eltern von Berlin her kannten, der aber erst in Prag zu einem unserer engsten Freunde wurde. Er weihte uns ein in die Geschichte und Geschichten der geheimnisvollen Stadt und erzählte uns die Sage von der einmaligen astronomischen Uhr am Rathaus und dem Magister Hanus, der sie zusammengesetzt hat. Die Ratsherren liessen ihn blenden, damit er keine zweite für eine andere Stadt bauen könne. Darauf stieg er in den Turm und hielt das Uhrwerk an. Es dauerte mehr als hundert Jahre ehe es wieder in Gang gesetzt werden konnte. Bloch begeisterte mich für den revolutionären tschechischen Reformer Jan Hus, der, im Gegensatz zu unserem deutschen Martin Luther, seiner Gefolgschaft bis in den Tod am Scheiterhaufen die Treue hielt. Die kleine Kirche, in der Hus gepredigt hat, stand gerade gegenüber vom Haus, in dem wir schliesslich wohnten.

Ich ging oft zu seinem Denkmal am Altstädter Ring, das ihn nicht auf einen Sockel stellte, sondern, wie Rodin die »Bürger von Calais«, ganz menschlich zeigte, umgeben von seinen Glaubensgenossen, Vertriebenen und einer Mutter mit ihrem Kind.

Zugleich faszinierte mich Blochs Darstellung der mir völlig neuen, fremd anmutenden und zugleich anziehenden mystischen Welt der Alchimisten, des legendären Rabbi Löw und seiner Schöpfung, dem Riesen Golem. Es war eine Freude, Bloch zuzuhören. Sein Wissen war unsagbar vielseitig und, wie ich zugeben musste, in manchem offener und lebendiger als das meines Vaters. Das Erzählen war für ihn ein Genuss. Sein damals schon graues Haar schien unter Strom zu stehen, seine Augen blitzten hinter den dicken Brillengläsern, er paffte an seiner allgegenwärtigen Pfeife, dann spuckte er die Worte in gezielten Salven aus.

Eigentlich hätte uns auch Grossmutter Olga, die in Pilsen geboren war und Grossvater in Prag geheiratet hat, mit Böhmen vertraut machen können. Aber sie sprach nie davon. Sie hatte in der Tschechoslowakei sogar Verwandte, die wir kaum kannten. Einige davon sind nach meiner Kenntnis dem Holocaust zum Opfer gefallen. Heute belastet es mich, dass wir so wenig von ihnen wussten.

Auf Vaters Seite gab es eine unerwartete Verbindung. Tante Lene schrieb uns, dass seine Mutter Alice gar nicht von ihrem adelsstolzen Vater, sondern von einem gefeierten Vorkämpfer der tschechischen Unabhängigkeitsbewegung, Josef Václav Fric, gezeugt worden sei. Das passte in Vaters Bild seiner Herkunft, und er wollte sich sogleich mit den Prager Nachkommen in Verbindung setzen.

»Ja nicht!« warnte ein hoher Beamter, bei dem sich mein Vater nach ihnen erkundigte. »Seine sehr angesehene Familie würde sie augenblicklich an die Grenze stellen lassen, wenn Sie versuchen würden, den Namen Fric mit einem ausserehelichen Kind zu beflecken.«

Ich war in meinen Gedanken noch viel in Salzburg, besonders nachdem ich erfahren hatte, dass Grossvater Krebs hatte. Das war also ein weiterer Grund, warum ich so plötzlich nach Prag geholt worden war.

Ein Salzburger Blatt veröffentlichte die Adressen aller jüdischen Einwohner der Stadt, eine hinterlistige Aufforderung, sie zu verfolgen. Ist Grossvater wohl an dem Tag, als die Liste erschien, noch in sein geliebtes Café Bazar gegangen? Wurde ihm das Blatt zum Tisch gebracht? Distanzierte sich die Bedienung von dieser Gemeinheit? »Des is a Unverschämtheit, Herr Bernheim.« Oder enthielten sie sich des Kommentars, aus Rücksicht, Vorsicht, Gleichgültigkeit oder gar heimlicher Zustimmung?

Grossvater starb in September – Gottlob könnte man sagen, wie so oft in jenem Jahrhundert. Am Sterbebett soll er sich bitterlich beklagt haben, dass es keine Freundschaft gäbe.

Er wurde auf einem kleinen, versteckten jüdischen Friedhof beerdigt, ausgerechnet in Aigen, der Ortschaft bei Salzburg, die seinerzeit Vaters Eltern Asyl gewährt hatte. Das Grab lag abseits aller anderen, auf einem brachliegenden Feld, da Grossvater nicht Mitglied der jüdischen Gemeinde gewesen war.

Onkel Kurt, der über Stockholm nach Amerika emigriert war und als Offizier der amerikanischen Armee nach Deutschland zurückkehrte, hat nach dem Krieg eine Zypresse am Grab pflanzen lassen. Ihre Wurzeln umklammern heute den Stein, und ihr Wipfel ragt über die Dächer der Einfamilienhäuser, mit denen die Gegend seither verbaut worden ist.

Nur dadurch kann man den Friedhof finden, der die Nazizeit verwildert, aber unberührt überstand. Grossvater liegt heute nicht mehr allein, sondern ist von neuen Gräbern, aus der kleinen Gemeinde jüdischer Rückkehrer, umgeben.

Für mich war in Prag bei den Eltern zunächst gar kein Platz. Sie wohnten noch immer in einem kleinen möblierten Zimmer, das Vater kurz nach seiner Ankunft gemietet hatte. Ich wohnte irgendwo im VII. Bezirk.

Ich besitze eine Kopie eines geheimen Berichts der deutschen Gesandtschaft über das Zimmer meiner Eltern, an das ich mich sonst nicht erinnere. Darin heisst es, die Nr. 28 im 2. Stock der Pension »Star« sei eine »Nachrichtenfälscherzentrale«. Sie wurde beinahe vom ersten Tag an überwacht, und alle von dort geführten Telefongespräche wurden abgehört, »um einige der Kanäle, die die Hetzpropaganda gegen Deutschland von Berlin aus speisen, zu verstopfen«.

Es war bezeichnend, dass der Informant, ein »zuverlässiger Sudetendeutscher«, in einem Zimmer vis-à-vis von meinen Eltern wohnte und mit ihnen das Bad teilte. Seine »Wachsamkeit« im Interesse der neuen Machthaber Deutschlands war freiwillig, aus eigener Überzeugung.

Ein Attentat oder ein Entführungsversuch der Gestapo hätte meinen Vater nicht überrascht. Es kam tatsächlich zu solchen Übergriffen. Der deutsche Philosoph und Journalist Theodor Lessing wurde Ende August in Marienbad von Agenten der Nazis ermordet. Aber einen Spion in Pantoffeln hat mein Vater wohl doch nicht erwartet. Er stellte sich dem älteren Herrn sogar höflich vor, um sich für eine Sitzung ein paar Stühle auszuleihen.

»... ca. 20 Personen, darunter die Hälfte Frauen« nahmen, laut Bericht, an der Zusammenkunft teil. Es wurde besprochen, wer in der Gruppe an der Reihe sei, für eine konspirative Geldübergabe mit dem Zug nach Deutschland zu fahren und wie die Kontaktaufnahme vor sich gehen würde. Wurde das zu einer Falle? Wurden die Beteiligten gefasst?

Aufgefallen war dem Informanten, »dass Herr Hirschfelde, (bei der Polizei als Herzfelde gemeldet), der in den zwei Gesprächen, die ich mit ihm hatte, von grossen finanziellen Sorgen sprach, sich auf eigene Kosten einen Telephonanschluss legen liess und seine Frau ihm wiederholt im Gang zurief: ›Berlin ist wieder da‹.«

Tatsächlich hatte der Verlag eine illegale Redaktion in Berlin und schon die erste Nummer der neuen Zeitschrift für Literatur und Kritik, die »Neuen Deutschen Blätter«, die im September '33 herauskam, enthielt die Rubrik »Stimmen aus Deutschland«.

Es kamen auch Kuriere nach Prag, um über die Lage persönlich zu berichten und, nach einer kurzen Atempause, wieder unterzutauchen. Einer von ihnen bat die Eltern, die Ziehharmonika eines Genossen, der im KZ sass, aufzubewahren. Ich versuchte mit aller Vorsicht, darauf zu spielen. Das Röcheln des Balgs und die zögernd gesuchten Folgen der Bässe klangen in meinen Ohren wie die Klage eines Gefangenen. Das Instrument wurde irgendwann wieder abgeholt. Ich hoffe, der Eigentümer war noch am Leben.

Anfang Oktober '33 kamen zur Abwechslung gute Nachrichten: Alle unsere schönen Sachen aus Berlin waren zur Spedition bereit. Ich würde mein Fahrrad wiederbekommen! Nur fehlte das Geld, um den Transport zu bezahlen. Vieles würden wir aus diesem Grund verpfänden müssen. Aber für eine kleine Wohnung würde mehr als genug übrigbleiben, und dann könnte ich zu den Eltern ziehen.

Der Traum wurde schnell zunichte. Die deutsche Staatspolizei teilte dem Spediteur mit, »dass die Möbel/Herzfelde/ polizeilich beschlagnahmt sind. Gleichzeitig wird Ihre Forderung aus dieser Sache in Höhe von Mk. 471.– bestätigt. Die Begleichung der Rechnung erfolgt nach der Einziehung des Vermögens durch den preussischen Staat.« Die Räuber leisteten gründliche Arbeit.

Also lebte ich weiter getrennt von den Eltern, am Ende beinahe ein Jahr lang. Ich erinnere mich, dass ich die Strassenbahn nehmen musste, um zu ihnen zu kommen.

Um zu beweisen, was für ein toller Bursche ich war, kopierte ich die älteren Jungen, die auf abfahrende Bahnen in letzter Sekunde noch aufsprangen und sich beim Aussteigen lässig rückwärts fallen liessen, ehe die Bahn hielt. Als ich eines Tages mit Mutter verabredet war, habe ich ihr das Aussteigen vorgeführt, schon vor der Haltestelle, ohne einen Blick nach hinten zu werfen. Kreischende Autobremsen und wütendes Hupen bezeugten, wie knapp ich einem Unfall entgangen war. Trotz klopfendem Herzen tat ich, als hätte ich nichts gehört und schlenderte gelassen auf die zu Tode erschrockene Mutter zu.

Mehr beeindruckt war sie von den schnellen Fortschritten, die ich im Tschechischen machte. Die Eltern bewegten sich in einem beinahe ausschliesslich deutschsprachigen Umfeld und mussten nicht Tschechisch lernen. Aber solange ich mich nicht verständigen konnte, führte jeder Schritt in der tschechischen Nachbarschaft in Feindesland.

Deshalb hatte ich immer Blätter mit Vokabeln bei mir und eine Karte, die alle Varianten der sieben Deklinationen in 8-Punkt-Schrift zusammenfasste. Ich lernte sie in jeder freien Minute auswendig und übte die konsonantenreiche Aussprache. *»Skrc prsk skrk krk«*, der Satz ohne jeden Vokal, ist einer der wenigen Fetzen, die mir vom Tschechischen geblieben sind.

Auch an den melodiösen Anfang der Nationalhymne: *»Kde domov mui* – wo ist meine Heimat?«, der meinen Gefühlen besonders entsprach, erinnere ich mich.

Die Schule, in die ich gehen musste, hiess Minderheits-Volksschule. Der diskriminierende Name war bezeichnend für die damalige, wenn nicht feindselige, dann zumindest ungeschickte Haltung der Regierung gegenüber den deutschsprachigen Bürgern des Landes. Im umstrittenen Sudetenland waren sie in der Mehrzahl, aber auch in Prag und anderen grösseren Städten waren sie stark vertreten.

Die meisten meiner Mitschüler kamen aus Familien, die das erstarkte Deutschland bewunderten. Die Sudetendeutschen träumten, wie auch die meisten Österreicher, vom Anschluss. Sie stimmten für die Partei von Henlein, der ihre Unzufriedenheit für seine politischen Ziele benützte. Als Emigrant war ich für sie ein doppelter Verräter.

Es gab in der Gegend, wo ich wohnte, also auch in der Schule, nur wenige Kinder aus jüdischen Häusern. Die wollten nur ihren Frieden und waren gar nicht begeistert, dass ich zu ihnen gezählt wurde, weil ich nicht den Mund halten wollte.

Als wir irgendein Gedicht über ein Bäumchen mit goldenen Blättern auswendig lernen sollten, weigerte ich mich, denn es war darin von einem Juden die Rede, der in den Wald kam und ihm die Blätter wegnahm. »Wieso ein Jude?« fragte ich den Lehrer. »Es könnte ebensogut ein Bauer oder Förster gewesen sein. Mit derselben Zahl von Silben.«

Ein Raunen ging durch die Klasse. Der Lehrer antwortete, er habe das Gedicht nicht geschrieben.

»Aber ausgewählt«, beharrte ich.

Meine Mutter musste deswegen beim Direktor antreten. Er hatte Verständnis für meinen Protest, befand sich aber in einer sehr heiklen Lage. »Die Beschwerden kommen von allen Seiten, aus beiden Ecken«, klagte der eigentlich anständige Mann, den man nur allzugerne ersetzt hätte.

Dafür wollte ich nicht verantwortlich sein. Auch wollte ich den Eltern keine Schwierigkeiten verursachen. Immer wieder waren unbeqeme Emigranten an die Grenze gestellt worden. Also hielt ich mich fortan zurück.

Mein Onkel Heartfield wagte es trotzdem, die Nazis mit seinen unverfrorenen Fotomontagen zur Weissglut zu bringen. Er war ein kleiner, drahtiger Mann, nervös und überempfindlich, von seiner Aufgabe besessen, bis zur Rücksichtslosigkeit. Er stolperte über seine Gedanken, und brauchte seinen Bruder, um sie zu präzisieren und zu formulieren. Deshalb konnte ich es ihm nicht verübeln, dass er oft hereinplatzte, gerade wenn ich etwas Zeit mit Vater zu verbringen hoffte, um in letzter Minute ein aktuelles Thema für seine Seite in der nächsten Ausgabe der AIZ zu finden. Die meisten Titel und Bildunterschriften stammen von meinem Vater, oft buchstäblich in seiner Handschrift. Aber Heartfield hat mit der Fotomontage Ideen sichtbar gemacht wie kein anderer.

Ich durfte bei den Gesprächen dabei bleiben und wurde öfters um meine Meinung zu einem Vorschlag gefragt. Die Montagen sollten ja klar und leicht verständlich sein. Und ich war stolz, wenn das Ergebnis, mit meinem noch so bescheidenen Beitrag, veröffentlicht wurde.

Eine, die mir in ihrer Einfachheit besonders gefiel, zeigte den wegen des Reichstagsbrands angeklagten Dimitroff, der sich mit Erfolg selbst verteidigte, gross und überlegen gegenüber dem erzürnten, kleinen Ankläger Göring. Zwei Worte unterstrichen den Rollentausch: DER RICHTER. DER GERICHTETE.

Allen »Landesverrätern und Kriminellen«, die ihre Stimme öffentlich gegen Hitler erhoben, wurde alsbald die deutsche Staatsbürgerschaft entzogen. So auch Heartfield und meinem

Vater. Ebenso ihren Familien, also Mutter und mir. Vaters Pass war allerdings, abgesehen von Deutschlandreisen, glücklicherweise noch fünf Jahre gültig.

»Länger als diese Regierung«, spottete er, leider zu Unrecht.

Die Staatenlosigkeit sollte noch entscheidenden Einfluss auf unser Leben haben.

1934 wurden die Fotomontagen in die Ausstellung internationaler Karikaturen des Prager Kunstvereins Manes aufgenommen und dadurch einem breiten Publikum, das nicht die AIZ las, bekannt.

Die deutschen, italienischen und österreichischen Regierungen protestierten vehement, aber ihre Noten wurden von Prag ignoriert. Das waren *meine* Fussballsiege.

In den folgenden Jahren wurden Heartfield auch Einzelausstellungen gewidmet. Das deutsche Konsulat reagierte immer schärfer darauf, dass diese »Beleidigungen« von der tschechischen Regierung toleriert wurden. Es forderte auf höchster diplomatischer Ebene die Beseitigung der treffendsten Bilder. Da man davon ausgehen konnte, dass die deutsche Presse auch von Regimegegnern gelesen wurde, durfte man hoffen, dass gerade diese wütenden Proteste des Regimes dazu beitrugen, dass sie vom fortgesetzten Kampf der Emigranten gegen Hitler erfuhren.

Im Dezember '33 zogen die Eltern aus der Pension in eine kleine Wohnung. Aber auch die bestand nur aus einem Zimmer und Küche. Mutter bat Tante Helene in Berlin, aus einer Kammer neben unserer Wohnung in Wannsee, die untervermietet war, Sachen für den Haushalt zu holen und ihr zu schicken. »Auch Wielands Schlittschuhe und Tennisschläger«, fügte sie der Liste hinzu, »um ihn zu Weihnachten damit zu überraschen.«

Für mich war bei den Eltern noch immer kein Platz. Ich versuchte es mir damit zu erklären, dass sie abwechselnd länger verreisen oder umgekehrt den Verlag alleine leiten mussten, so dass sie sich um meinen geregelten Tagesablauf zu wenig kümmern konnten.

Natürlich kam ich oft und half dem Vater im Verlag. Wir trugen Pakete gemeinsam zur Post, vorausgesetzt dass Geld für Porto da war. Anschliessend teilten wir uns manchmal im Stehautomatencafé Korunka eine kleine Semmel mit Krabbenmayonnaise – noch immer ein Lieblingshappen – und ein Gläschen Cinzano.

Von Tante Grete wurde ich hin und wieder ins Kino eingeladen zu den unvergesslichen frühen *Mickey Mouse*-Filmen (in schwarz-weiss) und meinen liebsten Komikern, Laurel und Hardy. Insgeheim verglichen Tante Grete und ich den verzagten Stan und den jovialen Oliver mit Heartfield und meinem Vater. Eine Episode mit den beiden in der Pension Star, das wäre ein Lacherfolg gewesen.

Ich gehörte einer locker organisierten Gruppe von Jugendlichen an, die gelegentlich gemeinsame Ausflüge machten. Zum Beispiel Wander- oder Schiwochenenden in einem Naturfreundehaus im Riesengebirge, das dem illegalen Verkehr über die grüne Grenze diente. Unverzeihlicherweise fuhren wir einmal einen besonders schönen Tiefschneehang auf deutscher Seite hinunter. Das hätte böse enden können.

Als in einem Bergwerk im Sudetenland ein Stollen einstürzte und viele Bergarbeiter ums Leben kamen, entschlossen wir uns, nicht nur Spenden zu sammeln, was wir für Aktionen in der Region öfters taten, sondern für die Hinterbliebenen mit einem Theaterstück einen grösseren Betrag zusammenzubringen.

Die nur wenige Jahre ältere Lenka Reiner (Lenka Reinerová), die sich unserer Gruppe annahm, adaptierte Erich Kästners »Pünktchen und Anton« und führte Regie. Mimi Gellner, die Tochter des Chefredakteurs des »Prager Tagblatts«, spielte Pünktchen, und ich war der Anton.

Es war das erste Mal, dass mich eine Aufgabe so ausschliesslich mehrere Wochen lang beanspruchte und ich so eng mit einer Gruppe zusammenarbeitete. Es war ein aufregendes Erlebnis, das dem Theater und Film eigen ist. Wir hatten ziemlichen Erfolg und brachten recht viel Geld ein. Henlein konnte somit nicht krähen, dass sich ausser ihm niemand um die Opfer gekümmert habe.

Vater ging wie erwartet auf Reisen, unter anderem nach London, um dort den in Berlin von den Nazis gelöschten Verlag offiziell neu zu gründen. Eine englische Gesellschaft erlaubte es ihm, an ihrem Haus, beim Eingang, unter ihrem blitzend polierten Firmenschild das seine, auch aus gediegenem Messing, anzubringen. Dann musste er den Verlag nur noch schriftlich beim Home Office anmelden, und der Malik-Verlag hatte ein neues Domizil. (Eigenartig. So einfach das Vorgehen für eine Firma, so schwierig war es für einen Menschen, in England Unterschlupf zu finden.)

Bei der Londoner Verlagsadresse handelte sich nicht um eine reine Briefkastenfirma. Es wurde dort tatsächlich eine Anzahl von Malik-Büchern veröffentlicht, mit Hilfe der engagierten Geschäftsleiterin, Margaret Mynatt, die sich später als Lebensretterin für meine Familie erwies.

Eines dieser Bücher war »Stalin oder Trotzki«, ein heisses Eisen, über das während der Schauprozesse und bei den bitteren Schuldzuweisungen für die Niederlagen im Spanischen Bürgerkrieg viel diskutiert wurde. Trotzki war dabei immer der »Böse«. Warum, wurde bei diesen Diskussionen erst gar nicht erklärt. Deshalb versuchte ich das anspruchsvolle, sicher nicht unparteiische Buch zu lesen und erschrak, als Trotzkis Position mir sehr überzeugend erschien. Aber die anderen hatten sich durchgesetzt, und beide Positionen konnten offenbar nicht nebeneinander bestehen.

Der Hauptzweck der Londoner Verlagsgründung bestand allerdings darin, das Arbeitsverbot für Flüchtlinge in der Tschechoslowakei zu umgehen. Ein ausländisches Unternehmen zu vertreten war nämlich erlaubt. Auf diese Weise waren meine Eltern trotz aller finanziellen Schwierigkeiten in einer privilegierten Lage – jedenfalls im Vergleich mit jenen wirklich bedauernswerten Flüchtlingen, die gezwungen waren, ohne Beschäftigung unabsehbare Zeit im Prager Emigrantenheim zu vegetieren.

Mutter nahm sich der wenigen Kinder an, die in diesem Heim wohnten. Sie kümmerte sich besonders um zwei Mädchen meines Alters, Elisabeth und Judith, die keine Familie zu haben schienen. Eines Tages war Judith weg. Ich glaube, Verwandte haben sie nach Amerika geholt. Das hoffte ich jedenfalls.

Selbst Heartfield hat wohl, trotz der künstlerischen Anerkennung, nur eine begrenzte Arbeitserlaubnis erhalten. Es fiel ihm schwer, sich mit dem wöchentlichen Auftrag der AIZ und der beschränkten Anzahl von Buchumschlägen für den Verlag, die beide nicht viel zahlen konnten, über Wasser zu halten. Deshalb hatte er nur ein Zimmer draussen an der Peripherie.

Sein Sohn Tom kam, nach seinem Schulabschluss, mit dem Fahrrad von Rotterdam, wo seine Mutter nach der Scheidung von Heartfield mit ihm und seiner Schwester Eva lebte. Das imponierte mir sehr.

Aber es gab in Prag für Tom keine Möglichkeiten der Arbeit oder Berufsausbildung, und sein Vater konnte ihn nicht lange unterstützen. Sie fuhren gemeinsam nach Paris, wo Heartfields Arbeiten in der Internationalen Karikaturenausstellung gezeigt wurden. Schliesslich fuhr Tom nach Moskau, wo er, in Anerkennung der Verdienste seines Vaters, studieren und arbeiten durfte und sich mit den bescheidensten Lebensbedingungen abfinden musste.

»Er ist ja glücklich, dass jetzt endlich für ihn ein Leben der Ordnung, des Lernens und Arbeitens beginnen wird«, versicherte mein Vater in einem Empfehlungsschreiben, um die Einreisebewilligung zu beschleunigen. »Ich bin überzeugt, dass Sie an dem Jungen keine Enttäuschung erleben werden.«

Dass allerdings mein Cousin eine Enttäuschung erleben könnte, war offenbar nicht vorstellbar, aber so scheint es gewesen zu sein. Er durfte erstaunlicherweise die Sowjetunion wieder verlassen, kehrte nach Rotterdam zurück und konnte schließlich 1938 nach Amerika auswandern. Leider haben seine Nachkommen keine Kenntnisse, Unterlagen oder Briefe aus dieser Zeit. Wer gab ihm das Affidavit? Fiel er unter die holländische Quote? Er muss während seines Aufenthalts in Moskau einiges gelernt haben, auch Russisch und Englisch, denn es gelang ihm in New York, trotz der grossen Arbeitslosigkeit, als Bleisetzer eine Stelle zu finden.

Während Vaters Abwesenheit hatte Mutter alle Hände voll zu tun. »Die Manus für die NDB (Neue Deutsche Blätter) sind noch nicht geprüft«, klagte sie. »Wie soll ich das alles bewältigen?« Es handelte sich, wenn ich nicht irre, um eine Sondernummer über den vom Klerus gesteuerten Faschismus in Österreich.

Die Kämpfe des Jahres 1934 in Wien und anderen Städten lösten eine neue Flüchtlingswelle aus. Mehrere Betroffene, unter ihnen Oskar Maria Graf, landeten in Brünn statt in Prag, vermutlich auf Weisung der Fremdenpolizei.

Sobald er aus London zurück war, fuhr Vater mit mir nach Brünn, um sich mit O.M. Graf zu treffen. Denn Graf war, wie auch Anna Seghers, die jetzt in Mexiko lebte, ein Mitglied der Redaktion der Neuen Deutschen Blätter und hatte ein Buch in Arbeit.

Zuerst machten wir halt bei einem anderen Bekannten. Sein Sohn und ich wollten sofort zusammen ein Buch schreiben, über eine Expedition auf den Mond. Er schien sich da auszukennen. Und ich hatte das Buch »100 000 km/h mit Dr. Überall« gelesen. Wir gingen systematisch vor. Als erstes machten wir eine Liste von Dingen, welche die Besatzung bei den niedrigen Temperaturen und der geringen Schwerkraft benötigen würde. An einer funktionierenden Rakete haben wir schon 1934 nicht gezweifelt. Das Unrealistischste an unserem Plan war die Annahme, dass wir zwischen Prag und Brünn einfach hin und her reisen könnten. Dazu musste man, neben dem Fahrgeld, als Emigrant auch noch eine spezielle Erlaubnis haben.

Dann ging ich mit dem Vater zu Graf, ein Trumm von einem Mann, ein ehemaliger Bäckergeselle aus Bayern. Aber hinter dem derben Äusseren verbarg sich ein sehr sensibler, engagierter, warmherziger Mensch. Er ging gleich auf mich ein, wir wurden Freunde, und er empfahl mir, »nie unter die Tüchtigen zu gehen«. Der Rat war für mein Alter ein bisschen verfrüht, aber er hat mich im Laufe der Jahre immer wieder daran erinnert. Ich konnte ihn, zu meinem Bedauern, nicht immer befolgen.

Trotz seiner sozialistischen Einstellung waren Grafs Bücher, wegen ihrer Bodenständigkeit, die ich liebte, nicht auf den Scheiterhaufen der sich eifrig gleichschaltenden Universitäten und Bibliotheken gelandet. Er wurde statt dessen, als einziger Malik-Autor, auf die »weisse Autorenliste« des neuen Deutschen Reichs gesetzt.

»Verbrennt mich!« schrieb er wütend, in einem öffentlichen Aufruf gegen dieses beleidigende Fehlurteil über sein Werk. Dieser Aufruf erschien in über siebzig Publikationen der ganzen Welt, sogar in der New York Times. Deshalb musste Graf natürlich erst aus Deutschland und jetzt aus Wien flüchten.

Am Ende des Schuljahrs stand das Erfreulichste an meinem Zeugnis auf der Rückseite: Abmeldung, weil Schüler nach Prag I übersiedelt. In Tschechisch hatte ich eine Zwei.

Die Übersiedlung verzögerte sich allerdings. Jetzt war nämlich die Mutter unterwegs, in Salzburg, um die Wohnung am Makartplatz aufzulösen. Offenbar wollte die Bank, der das Haus gehörte, die Räume sofort übernehmen. Ich schrieb (mit meinen acht Jahren!) dem Bürgermeister einen Brief, seine Beamten sollten »gefälligst meine Grossmutter nicht herausdrängen«. Man gab ihr ein paar Monate Aufschub.

Unterdessen tauchte bei uns ein Mann auf, Willi Bredel, der in Vaters Leben noch eine wichtige Rolle spielen sollte. Er kam gerade aus dem Konzentrationslager Fuhlsbüttel, nach eineinhalb Jahren Einzelhaft, Dunkelhaft und Folter, die viele Mitgefangene mit dem Leben bezahlt hatten. Ein Zellennachbar, der sich am Tag darauf erhängte, klopfte ihm zu: »Du musst durchhalten, um zu berichten ...«

Bredel war ursprünglich Eisendreher und sah auch so aus, gedrungen, kräftig, entschlossen, obwohl er das gerettete Leben geniessen und herzhaft lachen konnte. Jetzt hämmerte er vier Wochen lang auf eine alte Schreibmaschine ein und füllte dreihundertfünfzig Seiten mit seinen Erlebnissen. Daraus wurde der Roman »Die Prüfung«. Ich konnte das Erscheinen kaum erwarten. Es war das erste Buch, bei dem ich schon die Fahnen zu lesen bekam.

Ich hatte Zweifel, dass mein Körper die Foltern und Prüfungen, von denen er berichtete, bestehen könnte. Also beschloss ich, ja keine Namen, Adressen, Daten oder Ereignisse im Kopf zu behalten, die man aus mir herausprügeln könnte, falls ich je in die Hände der Nazis geriet. Daraus wurde später ein peinliches Handicap in Gesellschaft … und beim Niederschreiben dieser Lebenserinnerungen.

Im September '34 konnte ich endlich mit meinen Eltern in eine 2-Zimmer-Wohnung einziehen. Lenka Reiner hatte sie uns vermittelt. Die Wohnung war eigentlich ein umgebautes Büro, in einem hässlichen Betonklotz an der Konviktska-Strasse, im Herzen der Prager Altstadt. Aber wir hatten zumindest wieder Glück mit dem Hausbesitzer, Oskar Stein. Er war ein adretter kleiner Mann mit grossem Kopf, dunklen Augen und einem Buckel, den ich bald als Teil seines liebenswürdigen Wesens ansah. Er sympathisierte offensichtlich mit meinem Vater und verlangte nur sehr bescheidene Mieten für die Wohnung und ein Büro im zweiten Flügel des Gebäudes, mit Eingang von der Betlemska-Strasse. Dort waren auch die Büros der Papierfabrik, deren Verkaufsleiter Oskar Stein war. Also lieferte er dem Verlag auch noch Papier zu Vorzugsbedingungen und auf Kredit.

Mir schenkte er ausgediente Musterbogen. Ich entwickelte einen unerwarteten Geschäftssinn und machte Tüten aus dem Papier, die Heinz, ein Nachbarbub, an kleine Geschäfte in der Umgebung verkaufte.

Ich brauchte etwas Taschengeld, denn ich hatte am Betlemsplatz eine kleine Eisdiele mit dem unwiderstehlichsten Aprikoseneis entdeckt. Soeben ist mir mit dem Aroma und Geschmack die lang vergessene tschechische Bezeichnung wieder in den Sinn gekommen: *Merunky smrzlina.* Klingt *merunky* nicht wie ein Kosename für Aprikosen? Und tönt *smrzlina*, mit rollendem »r« nicht eisig kalt?

Wohin ich auch ging, dort führte mein Weg vorbei. Der Besitzer war ein Italiener, der erste, dem ich je begegnet bin. Er hatte einen Vogelkopf mit einer grossen Schnabelnase und dunklen Augen, auf einem dünnen Hals, mit einem sehr prominenten Kehlkopf. Der tanzte beim Reden auf und ab. Er sprach ein bisschen Deutsch, kaum Tschechisch, fiel immer wieder in sein melodisches Italienisch zurück und liess mich anschreiben, bis die Tüten mir wieder etwas Geld in die Kasse gebracht hatten.

Mit diesen Tütengeschäften ist leider auch eine beschämende Erinnerung verbunden. Ich hatte, bei erster Gelegenheit, einen kleinen tschechischen Jungen aus der neuen Nachbarschaft gestellt, als ich ihm alleine in der Stadt begegnete. Er hatte Angst, weil mich seine Freunde ein paar Mal angerempelt hatten. Aber ich verlangte nur, dass er sie veranlasste, mit mir zu reden – denn das konnte ich jetzt halbwegs –, ehe sie wieder über mich herfallen würden. Er versprach es, und sie liessen mich von da an tatsächlich in Ruhe.

Aber es war eine Gratwanderung, denn viele der älteren Burschen waren fremdenfeindlich, oft antisemitisch und auf tückische Art brutal. Eines Nachmittags hatten mich mehrere von ihnen in einer kleinen Grünanlage mit gespielter Freundlichkeit umzingelt.

Ich musste vorsichtig sein, um einen Umschwung der Stimmung zu vermeiden. Da kam mein Partner Heinz dazu. Er war ein Wichtigtuer und musste unbedingt mit mir über etwas reden. Sofort. Auf Deutsch.

Ich winkte ab, aber er liess nicht locker. Und jetzt mischten sich die Tschechen ein. »Lass unseren Freund in Ruhe«, sagten die falschen Freunde. »Er will nicht mit dir reden. Niemand will mit einem Judenbengel reden. Verschwinde, sonst bist du dran.«

Schon setzte es Fusstritte, sozusagen in meinem Namen. Nicht so brutal, wie es bei heutigen Skinheads in Mode ist. Als

1933 kam die ganze Familie nach Prag. Hier gehen die Eltern und ich mit FCW und dem »langen Franz« spazieren.

Nur Tante Grete fiel es ein, uns in einem Automaten fotografieren zu lassen …

In der kleinen Wohnung hat Grossmutters Schlampigkeit schon gestört. Aber lieb hatte ich sie trotzdem.

1936 entdeckte ich das Kunstschlittschuhlaufen. Ein Jahr später hatte ich meinen ersten Auftritt.

Heinz auf dem Boden lag, hörten sie auf und traten auch nicht nach seinem Kopf. Aber trotzdem war es abscheulich. Sie hatten alle, bemerkte ich plötzlich, spitze Schuhe an.

Ich protestierte, aber geholfen hab ich ihm nicht. Und dafür schäme ich mich heute noch.

Das Tütengeschäft war damit zu Ende. Im Herbst machte die Eisdiele eh zu. Wahrscheinlich nur bis zum Frühling. Das war zu erwarten. Aber mein wachsamer Vater vermutete, es stecke etwas dahinter. So ein kleiner Laden könne sich gar nicht tragen. Da müsse doch etwas anderes dahinterstecken.

Als Mutter aus Salzburg zurückkam, brachte sie Grossmutter mit, und zwei Sofas, von denen sich Grossmutter nicht trennen wollte. (Auf dem einen hatte ich in Salzburg geschlafen.) Der Rest des Haushalts war verkauft, bis auf einen Zirkelkasten, einen alten Salzburg-Führer und das Buch über Napoleon, mit denen mir Mutter eine Freude machen wollte, und Pfannen, Töpfe und Kuchenformen, die sich Tante Grete gewünscht hatte. Dafür wollte sie Grossmutter eine Einzimmerwohnung einrichten, aber das blieb ein leeres Versprechen.

Stattdessen teilten wir unsere 2-Zimmer-Wohnung mit ihr. Der grosse Raum war Wohn-, Ess- und Elternschlafzimmer mit einem Tisch, Stühlen und einer Liege, die auch als Sitzmöbel diente. Im kleinen Zimmer standen die zwei Salzburger Sofas für Grossmutter und mich. Wo war Platz für Kleider, Schuhe, Wäsche, Geschirr? Und Bücher? Keine Ahnung. Es war auf jeden Fall wenig vorhanden.

Bad und Küche anspruchslosester Art waren offensichtlich nachträglich eingebaut worden. Das WC befand sich im Treppenhaus.

Die Beschaffung der Möbel blieb diesmal meiner Mutter überlassen. Sie ging nicht auf Auktionen, sondern versuchte uns mit Sachen vom Trödelmarkt zu versorgen. So machte sie aus dieser nüchternen Umgebung ein Heim, obwohl sie immer wieder die Frage stellte, wie lang wir überhaupt in Prag bleiben würden.

Das beste an der Wohnung war, dass sie im obersten, dem fünften Stock lag und einen grossen Balkon mit schöner Aussicht hatte. Meine Mutter bepflanzte ihn mit Kapuzinerkresse, dass es eine Pracht war.

Einfach war das Zusammenleben sicher nicht. Ich war jetzt kein kleines Kind mehr und ziemlich enttäuscht, keine Ecke für mich zu haben, nachdem ich so lange darauf gewartet hatte, wieder mit meinen Eltern zusammen wohnen zu können. Wenn ich meine Mutter mit meinen Launen ärgerte, drohte sie, mich »auszubooten«. Wie kam sie auf diesen Seemannsausdruck? Schließlich war ich ohnehin fast ein Jahr lang alleine gewesen, dachte ich.

Was mich störte, zum Beispiel Grossmutters Schlamperei, nahm Mutter erst gar nicht zur Kenntnis. Eines Tages fand ich in der Regenrinne des Balkons eine von Grossmutters guten Salzburger Broschen. Sie war von einem Kleid abgefallen, als sie es mit dem Teppichklopfer aufzufrischen versuchte. Weil Erwachsene ihre Fehler generell verniedlichen, behauptete ich, die Brosche auf der Strasse gefunden zu haben. Ich wollte damit »ein Exempel statuieren«, und Grossmutter war durch die Übertreibung wirklich beeindruckt. Vielleicht hätte sie etwas bewirkt. Wäre die Brosche nur zwei Zentimeter weiter nach rechts gefallen, wäre sie ja, an der Rinne vorbei, tatsächlich auf der Straße gelandet.

Aber Mutter bohrte nach. Sie behauptete mit Recht, die Brosche aus dünn gehämmertem, vergoldetem Silber wäre nach einem Sturz aus dem fünften Stockwerk mit Sicherheit schwer beschädigt gewesen und überführte mich auf diese Weise der Lüge. Für die Wahrheit, die dahintersteckte, war sie nicht empfänglich.

Ich war frustriert und beschämt, und mir kamen die Tränen. Und jetzt war es Grossmutter, die mich tröstete, ebenso wie ich sie, wenn Vater um eine kleine Anleihe »nur für ein paar Tage« aus ihrer Witwenrente bat und sie um ihre Zukunft bangte. Wir hatten einander einfach lieb.

Für alle Freunde, emigrierte Schriftsteller und Künstler aus Deutschland, Österreich und dem Sudetenland, aber auch deutschsprachige Tschechen, die bei uns ein und aus gingen, war Grossmutter der gute Geist der Konviktska. »Mutter Olga«, wie Egon Erwin Kisch sie nannte. Kischs Frau Gisela half meinem Vater im Verlag.

Als Vater und ich eines Tages von einem Ausflug eine Blindschleiche mitbrachten, protestierte Grossmutter energisch. Eine Schlange käme ihr nicht ins Haus. Wir konnten sie nicht überzeugen, dass eine Blindschleiche doch keine Schlange sei. Mit dem Versprechen, unsern Fang wieder auszusetzen, durften wir das zierliche kleine Tierchen provisorisch, mit ein paar Salatblättern, in einem Doppelfenster unterbringen.

Am nächsten Morgen fand ich Grossmutter am Fenster. Sie klopfte leise an die Scheibe und rief verzückt: »Komm, Schlangerl!«

Das war für meinen Vater das Signal, auf dem Balkon ein grosses Terrarium zu bauen, aus einem Holzgerüst und kleinmaschigem Drahtgitter, mit Geröll und Sand, Gras und Gebüsch und einem kleinen Wasserbecken, in dem sich auch Eidechsen, Salamander und Frösche, die Beute späterer Wanderungen, wohlfühlten.

Prag hat nämlich eine vielfältige, schöne Umgebung. Es fehlten nur die Berge. Also kletterten wir eines Tages eine besonders steile, ein paar hundert Meter hohe Böschung der Moldau hinauf. Ich glaube, die Gegend hiess die Wilde Scharka. Der Hang war nicht aus hartem Stein, Gneis oder Granit, sondern aus einem Konglomerat, das, je höher wir kamen, um so lockerer wurde. Am Bootssteg unten hatten sich Menschen gesammelt, die das waghalsige Unternehmen aufgeregt verfolgten. In der Mitte des Hangs dachten wir ans Umkehren. Aber der Abstieg schien schwieriger als der weitere Aufstieg.

Grasbüschel dienten unseren Händen als Halt. Jeder Tritt wurde lange geprüft, ehe wir das Gewicht zu verlagern wagten. Wir kletterten in den Hang gedrückt und etwas seitlich versetzt, um einander nicht durch Steinschlag zu gefährden. Mit erzwungener Ruhe sagte mein Vater, ich könne es, wenn notwendig, alleine nach oben schaffen und müsse *auf jeden Fall* weiterklettern. Auf jeden Fall. Was er meinte, war klar.

Oben angelangt, umarmten wir uns wortlos, ganz fest, bewusst, wie knapp wir dem Tod entgangen waren.

Vater musste wieder verreisen, diesmal zu einem großen Schriftstellerkongress in Moskau. Ich versuchte mir neben Schule und Wohnung eine eigene Welt zu schaffen. Ich fand ganz unerwartet einen neuen Gönner, eine neue Einkommensquelle für die kleinen persönlichen Extravaganzen, die ich brauchte, um den engen Alltag vergessen zu können. Und zwar ging ich zum »Prager Tagblatt«, einer liberalen deutschen Zeitung, um mich wegen der skandalösen Berichterstattung über die Ereignisse in Österreich und Spanien zu beschweren. Das Wort »skandalös« hatte ich von den Eltern.

Der Pförtner wies mich selbstverständlich ab. So einen vorlauten Bengel hatte er in all seinen Dienstjahren noch nicht erlebt. Zufällig kam aber der Vater von Mimi Gellner vorbei, mit der ich in »Pünktchen und Anton« gespielt hatte. Er war Chefredakteur der Zeitung, und ich glaube, er erkannte mich. Jedenfalls amüsierte ihn mein Anliegen, und er führte mich, an den stampfenden Pressen vorbei, in sein Büro.

»Hast du den Artikel selbst gelesen?« fragte er gleich. Ich musste gestehen, dass ich ihn nur durch die Diskussion meiner Eltern kannte. Allerdings hatten sie einander Passagen, die sie besonders irritierten, laut vorgelesen.

Auch in unserer Familie war und blieb die Zeitung nämlich noch lange eine Domäne der Erwachsenen. Zuerst lernte sie Vater sozusagen auswendig, dann klemmte sie sich meine Mutter unter den Arm, bis sie sich auf die Couch damit setzen und unter ihr einschlafen konnte.

Dass ich seine Zeitung erst auf dem WC in kleinen Stücken zu lesen bekam, die ich mir mühsam wieder zusammensetzte, konnte ich dem Chefredakteur des »Prager Tagblatts« ja nicht gut gestehen.

»Wenn du die Artikel gar nicht selbst gelesen hast … warum bist du dann da?« wollte mein Befrager wissen.

»Weil, wenn die Eltern sich nur ärgern, das nichts ändert. Die Zeitung ist ja anständig, zumindest die beste, die es gibt. Da sollte man versuchen etwas zu tun. »

»Das sollte man«, stimmte er zu und hörte mich an. Dann lud er mich ein, wiederzukommen, falls meinen Eltern oder mir etwas positiv oder negativ auffiele. Das tat ich dann auch gelegentlich. Manchmal holte er sogar Mitglieder der Redaktion zu diesen Gesprächen.

Ohne ein Wort von mir bot er an, kleine Aufträge, wie Visitenkarten, in der Druckerei für mich mitlaufen zu lassen. Ich war wieder im Geschäft. Hin und wieder steckte er mir auch einfach einen kleinen Schein zu. Ich hätte es verdient.

Ich war mir dessen nicht bewusst, aber eine solche Rolle zwischen Schnorrer und Berater hatte in Prag eine lange Tradition.

Auch eine sehr nette Bekannte meiner Eltern nahm sich meiner an, sie hiess Paula und arbeitete für Prags führendes Pelzhaus, und ich durfte sie in dem sanft gekühlten, verführerisch nach teueren Pelzen duftenden Salon besuchen. Wir konnten uns wunderbar unterhalten, denn in einem so noblen Unternehmen gibt es lange Pausen zwischen Kunden. Sie gab mir Kafka und Werfel zu lesen und Anregungen, was ich mir in Prag ansehen sollte.

Sie war gebürtige Pragerin und – im Gegensatz zu ihrem griesgrämigen Bruder, der auch dort angestellt war, und dem strohdummen blonden Mannequin mit langen Beinen, das mit einem Henlein-Funktionär befreundet war – sehr kultiviert und von Natur aus vornehm. Ideal, würde man annehmen, für so ein nobles Unternehmen. Das Mannequin durfte die bodenlangen Pelze vorführen und bildete sich deshalb ein, etwas Besseres zu sein. Die Kundinnen wiederum dachten, dass sie in einem Pelz so gut wie das blonde Mannequin aussehen würden. Das traf zwar in der Regel nicht zu, war aber gut fürs Geschäft.

Einmal nahm Paula mich mit nach Karlsbad, wo die Firma

eine noch elegantere Boutique führte. Dort musste sie gelangweilte Kurgäste bedienen. Schließlich beanstandete der fettwanstige Besitzer meine Anwesenheit, und ich musste mich den ganzen Tag im Park mit den Brunnenanlagen herumtreiben. Danach wurde ich leider auch in Prag nicht mehr geduldet.

Es dauerte nicht lange, da entdeckte ich eine ganz andere Welt in dem schon erwähnten Café Manes an der Moldau, zu dem auch die Galerie gehörte, in der Heartfield ausgestellt wurde. Als ich mich dem Gebäude eines Nachmittags auf ungewohntem Weg entlang des Moldau-Ufers näherte, sah ich durch eine grosse Fensterwand die Gäste beim *thé dansant*, ohne dass ich die Musik hörte. Ein komisches Schauspiel. Die Paare hüpften, glitten, schritten und drehten sich, mehr unbeholfen als graziös, mehr gespannt als vergnügt. Ich konnte beim besten Willen nicht erraten, welchem Takt sie gemeinsam zu folgen versuchten.

Wie damals üblich, gehörte eine Sängerin zum Orchester, die völlig gelangweilt an der Seite sass, bis sie bei jedem dritten oder vierten Lied ans Mikrofon trat. Dann sah ich nur sie – ihr glänzendes, schwarzes Haar, ihren goldenen Teint, ihr strahlendes, entrücktes Gesicht, die zarten Hände und Füsse, die sie in fliessendem Rhythmus bewegte. Ich schlich mich ins Café, um zu hören, was sie sang. Es war eine neue Musik aus Südamerika. Deshalb die unbeholfenen Tänzer. Das Lied hiess *La cucaracha*. Das ist Spanisch für Küchenschabe, erklärte sie mir später, und war ein Lied südamerikanischer Freiheitskämpfer, die gern genauso unausrottbar sein wollten wie Kakerlaken.

Während das Orchester eine Pause machte und die Sängerin an die frische Luft ging, sprach ich sie nämlich an. Ich wollte ihr unbedingt sagen, wie gut sie mir gefiel. Das schien sie ehrlich zu freuen, obwohl einige mehr oder weniger wohlhabende Herren sie mit Komplimenten und Einladungen überhäuften. Sie fing an, sich immer angeregter mit mir zu unterhalten – wohl auch, um die anderen Verehrer loszuwerden, die sie bedrängten.

Ich ging danach so oft wie möglich bei ihr vorbei. Sie lud mich ein, bei ihr hinter dem Orchester zu sitzen, bestand sogar darauf, als es mir der Oberkellner des Cafés verbieten wollte, weil ich mit meinen kurzen Hosen hier noch weniger hinpasste als in das Pelzgeschäft. In ihrer Freizeit nahm sie mich mit in die Badeanstalt nebenan, obwohl ich noch nicht gut genug schwimmen konnte, um in die Moldau zu springen. Sie glücklicherweise auch nicht. Dafür produzierten sich zahlreiche Verehrer mit Kopfsprung, Hechtsprung und Salto. Wenn sie prustend aus dem Wasser stiegen, zogen sie ihren Bauch ein, liessen, sofern vorhanden, ihre Muskeln spielen, und heischten – vergeblich – um Aufmerksamkeit, ehe sie zum nächsten Sprung ansetzten.

Als mein Vater aus Moskau zurückkehrte, stellte ich ihm mit Stolz meine Entdeckung vor, und zwar in dem Nachtklub unter freiem Himmel, der zum Café gehörte und erst am Abend aufmachte. Noch als er neunzig war, konnte mein Vater sich lebhaft an die schöne Sängerin des revolutionären Liedes erinnern.

Der Vater kam von seiner Reise nach Moskau mit Geschenken beladen zurück. Was es dort alles gab! Kaviar, geräucherten Stör, Krabbenfleisch, das die Korunka in den Schatten stellte, Tee, grusinischen Kognak, einmalig grosse Fruchtbonbons, eine lustige Stoffpuppe, deren Rock als Teewärmer diente, Dosen aus Wurzelholz oder schwarz lackiert und mit Motiven des alten Russland verziert, Parfüm, farbige, dünne Zigaretten mit langen Filtern, Kunstbücher, Platten und eine kleine Flöte. Dass sie von dort kamen, gab ihnen besonderen Wert. Oder umgekehrt, so viel Schönes und Gutes widerlegte das weit verbreitete Bild des eintönigen Lebens im Arbeiter-und-Bauernstaat.

Für die Mutter brachte Vater sogar einen sibirischen Schal aus Vogeldaunen mit. Ihre Freude hielt sich in Grenzen, wohl weil sie wusste, was es »drüben« alles nicht gab, und dass sich der Vater diesen Luxus nur deshalb geleistet hatte, weil er Guthaben für gelieferte Bücher nicht in Kronen umtauschen und überweisen durfte.

»Das Geld hätten wir für den Verlag und den Haushalt dringend nötig«, sagte die Spielverderberin und hatte natürlich recht. Die von unseren Gegnern verbreitete Behauptung, der Verlag wäre von Moskau finanziert worden, war bedauerlicherweise eine Erfindung. Wir hätten uns nicht einmal den Zoll für das Mitgebrachte leisten können.

Glücklicherweise musste Vater keinen bezahlen. Er hatte mir nämlich auch einen Laubfrosch mitgebracht, und in der tschechischen Abfertigungshalle versuchte er sofort Fliegen zu fangen, um das Tierchen zu füttern. Ein Beamter nach dem anderen half bei der Jagd mit. Eine Flasche Wodka machte die Runde, und damit war der Zoll beglichen.

Den Frosch hatte man ihm bei einem Besuch im Biologischen Institut der Universität geschenkt, als er vom Tod von Hildebrand erzählte. So kameradschaftlich, erklärte mein Vater, waren eben dort die Menschen.

Der Frosch hiess Wladimir, nach einem berühmten Grossfürsten und der Stadt, die er vor tausend Jahren gegründet haben solle. Hildebrand konnte er für mich trotzdem nicht ersetzen. Ich hatte jetzt ja eine kleine Katze, Miunko, die so anhänglich war, wie Katzen nur sein können und mich allabendlich in den Schlaf schnurrte.

Aber gefreut hat er mich trotzdem, und seine leuchtend grüne Farbe wurde von allen unseren Besuchern als Beleg der russischen Forschungsarbeit bewundert und in völlig unlogischer Weise mit den mehr krötenartigen Fröschen in unserer Gegend verglichen.

Andere Freunde hatten dem Vater Briefmarken geschenkt, als sie erfuhren, dass er schon als Junge gesammelt und mit mir wieder angefangen hatte. Er versprach denen, die selber sammelten, und es waren überraschend viele, Marken aus unseren Beständen zu schicken. »Riesige Freude hast Du George mit den Marken gemacht«, schrieb er an Bredel. »Beigelegt findest Du eine Anzahl für Deinen Victor. Wenn er will, soll er angeben, welche Länder ihm besonders fehlen. Georgie hätte gerne alte russische, Tana-Tuwa und dgl. und die Stratosphärenballon- und Zeppelin-Serie ...«

Die letztgenannte war besonders schön und begehrenswert.

Sie wurde anlässlich des Höhenrekords im Ballonflug herausgegeben, mit dem die Sowjetunion damals die Welt ebenso überraschte wie später mit dem Sputnik und Gagarins erster Erdumkreisung.

Vater hatte uns viel zu erzählen, er sah voll Zuversicht in die Zukunft der sozialistischen Gesellschaft. Er schlug vor, dass wir, die Mutter und ich, uns während meiner Ferien im folgenden Sommer selbst davon überzeugen sollten, wie schön es in der Sowjetunion sei.

»Oh, ja!« stimmte ich zu und fing an mit Mutter Russischunterricht zu nehmen, wenn auch nicht mit ganzem Herzen.

Einige seiner Erlebnisse empfand ich ganz anders als er. Vor allem dieses: Auf dem Kongress hatte ein angeblich wichtiger Mann namens Radek in einer Rede den Schriftsteller James Joyce angegriffen. Vater hatte sich zu Wort gemeldet, um diesem Angriff energisch zu widersprechen. Nach der Sitzung waren andere Teilnehmer, deutsche Emigranten, die in Moskau lebten, ganz blass und aufgeregt zu ihm gekommen und hatten behauptet, dieser öffentliche Widerspruch könnte ihn sein Leben kosten.

»Das wollen wir mal sehen«, sagte er übermütig und meldete sich beim Zentralkomitee der Partei, um Klarheit zu schaffen. Dort wurde er tatsächlich empfangen. Es gab eine Akte: James Joyce. Sie wurde hervorgeholt und durchforscht. »Nein, es gibt keinen Beschluss zu James Joyce«, war der Befund. »Sie haben in der Sache nichts zu befürchten.«

Mein Vater fand sich bestätigt, es wehe ein frischer Wind. Ich wusste nicht, worum die Joyce-Debatte ging. Aber was, fragte ich mich, wenn es doch einen Beschluss gegeben hätte? Was hätte er dann zu befürchten gehabt? Und wenn nicht jetzt, dann vielleicht später? Wenn nicht in dieser, dann in einer anderen Sache?

Nach dem wie auch immer begründeten linken Bruderkrieg, der Hitler zur Macht verholfen hatte, schien Moskau jetzt bereit, eine neue Richtung einzuschlagen. Sie entsprach in vieler Hinsicht dem Programm, das mein Vater in seinem Verlag schon in Berlin verfolgt hatte.

»Einheitsfront« hieß die neue Linie! Der Leitartikel in der ersten Nummer der Zeitschrift »Neue Deutsche Blätter« fasste sie meiner Meinung nach grossartig zusammen: »Wir werden alle – auch wenn ihre sonstigen Überzeugungen nicht die unseren sind – zu Wort kommen lassen, wenn sie nur gewillt sind, mit uns zu kämpfen.«

Entsprechend begeistert war die Reaktion und Beteiligung von allen Seiten. Nur Moskaus Unterstützung hielt sich in Grenzen. Die Zeitschrift wurde beschuldigt, »in der Behandlung grundsätzlicher ideologischer Fragen in mehr als einem Fall auf gefährliche Abwege abgerutscht« zu sein.

Man erschwerte meinem Vater die Arbeit. Er sah sich wiederholt gezwungen, unseren Freund Willi Bredel, der zum wichtigen Funktionär aufgestiegen war, zu bitten, sich für eine prompte Zahlung von Guthaben für Lieferungen einzusetzen, damit der Verlag seinen Verpflichtungen nachkommen konnte. Oft fehlte selbst das Geld für den Versand.

Bredel warnte, diese Forderungen würden »hier etwas unangenehm aufgenommen. Zwar äussert sich keiner, aber man spürt's. Ich bin derjenige, der eine solche ›materialistische‹ Einschätzung Deinerseits weit zurückweist; ich habe aber das Gefühl, man glaubt mir nicht.«

Moskau beanspruchte weiter das Recht auf redaktionelle Mitsprache, wenn nicht Kontrolle. »Ich nehme nicht an, dass Du jetzt ein derartig selbstherrliches Redaktionspatriarchat aufrichten willst und von jetzt an ohne Begründung redigierst«, schrieb ein Funktionär. »Du kannst Dir denken, was dazu zu sagen ist, besonders in dem Augenblick, wo Ihr Euch beschwert, dass unsere Begründungen nicht ausreichend sind.«

Oder: »Wir halten die ganze Linie der Nr. 4 in allen ihren theoretischen Äusserungen für falsch und nicht dem entsprechend, was die Vereinsgrundsätze in dieser Richtung von uns verlangen.« (Verein stand für Partei. Ich weiss nicht, wer mit dieser Geheimnistuerei getäuscht werden sollte.)

Oder: »Du hättest den Artikel [den mein Vater abgelehnt hatte]... bringen müssen. Dass Deine Motive vollkommen sachlicher Art sind, glaube ich Dir ohne weiteres, aber das schliesst nicht aus, dass die sachliche Art falsch ist.«

Zahllose Zitate wie diese finden sich in Briefen, die erst aus dem Nachlass und unter neuen politischen Vorzeichen an die Öffentlichkeit gelangt sind. Aber seinen Ärger und seine Enttäuschung über ihren Inhalt konnte Vater vor mir nicht verbergen. Und ich fühlte mich, vielleicht noch mehr als er, von dem Unrecht getroffen, das ihm geschah.

Habe ich den Konflikt als Zehnjähriger wirklich verstanden? Ich würde es selber bezweifeln, gäbe es dafür nicht eine deutliche Bestätigung:

Eine ebenso kluge wie schöne Frau, die damals 27jährige, seit einem Jahr mit Ernst Fischer verheiratete Ruth von Mayenburg, Schriftstellerin und Sozialistin, kam aus Österreich nach Prag zu einer Konferenz in unserer Wohnung, um die Arbeit der Einheitsfront zu koordinieren. Ich sass dabei und war von ihr sehr beeindruckt, denn sie stellte die Losung von der »Diktatur des Proletariats« in Frage. Während einer Pause sprach ich sie an. Sie reagierte sehr liebenswürdig auf den Dreikäsehoch, der zu ihrer Überraschung aber ein ernstes Gespräch suchte.

Es war die erste Gelegenheit, mit jemandem ausser meinem Vater darüber zu sprechen, dass diese »Diktatur« nicht zu einem Kommunismus passte, wie ihn mir mein Vater erklärt hatte. Kämpften wir nicht gegen Gewaltherrschaft? Und war das Proletariat nicht ein Produkt des Kapitalismus? Man würde ja auch nicht für eine Diktatur der Sklaven, sondern eine Gesellschaft freier Menschen, nicht für eine Diktatur der Kranken, sondern für eine gesunde Gesellschaft kämpfen.

Ruth Fischer hatte Freude an meinen Argumenten, fand sie überzeugend und bat um Erlaubnis, mich zu zitieren. Sie ging erst, nachdem sie ein paar Mal in die Sitzung zurückgerufen worden war. Anschliessend musste sie gleich abreisen.

Ich hoffte jahrelang vergeblich, sie wiederzusehen. Erst 1979, als ich erwachsen und sie eine schöne alte Dame war, begegneten wir uns in Salzburg. Sie trug wieder ihren ursprünglichen Namen, von Mayenburg, und schenkte mir ihre Memoiren (»Hotel Lux«). Sie hatte ein sehr aufregendes Leben gehabt. Als ich das Buch las, war ich erstaunt, dass auch sie sich an das über vierzig Jahre zurückliegende Gespräch mit dem kleinen Jungen erinnerte.

Als die Eltern ernst mit der Reise ins »gelobte Land« der Werktätigen machten und Antrag für Visen und Aufenthaltsgenehmigungen stellten, habe ich mich, trotz aller Bedenken, kindisch auf das Erlebnis gefreut.

Woran sie zu spät dachten, war die Erneuerung meines Reise-Ausweises. Im Gegensatz zu ihren Pässen war er abgelaufen. In letzter Minute beschaffte die Mutter eine schriftliche Bestätigung der Ausbürgerung, aber es blieb keine Zeit, um einen tschechischen Interims-Pass für mich zu besorgen.

Im Juni 1935 fuhren wir los, per Zug über Polen. Da brauchte man zwar zur Einreise kein Visum, aber einen gültigen Ausweis. Also musste ich, hin und zurück, insgesamt vier Mal, die polnischen Grenzkontrollen umgehen. Das erste Mal fand ich es lustig. Ich stieg einfach aus, bis mir die Mutter signalisierte, dass die Kontrolleure unseren Waggon verlassen hatten. Aber als ich wieder im Coupé war, sahen wir aus dem Fenster, wie ein gebückter, alter Mann abgeführt wurde. Er trug einen zerbeulten Koffer. War er ein Schmuggler? Was wäre passiert, wenn sie mich gefasst hätten? Die polnische Regierung war halb faschistisch und den Emigranten, wie man hörte, nicht gut gesinnt. Haben die Eltern die Gefahr, der sie mich aussetzten, nicht gesehen? War die Reise das Risiko wert?

Vor der russischen Grenze versteckte mich die Mutter in einer Abteilecke. Ich sass mit angezogenen Beinen hinter ihrem aufgehängten Mantel. Ein Geschäftsreisender stieg beim letzten Halt in Polen zu und nahm am Fenster ihr gegenüber Platz. Er roch stark nach Rasierwasser und versuchte sofort, mit Mutter anzubandeln.

»Und was führt eine so schöne Frau ganz allcinc in dieses chaotische Land?« Er hörte sich an wie ein Wiener. Ein Schlawiner.

»Die Neugier«, antwortete Mutter in einem flötenden Ton, den ich bei ihr nicht kannte. »Und ich will versuchen, die Regierung für die natürliche Geburtenkontrolle zu interessieren. Die Zahl der Abtreibungen und die Folgen für junge Frauen sind alarmierend.«

»Allerdings«, stimmte der Mann scheinheilig zu, von dem aufgeklärten Wortschatz ermutigt. »Ich fürchte zwar, Sie werden auf taube Ohren stossen. Aber vielleicht kann ich Ihnen behilflich sein oder sonst Ihre Neugier befriedigen. Ich bleibe einen Monat in Moskau. Meine Karte.«

»Sehr freundlich.«

Ich wäre beinahe dazwischengefahren. Mutter erklärte mir nachher, dass sie sich nur so animiert unterhielt, um die polnischen Kontrolleure von meinem Versteck abzulenken.

Das mit der Geburtenkontrolle wollte sie allerdings wirklich verfolgen. Ich hatte das Büchlein von Knaus-Ogino, das auf ihrem Nachttisch lag, sogar einmal im Geheimen gelesen. Meine erste Aufklärungslektüre behandelte also Empfängnis und Verhütung.

»Wir sind da!« rief die Mutter plötzlich, und ich sprang zum Schrecken des Mannes hinter dem Mantel hervor.

Da fuhren wir auch schon durch das Grenztor, das uns in der Sowjetunion willkommen hiess. Es war, glaube ich, aus Sperrholz, farbig bemalt, und zeigte einen Fabrikarbeiter und eine Landarbeiterin, voll Lebensfreude, beide mit erhobenem Kopf und einem hochgestreckten Arm, so dass sein Hammer und ihre Sichel sich kreuzten. Leider wurde das Motiv später durch endlose Wiederholung zum Klischee und als erzwungene Kunstrichtung zu Kitsch. Aber der erste Eindruck war begeisternd.

Die ersten Wochen verbrachten wir in Sotschi am Schwarzen Meer in einem Sanatorium oder Erholungsheim. Es gab deren viele im neuen Russland, in die arbeitende Menschen von ihren Betrieben geschickt wurden, um zum ersten Mal im Leben Ferien zu machen.

Natürlich waren nicht alle gleich gut. Unser Sanatorium war

vor der Revolution das Schloss eines reichen Adligen mit einem grossen Grundstück gewesen. Hier wurde man nur in Anerkennung besonderer Verdienste zugewiesen. Es gab Arbeiter und Ingenieure, Lehrerinnen und Veteranen der Revolution, darunter eine frühere, leider wortkarge Rotgardistin mit ihrem Sohn Vanja. Ich hätte gern von ihren Erlebnissen erfahren.

Der Aufenthalt war für uns, Vanja und mich, recht langweilig, denn das Ferienheim musste eine hohe Leistung erbringen, nämlich seine müden Gäste mit einem streng geplanten Programm und viel Ruhe in kürzester Zeit wieder einsatzfähig machen. Festliches, Fröhliches, Spontanes war nicht vorgesehen, auch nicht gefragt, denn Erholung war die Aufgabe, die man erfüllen musste.

Ich stellte mir vor, dass sich das Haus nach früheren Zeiten sehnen müsste. Der Garten war verwildert, der Springbrunnen war leer. Zum Zeitvertreib haben Vanja und ich eines Nachmittags Steine gezielt auf Bäume in einem kleinen Wald geworfen. Ein Stein landete dabei auf dem Wellblechdach eines verborgenen Geräteschuppens. Vanjas Mutter, die in Hörweite ruhte, hielt den Knall für einen Schuss. Das löste, vermutlich wegen ihrer Erfahrungen im Bürgerkrieg, nach all den Jahren einen Schreikrampf bei ihr aus. Vieleicht war es auch Angst vor einem Attentat, da ein paar Monate zuvor Kirow, ein enger Mitarbeiter von Stalin, umgebracht worden war. Anscheinend waren unter den Gästen ein paar prominente Funktionäre.

Steinewerfen war dumm, zugegeben, und die Folgen haben mir sehr leid getan. Aber wir wurden übertrieben scharf gerügt und mit Besprysornies, den Strassenkindern nach der Revolution, verglichen. Mutter wurde kritisiert, weil sie mich nicht besser erzogen hatte. Das erinnerte mich unangenehm an unser sektiererisches Kindermädchen Elfriede.

Mein Ansehen verbesserte sich etwas, als ich mich freiwillig zu einem Arbeitseinsatz bei der Weinernte meldete. Aber das war gar nicht meine Absicht, ich wollte bloß etwas Abwechslung haben. In Salzburg hatte ich paar Mal bei der Heuernte mitmachen dürfen, und das war immer sehr lustig gewesen. Außer mir waren nur zwei Frauen, die sich offenbar kannten, dem Aufruf gefolgt. Alle anderen Kurgäste wussten es besser. Sie wollten sich ja gerade von solchen Einsätzen erholen.

Also fuhren wir drei, in Begleitung des Gymnastiklehrers, der teils Animator, teils Feldwebel war und uns jeden Morgen vor dem Frühstück zu Freiübungen zwang, auf der Ladefläche eines alten Lastwagens mit flatternden roten Fahnen zum Ernteeinsatz.

Der Sportlehrer war ein Hüne, mit den breitesten Schultern und engsten Hüften, vor allem aber dem allerkleinsten Kopf, den ich je gesehen hatte. Eine echte Comic-Figur.

Am Weinberg wurden wir von einem Direktor, der offensichtlich ein grösseres Kontingent erwartet hatte, mit einer langen, feierlichen Rede empfangen. Er sprach, wie alle zu jener Zeit, von Stachanow, der mit seinen Leistungen in der Schwerindustrie die immer höher angesetzten Normen noch jedes Mal übertroffen hatte. Wie ein Spitzensportler. Er zeigte dadurch allen den Weg zu Anerkennung und Erfolg in der sozialistischen Gesellschaft. Aber war diese Art der Akkordarbeit nicht genau das, wogegen sich die Arbeiter im Kapitalismus wehrten?

Dann wurden wir Arbeitsgruppen zugeteilt, die zwei Frauen, die sich seit unserer Abfahrt unaufhörlich miteinander unterhielten, in eine, ich in eine andere Gruppe. Der Redner ging mit unserem Sportlehrer den guten Krimwein geniessen, und wir machten uns an die Arbeit. Es wurde warm, die Rede hatte mich ermüdet, und ich wurde sehr rücksichtsvoll behandelt, denn ich war bei der anspruchsvollen Arbeit eher im Weg.

Die Tatsache, dass der Betrieb im Prinzip den Mitgliedern des Kollektivs gehörte, hat die Traubenpflücker nicht sehr angefeuert. Wieviel mussten sie abliefern, wieviel hatten sie davon? Mein bescheidenes, mit Tschechisch versetztes Russisch, machte es schwer, sich während der Arbeit darüber zu unterhalten. Es war auch nicht erwünscht. Zum Schluss gab es ein Gläschen Wein und ein kurzes »Dankeschön«. Kaum zurück auf der Ladefläche des Lastwagens, schläferte der kühle Fahrtwind mich ein.

So oft wir konnten, gingen Mutter und ich ans Meer, auch wenn der Strand aus Kieselsteinen nicht besonders bequem war. An die wenigen Pritschen kam man nicht heran. Beinahe alle Leute hatten Badeschuhe, aber wir konnten diese praktischen Bekleidungsstücke in den Läden nicht finden. Dafür hatten wir Badeanzüge, die konnten die Russen nicht finden oder sich vielleicht auch nicht leisten. Sie trugen formlose Unterwäsche und waren keine Augenweide.

Andererseits schimpften die Leute, wenn ich in meinem Badeanzug und offenem Hemd die Uferpromenade entlanglief, um ein Eis zu kaufen. Es gab nur eine Sorte, nicht *merunky smrzlina*, sondern sahniges Vanille-Eis. Aber es war wirklich gut und selbst für die Russen billig. Es gab auch ein gutes kaltes Getränk, Kwass, das aus altem, nicht verkauftem Schwarzbrot gebraut wurde und besser schmeckte als alle unsere Brausen.

Von den Delikatessen, die Vater mitgebracht hatte, war fern von Moskau nichts zu sehen. Das hat mir nichts ausgemacht. Aber einfach nichts entsprach seinen Beschreibungen. Sah ich die Gesellschaft, das Land und die Menschen mit anderen Augen?

Nach unserem Aufenthalt in Sotschi nahmen wir einen grossen Dampfer und fuhren nach Odessa, um Adam Scharrer, einen Malik-Autor, zu besuchen. Wir brachten ihm Schreibmaschinenpapier und Farbband für seine alte Remington. Wie konnte jemand ohne solches Arbeitsmaterial Schriftsteller sein?

Scharrer wohnte im Spartakisten-Rayon Kleinliebental, so wurde ein Kollektiv mit weit verstreuten Höfen und Feldern rund um ein ursprüngliches kleines Dorf bezeichnet. Auf seine Weise war Kleinliebental sehr schön, mit wenigen Strom- und Telefonanschlüssen und ungepflasterten Strassen. Vom Aufbruch in eine neue Zeit sah man allerdings wenig. Kühe wanderten träge zwischen den Häusern herum, und einmal lief sogar ein Stier mit gesenkten Hörnern hinter mir her – wie in Pamplona. Ich rettete mich mit einem Sprung über eine kleine Mauer, wie sie praktisch vor jedem Haus stand, um den privaten Gemüsegarten und einen Verschlag für Kleinvieh zu schützen.

Die Bevölkerung von Kleinliebental war deutscher Abstammung. Noch dazu katholisch. Scharrer, ursprünglich aus Bayern, passte in diese Umgebung. Er hatte den knochigen Körper, die etwas vorgebeugte Haltung und den schweren Schritt eines Mannes, der sein Lebtag hinterm Pflug gegangen ist. In Wirklichkeit war er Feinmechaniker, dann Gewerkschafter, daher das sorgfältig geschnittene, im Nacken ausrasierte graue Haar.

Er war lange politisch tätig gewesen und deshalb unter den Auserwählten, die von Prag in die Sowjetunion weiterreisen durften. Es schien aber nicht sehr wahrscheinlich, dass er sich freiwillig in dieses bescheidene Dorf gesetzt hatte. Er schien bedrückt, hatte Angst vor den »Säuberungen«, die das Kirow-Attentat ausgelöst hatte. Er legte uns nahe, nicht auffällig oder kritisch zu sein.

Seine Stimmung und die Umgebung standen in Widerspruch zum Unterhaltungsprogramm des Dorfes. Jede Woche wurden im Freien wunderbare alte Filme vorgeführt, die alle in den frühen Jahren der Revolution spielten. Sie waren natürlich schwarz-weiss und so zerkratzt, als hätten sie den Kampf miterlebt. Begleitet von schwermütiger Ziehharmonikamusik, die mich an meine eigenen Versuche mit diesem Instrument erinnerte, erzählten sie von Gefahr und Verrat, von Mut und Aufopferung. Und natürlich fehlten auch nie die Träume von einer besseren Zukunft.

Die Zuschauer waren meist ältere Jahrgänge. Hatten sie mit oder gegen die Revolution gekämpft? Waren sie Gewinner oder Verlierer? Und wie stand es mit den jungen Menschen, den Jugendlichen? Wo waren die? Nur ein paar Enkelkinder spielten in der Dunkelheit Fangen.

Mutter wurde krank. Von einer Mücke hatte sie Malaria bekommen. In regelmässigen Abständen packten sie hohes Fieber und Schüttelfrost. Es beruhigte mich nicht, dass es hier viele Leute gab, die Malaria hatten, gewöhnlich in einer milden, heilbaren Form.

Vorerst konnte Mutter jedenfalls nicht reisen. Ohne Aufenthaltsbewilligung durfte sie aber auch nicht bleiben. Ich begleitete sie zwischen zwei Anfällen zur zuständige Bezirksstelle. Hier wehte kein frischer Wind. Der Beamte war genauso wie seinesgleichen aus der Zarenzeit. Er war eine von den Gestalten, die ich aus der russischen Literatur kannte – korrupt, aggressiv und vulgär. Da kam er aber an die falsche Adresse. Eiskalt schrieb meine Mutter, ganz die Herrin, in grossen Ziffern, wie für einen Analphabeten, eine Telefonnummer auf ein Blatt Papier und befahl: »Verbinden Sie mich mit Moskau.«

Das hätte Vater nicht eindrucksvoller machen können. Die Stelle mit der Nummer war offensichtlich bekannt und gefürchtet. Das war nun zu ihrem Vorteil.

»Anruf nicht notwendig. Ich bin verantwortlich hier«, sagte der schwitzende Mann, und schon hatte die Aufenthaltsverlängerung den notwendigen Stempel. Leider verschlechterte sich Mutters Zustand, trotz Chinin, und sie musste ins Spital eingeliefert werden.

Scharrer war nicht darauf vorbereitet, sich um ein Kind kümmern zu müssen. Ich verbrachte also die meisten Tage in einem Sommerlager für Kinder, die nicht gerade im Feld helfen mussten. Sie waren alle Mitglieder der Pionier-Organisation und trugen rote Halstücher.

Als ich am ersten Tag hinkam, gab es gerade Schiessunterricht. Die Betreuerin, eine der wenigen jungen Frauen, die ich in Kleinliebental sah, hiess mich willkommen, indem sie mich einen Schuss abfeuern liess.

Vater hatte mir Schiessen mit einem Luftgewehr beigebracht. Aber hier benutzten sie Kleinkaliberwaffen, und das war etwas anderes. Mit viel Glück traf ich so genau ins Zentrum der Scheibe, dass es zuerst aussah, als hätte ich sie ganz verfehlt. Dann aber waren alle tief beeindruckt und schenkten mir ein rotes Halstuch.

»Mit solchen Schützen werden wir siegen«, sagte die junge Frau. Aber sie liess mich nicht noch einmal schiessen. Munition war teuer und knapp. So musste ich meinen legendären Ruf als Scharfschütze zumindest nicht aufs Spiel setzen.

Alle Aktivitäten waren hier genauso zielorientiert wie im Sanatorium, auch wenn sich der Schabernack der Kinder nicht ganz unterdrücken liess.

Zum Erziehungs-Programm des Lagers gehörte eine Wandzeitung, die mir sehr gut gefiel. Sie wurde von den Kindern selbst, unter Aufsicht natürlich, jeden Tag erneuert. Sie schrieben und illustrierten Berichte über ihre Aktivitäten und klebten Zeitungsauschnitte über Themen und Ereignisse aus aller Welt dazu, die manchmal Ansätze von Fotomontagen hatten. Tatsächlich wurde Heartfield während seiner Reisen durch die Sowjetunion und China in Fabriken und Kasernen geschickt, um sein Können an die Leute weiterzugeben, die solche Wandzeitungen machten.

Es gab auch Kriegsspiele, »Rot und Blau« und »Fahne erobern«. Sie waren ernsthafter, strategischer als in anderen Ländern, aber gegeben hat es sie überall. Beim Skilaufen im Riesengebirge waren es Schnitzeljagden gewesen.

Sowie es Mutter etwas besser ging, fuhren wir nach Moskau. Weiskopf und Willi Bredel erwarteten uns und hatten ein ganzes Programm zusammengestellt. Wir wohnten in einem guten Hotel mit Blick auf den Kreml, assen in feinen Restaurants. Wir gingen ins GUM-Warenhaus und Briefmarken einkaufen. Wir waren im Zirkus, in Konzerten und Tanzdarbietungen der verschiedenen Volksstämme, die in der Sowjetunion offensichtlich in Frieden miteinander lebten, und besuchten einen Kulturpark, mit einem grossen Angebot an Sport und Spiel, Ateliers für jede Art von Kunst, der allen Kindern zur Verfügung stand. Es war eine Vorzeigewelt, nicht die Wirklichkeit. In einem Brief an meinen Vater, auf den ich gestossen bin, erwähnt Bredel, meine Mutter habe den Aufenthalt sehr genossen.

»So hat sich Trudes Reise doch verlohnt«, antwortete Vater zufrieden. »Dass sie gleich dort bleiben will, muss ich hoffentlich nicht als Kritik an mir empfinden, auf jeden Fall freue ich mich; hoffentlich wird es ihr nicht zu schwer, sich hier wieder einzuleben. Es geht eigentlich ganz gut jetzt, aber mit drüben ist es natürlich gar kein Vergleich.«

Was hiess wohl »verlohnt«? Sollte die Reise irgendwelche politischen Bedenken meiner Mutter ausräumen? Oder sie mit der groben Kritik an der Arbeit des Verlags versöhnen? Nach meinem Empfinden hat die Reise, trotz des ungewohnten Luxus gegen Ende, das Gegenteil bewirkt.

Oder hat meine Mutter solche Bemerkungen bloß aus Höflichkeit und Vorsicht gemacht, weil ihre politische Zuverlässigkeit in Frage gestellt worden war? Wollte sie die Türen offen halten, falls wir ein weiteres Mal fliehen mussten und kein anderer Ort mehr zur Verfügung stand?

Warum befürchtete Vater, ihre Bemerkung sei eine Kritik an ihm? Es gab die schon erwähnte Entfremdung, als Mutter 1933 nach Paris emigrieren wollte und Vater sich, nicht ganz freiwillig, für Prag entschied. Aber mit mir oder alleine in Moskau getrennt zu leben, das wäre ihr bestimmt nicht in den Sinn gekommen.

Vater fügte seinem Brief noch hinzu: »Wieviel Geld sie hat, schrieb sie mir nicht, ich hoffe, es ist genug, dass sie, ohne Schulden bei Dir oder sonstwo zu hinterlassen, abfahren kann.« Also hatten wir das Guthaben wahrscheinlich aufgebraucht. Für das süsse Leben in der Sowjetunion wäre gar kein Geld dagewesen.

Vor unserer Abreise bemühte sich die Mutter tatsächlich noch ernsthaft, ihrem Vorschlag zur natürlichen Schwangerschaftsverhütung Gehör zu verschaffen. Ihre politische Überzeugung mündete immer in spezifischen menschlichen Anliegen. Den Einsatz fragwürdiger Mittel im Dienst eines guten Zwecks lehnte sie ab.

Sie gelangte mit ihrem kleinen Büchlein bis zur Witwe von Lenin, Krupskaja, die Mitglied des Zentralkomitees war. Die Krupskaja war von dem Vorschlag auch sehr angetan. Aber sie war die einzige Frau in dem erlauchten Gremium, und die Männer hatten andere Sorgen.

Die Stimmung im Land war sehr gespannt, eine Bedrohung durch versteckte Feinde wurde dramatisiert. An den Eingängen praktisch aller Gebäude, auch der Wohnhäuser, in denen Vaters Freunde lebten, standen bewaffnete Wächter. Man musste sich ausweisen und einschreiben, manchmal sogar vorher anmelden oder eine Genehmigung einholen, um hineingelassen zu werden.

Trotzdem wurden wir in ein Lager der von mir bewunderten Roten Armee eingeladen. Die jungen Soldaten behandelten mich wie einen kleinen Bruder, zeigten mir ihre Waffen und Fuhrwerke und wollten alles über die Länder wissen, in denen ich schon gelebt hatte. Am Ende des Besuchs durfte ich sogar vor versammelter Mannschaft eine Rede halten.

»Der Tag mit euch, mit der Roten Armee, war der schönste meines Besuchs in der Sowjetunion«, fing ich an, der Einfachheit halber auf deutsch. Weiskopf stand neben mir und übersetzte. Stürmischer Applaus!

»Es scheint, von euren vielen Fragen, dass ihr von der Welt, in der ich lebe, wenig wisst, und ich will euch ...«

Ich wurde unterbrochen, und mein Onkel übersetzte: »... und ich möchte Euch herzlich danken, dass ihr bereit seid, den Frieden zu verteidigen.«

Während sie alle noch mehr applaudierten, zischte er mir ins Ohr: »Bist du verrückt? Du kannst doch den Soldaten nicht sagen, dass sie von der Welt nichts wissen! Und schon gar nicht den Offizieren!«

Zum Schluss unserer Reise sahen wir eine grosse Parade auf dem Roten Platz, von einer Ehrentribüne aus, wenn auch nicht der ganz wichtigen. Zu welchem Anlass, weiss ich nicht mehr. Zuerst kamen die jungen Soldaten im Stechschritt. Ich hätte mir für sie eine andere Gangart gewünscht: die der begeisterten jungen Menschen mit aufgekrempelten Hemdsärmeln, die folgten, mit Spruchbändern und Fahnen. Es waren Sportler und Vertreter verschiedener Berufe und Nationalitäten. Schliesslich gehörten sie doch zueinander, die mit und ohne Uniform.

Anschliessend gab es noch einen Empfang, mit bestem Kaviar,

den ich zu geniessen gelernt hatte. Für die anwesenden, sich sehr ernst nehmenden Herren war ich unsichtbar. Auch diesmal kam mir eine Frau entgegen, in massgeschneiderter Uniform und mit kurzgeschnittenem, trotzdem auffallend schönem Haar. Sie sprach gut Deutsch und stellte mir viele gezielte Fragen, zum Beispiel über die Zusammensetzung der Klassen und den Inhalt des Unterrichts an den deutschen Schulen in Prag. Ich glaube, sie arbeitete für den Geheimdienst. Leider musste sie schliesslich auch mit anderen Gästen sprechen. Ich dankte ihr und rief ihr nach, als sie schon ging, wie gut sie mir gefallen habe. Am Ende des Abends, als ich beim Ausgang stand, kam sie vorbei. Sie lehnte sich schnell zu mir, flüsterte ohne halt zu machen: »Du mir auch«, und war weg.

Gleich nach unserer Rückkehr musste Vater schon wieder nach Moskau reisen. Er hinterliess eine lange Liste von Dingen, die im Verlag zu erledigen waren. Daraufhin schickte Mutter ihm einen von allen Mitarbeitern unterschriebenen Brief, in dem bestätigt wurde, dass alles nach Wunsch ausgeführt worden sei. »Der 2-Wochen-Plan ist voll erfüllt u. zwar in 10 Tagen«, schrieb sie etwas spöttisch an den Rand. »Eine Rekordleistung, bei der die Russen neidisch werden könnten.«

Der Hauptgrund für Vaters Reise war, dass ihn Bredel aufgefordert hatte, sich an der Gestaltung einer neuen Zeitschrift, »Das Wort«, die in Moskau verlässlicher redigiert werden könne, zu beteiligen, und damit die »Neuen Deutschen Blätter« selbst zu Grabe zu tragen.

Dahinter steckte wieder Johannes R. Becher. Ich empfand eine immer tiefere Abneigung gegen diesen Mann und war erstaunt, als ich vor kurzem auf sehr empfindsame, kritische Gedichte gestossen bin, die er zur selben Zeit geschrieben haben muss.

Als die »Neuen Deutschen Blätter« 1967 fotomechanisch nachgedruckt wurden, schenkte mir Vater einen Satz mit der Widmung: »Meinem geliebten George, der die Gründung und das kurze Dasein dieser Zeitschrift miterlebt hat, zur Erinnerung.«

Bredel erwartete von meinem Vater, dass er in Prag weiterhin für »Das Wort« nicht nur redaktionelle Aufgaben erfüllte, sondern vor allem Beiträge von den Autoren beschaffte, die zuvor für die »Neuen Deutschen Blätter« geschrieben hatten. Aber für sie waren die zwei Zeitschriften nicht vergleichbar. In einer der ersten Nummer löste »Das Wort« eine heftige Kontroverse aus. George Lukacs, noch so ein »unantastbarer« Theoretiker wie Radek, nahm Stellung gegen den Expressionismus und griff die Arbeiten von Heartfield an, die er als nichts mehr als einen guten Witz bezeichnete. Wenn keine Manuskripte kamen, sollte Vater gleich mehrere Beiträge schreiben, zum Honorar, das er für die Entwicklungsarbeit erhalten hatte.

Ich hatte die Prüfung für das Realgymnasium bestanden und hatte jetzt Ferien. Vater wollte ein, zwei Wochen mit mir wandern. »Aber damit«, klagte er, »ist's Essig.«

Schon zwei Tage hätten mir gutgetan. Am Anfang des Jahres lag ich mit Diphterie darnieder, eine damals oft tödliche Krankheit, auf jeden Fall die (bis jetzt) schwerste meines Lebens. Ich wurde von dem benachbarten Ehepaar Raab, beide Ärzte, mit viel Zuneigung, aber ohne Erfolg behandelt.

Die Entwicklung eines (aus Pferde-Serum gewonnenen) Impfstoffs war im Endstadium, und sie schlugen vor, es als letzten Versuch einzusetzen, obwohl über Wirkung und Nebenwirkungen, vor allem die richtige Dosierung noch nichts bekannt war. Die erste Spritze hatte keine Wirkung. Intuitiv glaubte Frau Dr. Raab, die zehnfache Menge verwenden zu müssen. Meine Eltern waren einverstanden. Scheinbar rechtfertigte mein kritischer Zustand das Risiko. Diesmal gab es Anzeichen einer Wende. Aber die volle Genesung war noch nicht gewiss. Ich sollte bis auf weiteres viel ruhen, im Halbdunkel, um die Augen zu schonen, die von dieser Krankheit besonders in Mitleidenschaft gezogen werden.

Dieser strikten Anweisung konnte ich nicht lange folgen. Als es mir etwas besser ging, fing ich an zu lesen, kreuz und quer Bücher zu verschlingen: Tolstois Erzählungen, die im Verlag erschienen waren; die Malik-Ausgabe von Babels »Budjonny's

Reiterarmee« (eine gekürzte, geschönte Jugendausgabe, wie ich später entdeckte, in der die wichtigen kritischen Passagen ausgespart worden waren); Kiplings »Das kommt davon«; Hermenia zu Mühlens »Was Peterchens Freunde erzählten«; Scholochows »Der stille Don«; Karl-May-Romane, auf Empfehlung von Bloch; von Vater, der sich überraschend wenig mit mir über meinen Lesestoff unterhielt, Fenimore Coopers »Der letzte Mohikaner«; Grafs »Der Abgrund«; Ernst Haeckels »Werden und Vergehen«; Cervantes »Don Quijote«; und … und zum Schluss war ich kurzsichtig.

Das habe ich erst bemerkt, als mich Tante Grete in die Ferien mitnahm, weil Vater unsere Wanderpläne absagen musste. Wir gingen an einem See entlang, und ich machte sie auf zwei Männer in einem Boot aufmerksam, denen ein Ruder ins Wasser gefallen war. Einer versuchte im Stehen mit dem anderen Ruder daran heranzukommen, fuhr im Kreise und drohte selbst hineinzufallen. Es war wirklich komisch.

Meine Tante fand es nicht lustig, sondern sagte ärgerlich etwas mit »pervers« – das Wort war mir unbekannt, aber es ist mir geblieben. Es stellte sich heraus, dass sich ein Mann und eine Frau im Boot befanden. Meine eigentlich freidenkende, aber manchmal unbegreifliche Tante meinte, ich hätte sie bewusst zu einem gleichgeschlechtlichen Paar umgewandelt. Wie kam sie auf so eine Idee? Ich hatte Mühe, sie von der einfachen Erklärung zu überzeugen, dass ich auf Entfernung einfach nicht mehr scharf sehen konnte.

Mutter kaufte Huxleys »Die Kunst des Sehens«, in der Hoffnung, dass meine Augen durch tägliches In-die-Sonne-blicken und andere Übungen, die er vorschrieb, wieder »gesund« würden. Glücklicherweise habe ich mich darauf nicht eingelassen, denn solche Experimente können sehr schädlich sein. Da war eine Brille schon besser.

Mutter hatte noch andere fixe Ideen: dass ich die Stirne nicht runzeln sollte, weil das Falten gäbe; dass ich die Haut meiner Nägel zurückschieben sollte, weil die kleinen Halbmonde zu einer gepflegten Hand gehörten. Sie liess eine Zahnspange anfertigen, die ich jede Nacht, wie ein Boxer seinen Mundschutz, einsetzen sollte, um meinen Überbiss und das in ihren Augen nicht genügend resolute Kinn zu korrigieren. Ich benützte diese Spange keine fünf Minuten, denn ich war überzeugt, dass sich beides ohnehin so entwickeln würde, wie es sollte.

Ich hatte volles Vertrauen, aus eigenem Willen den Zustand meines Körpers beeinflussen zu können, mit dem Herzen angefangen, Krankheiten wie Diphterie ausgenommen. Ein Sportereignis stellte meinen Glauben auf die Probe.

Nein, es waren nicht die Olympischen Spiele, mit denen Deutschland 1936 die Welt verblendete. (Wir waren entsetzt, als wir sahen, wie die Öffentlichkeit sich von Hitlers lächelnder Grimasse über die brutale Auslöschung der Opposition hinwegtäuschen ließ, und ich schwor mir, in meinem ganzen Leben niemals ein Land mit einer solchen verachtenswerten Regierung dadurch zu legitimieren, dass ich es besuchte.)

Nein, das Sportereignis, von dem ich spreche, waren die Weltmeisterschaften im Eiskunstlaufen, und die wurden in Prag ausgetragen. Ein Sportreporter, der die Eltern kannte, lud mich ein, mit ihm beim Training zuzuschauen. Ich kannte und konnte nur das ganz gewöhnliche Eislaufen und war von dem, was ich nun zum ersten Mal sah, völlig hingerissen. Die Läufer schienen über das Eis zu fliegen und in unendlich hohen, weiten Sprüngen abzuheben, ganz anders als es jetzt, mit drei- und vierfachen Drehungen, möglich ist. Es wäre schön, wenn noch heute auch die einfachen Sprünge in den Küren gezeigt würden.

Ich kann nicht mehr erklären, wie es dazu kam, aber ich erinnere mich deutlich, dass ich in meinen Schlittschuhen am Rande der Eisfläche stand, während die weltbesten Läufer übten und ich ein paar ihrer einfachsten Bewegungen nachzuahmen versuchte. Plötzlich stand Felix Kaspar, der Läufer, den ich von allen am meisten bewunderte, neben mir.

»Das machst du nicht schlecht«, lobte er. »Aus dir könnte ein guter Läufer werden. Du wirst nur lernen müssen, mit den Armen und Schultern zu arbeiten, dann folgen die Beine von alleine.« Er machte es mir vor und führte mich dann ganz sacht an einem Arm in eine Drehung und aus ihr heraus. Es lief wie ein Zauber.

Von diesem Moment an war ich dem Eislauf verfallen. Ich jubelte, als Kaspar Weltmeister wurde, und verbrachte jede frei Minute auf dem Eis. Nach ein paar Wochen schmerzten meine Knöchel und Fersen derart, dass ich nicht mehr gehen konnte.

Mutter eilte mit mir in die orthopädische Klinik. Der Befund war wieder einmal besorgniserregend. Ich müsste, sagten die Ärzte, zukünftig jede Belastung meiner sehr schwachen Knöchel und Fersen vermeiden. Das sei auch in der Wahl des Berufs unbedingt zu berücksichtigen. Ab sofort müsse ich zudem orthopädische Schuhe tragen und vorerst mit Krücken gehen. Ich konnte es einfach nicht glauben!

Am Abend kam mein Vater, wie immer, wenn er nicht verreist war, an mein Bett. Indem ich das schreibe, wird mir bewusst, wie wichtig mir unsere Gespräche waren, und wie schade es ist, wenn Eltern diese Zeit nur dazu benutzen, Kinder so schnell wie möglich zum Schlafen zu zwingen.

»Wirst du mir diese orthopädischen Schuhe wirklich machen lassen?« fragte ich ihn.

»Natürlich. Warum fragst du?«

»Ich fürchte, sie werden sehr teuer sein.«

»Wenn es um die Gesundheit geht, werde ich das Geld beschaffen.«

»Dann habe ich eine grosse Bitte.« Ich holte tief Atem, ehe ich weitersprach. »Kauf mir statt dessen … jedes Jahr neue Schlittschuhe. Gute Schlittschuhe. Einmal im Jahr. Als einziges Geschenk. Sie kosten sicher nicht mehr als diese orthopädischen Schuhe. Ich werde mit den Krücken gehen, bis sich die Füsse erholt haben. Aber mit den richtigen Schlittschuhen werden sie mir nie wieder weh tun.«

»Bist du da wirklich so sicher?«

»Hatte ich denn beim Wandern jemals Probleme? Nein. Auch wenn wir noch so lange unterwegs waren. Nur die schlechten Schlittschuhe sind an meinem Zustand schuld.«

Vater sagte nichts. Natürlich, Geld für die Gesundheit ausgeben war das eine, Geld für Schlittschuhe ausgeben, etwas ganz anderes. Das wäre Luxus gewesen.

»Bitte versprich's mir. Bitte. Ich will Eiskunstläufer werden.«

Eiskunstläufer war sicher weit entfernt von seinen Erwartungen für mich. Aber er sagte trotzdem »ja«. Wenn ich's mir überlege, hatte er selber am Wannsee gute Schlittschuhe, wie ich sie mir jetzt wünschte. Der Sport muss ihm irgendwie gefallen haben, obwohl wir in der Emigration nie wieder zusammen aufs Eis gegangen sind. Es war übrigens erstaunlich, wie fasziniert viele seiner Freunde auf meine neu entdeckte, so unintellektuelle Leidenschaft reagierten. Einige, denen es etwas besser ging, haben Vater sogar beim Kauf meiner Schlittschuhe geholfen.

Mutter war alles andere als begeistert von meinen sportlichen Ambitionen und Vaters Versprechen. »Wozu mache ich mir die Mühe, Georgie in der Klinik untersuchen zu lassen, wenn er sowieso macht, was er will? Und du unterstützt ihn auch noch. Es ist nicht nur eine Frage der Füsse. Was ist mit dem Herzen?«

Das Thema hatte lange Zeit geruht. Ich fühlte mich ja wohl. Also glaubte ich, ihr ohne Risiko zustimmen zu können, die Entscheidung vom Zustand meines Herzens abhängig zu machen. Wir gingen also ins Universitätsspital und gerieten an den erstaunlich jungen Chefarzt der kardiologischen Abteilung, Dr. Winternitz. Er war der erste Arzt, der sich auch für *meine* Meinung interessierte.

Ich sagte ihm gerad heraus, dass ich mit früheren Befunden nicht einverstanden sei. Schliesslich könne ich mit meinen Freunden, die beinahe alle älter waren als ich, bei Schi-Wochenenden und anderen Sportveranstaltungen durchaus mithalten. Der Höhenunterschied mache mir weniger zu schaffen als manchen von ihnen, nämlich gar nicht.

Wie so ein Wochenende ablaufe, wollte er wissen.

»Samstagmittag, nach der Schule, fahren wir ins Riesengebirge. Machen unsere Aufgaben im Bus. Essen zu Abend. Steigen im Dunkeln mit Rucksack und Taschenlampe auf Fellen hinauf in die

Schihütte. Wachsen die Bretter. Zehn, halb elf gehen wir schlafen. Um acht sind wir auf, laufen den ganzen Tag, bis auf eine schnelle Mittagspause. Wir steigen auf und fahren ab, alles aus eigener Kraft. Um vier starten wir die Abfahrt ins Tal. Essen zu Abend. Mit dem Autobus sind wir um elf zu Hause. Und am nächsten Morgen um acht sind wir wieder in der Schule.«

»Ich schlage vor«, sagte Dr. Winternitz, »dass ich dich bei nächster Gelegenheit, wenn deine Füsse wieder in Ordnung sind, begleite und dein Herz an Ort und Stelle untersuche. Einverstanden?«

Ich traute meinen Ohren nicht. Mutter auch nicht. Aber genau das hat er getan, denn er war erstaunt, dass ein Herz wie das meine so leistungsfähig sein konnte. Mit einem eiskalten Stethoskop hörte er mich immer wieder ab. Ich musste nachher trotzdem noch das furchtbare Barium schlucken, Röntgenaufnahmen und ein Elektrokardiogramm über mich ergehen lassen – aber er konnte die Ergebnisse nach dem gemeinsamen Wochenende ganz anders beurteilen. Zum Schluss stellte er mir fürs Schlittschuhlaufen einen schriftlichen Freipass aus: »Trotz des imposanten Auskultationsbefundes ist die Myokardfunktion tadellos, wie auch das EKG und der Röntgenbefund zeigen. Man kann ihn daher als völlig gesund ansehen.«

Der Schlittschuhklub des Zimny Stadions bot einen Trainingskurs für Kinder an, um den Eissport zu fördern. Ich wurde, mit noch einem Jungen und sieben Mädchen, ausgewählt. Eigenlich wollte man mich, weil ich flink war, für Eishockey, den Nationalsport, gewinnen. Aber ich blieb Felix Kaspar und dem Eiskunstlauf treu.

Das Versprechen wegen der Schlittschuhe hat Vater gehalten, bis ich in Amerika anfing, mit dem Sport Geld zu verdienen, die Schlittschuhe selber kaufen und ihn bei der Verwirklichung seiner Wünsche, der Gründung eines Exilverlags, unterstützen konnte. Herz und Füsse bewährten sich, obwohl sie im wirklich sehr anspruchsvollen Training, das dieser beschwingte Sport verlangt, tatsächlich hart belastet wurden.

Etwas ganz anderes trübte meine Beziehung, auch die der Mutter, zu meinem Vater. Es gingen Gerüchte um über sogenannte politische Schauprozesse in Moskau, mit drakonischen Urteilen, Verbannung und Todesstrafe. Unter den angeblich Überführten wurden die Namen von guten Freunden und geschätzten Malik-Autoren genannt.

Anfangs glaubten wir es alle nicht. Mein Vater beklagte sich bei Bredel: »Ich verstehe nicht, warum so falsche Nachrichten, soweit sie in der Presse stehen, nicht sofort von den zuständigen Stellen dementiert werden.«

Bredel antwortete frostig, er solle nicht den Überschlauen spielen. »Denke bitte an unsere letzten Gespräche hier in M.«

Die Gerüchte waren also wahr. Die Gespräche in Moskau hatte Vater nicht erwähnt. Auch nicht das Treffen mit Wilhelm Pieck, der später Staatspräsident der DDR wurde. Er gab meinem Vater den Rat, falls wir die Tschechoslowakei verlassen müssten, Zuflucht im Westen, nicht in der Sowjetunion zu suchen.

Mutter und ich hatten unseren Russischunterricht nicht wieder angefangen. Jetzt war der Grund ersichtlich. Mein Vater, dem man von bürgerlicher Seite immer »Linientreue« unterstellte, ging schon in Berlin und jetzt in Prag häufig eigene Wege. Er hatte deshalb nicht nur Freunde in der Partei, und das konnte, käme er nach Moskau, für eine Anklage als »Abweichler« oder »Versöhnler« ausreichen und sogar zu einer Verurteilung führen.

Hatte Pieck meinem Vater eine freundschaftliche Warnung zukommen lassen? Oder war es ein Misstrauensvotum und entsprach, in abgeschwächter Form, dem Vorschlag, den Pieck tatsächlich im engeren Kreise gemacht haben soll: zwei Drittel aller Emigranten in der Sowjetunion nach Deutschland zurückzuschicken, auch wenn dort eine Anzahl »vielleicht zunächst verhaftet wird«. Bredel hatte in einer geschlossenen Sitzung des Sowjetischen Schriftstellerverbands die Überprüfung aller exilierten deutschen Schriftsteller gefordert (zu denen er selbst gehörte). Er lobte die schon gefällten Urteile. »Dieser Arm der deutschen Faschisten, der bis nach Moskau reicht, wurde jetzt abgeschlagen.«

Meine Mutter war entsetzt. Sie vertraute den Menschen, die sie gut kannte und schätzte. Ich war auf ihrer Seite, auch wenn es bei dem einen oder anderen intriganten, machthungrigen Genossen vorstellbar war, dass er seine Ideen, nachdem sie abgelehnt worden waren, im geheimen weiter verfolgte, was von manchen Funktionären als Verrat betrachtet werden mochte.

Das galt zum Beispiel bei dem Funktionär, der die »Neuen Deutschen Blätter« am heftigsten kritisiert und, man könnte sagen, geradezu sabotiert hatte. Es stellte sich heraus, dass er unter den Ersten war, die verurteilt und hingerichtet wurden.

Auch Radek, der auf dem Sowjetischen Schriftstellerkongress die Rede über James Joyce gehalten hatte kam jetzt unter die Räder. Aber verhielten sich seine Richter nicht genauso willkürlich wie er, zwei Jahre zuvor?

Vater bemerkte, dass im Mitarbeiterverzeichnis einer neuen Nummer der Zeitschrift »Das Wort« die Namen von Autoren fehlten, die er selbst verdächtigt hatte. Schon schien ihm ihre Schuld erwiesen. »Traurig, dass man sich in den Menschen meistens nicht täuscht.«

Damit fing er an, die Prozesse zu akzeptieren. Ich versuchte mit ihm zu diskutieren. Zugegeben, er hatte mir erklärt, dass, wer ein Kommunist sein wolle, höheren Ansprüchen entsprechen und sich freiwillig nach strengeren Massstäben beurteilen lassen müsse. Das war auch gut so. Aber was jetzt passierte, hatte damit nichts zu tun. Ich fand nicht nur furchtbar, wie, schuldig oder unschuldig, mit den Angeklagten umgegangen wurde, sondern auch, was aus den Richtern, den Vollstreckern und allen jenen, die das Vorgehen duldeten, für Menschen werden würden.

Vater rechtfertigte das Vorgehen mit der grenzenlosen Skrupellosigkeit des Feindes – Giftgaseinsatz in Äthiopien, Artillerie gegen Arbeitersiedlungen in Österreich, Bomben auf Frauen und Kinder in Spanien, Massenhinrichtungen in der Mandschurei. Über diese Verbrechen seien wir uns doch einig. Dazu, fügte er hinzu, kämen noch die ununterbrochenen Verschwörungen, von denen wir keine Ahnung hätten, um die Sowjetregierung zu stürzen, und die stille Duldung, wenn nicht Unterstützung, von Hitlers unverfrorener, vertragsbrüchiger Expansion und Aufrüstung.

Die Sowjetunion sei die einzige Macht, betonte er, die sich Hitler entgegenstellte. Deshalb sei höchste Wachsamkeit zum ihrem Schutz, selbst wenn Fehler unterlaufen, ein zwingendes Gebot.

Ich musste zugeben: Die Sowjetunion war wirklich der einzige verlässliche Verbündete der Tschechoslowakei. Propagandaminister Goebbels wetterte ständig gegen das Bündnis und behauptete, dass sich sowjetische Stützpunkte auf tschechischem Boden befänden. Seine Hetzkampagne glich der gegen Österreich.

Auf Frankreich, das mit der Sowjetunion und der Tschechoslowakei verbündet war, schien kein Verlass – trotz der Einheitsfrontregierung. Im Spanischen Bürgerkrieg verfolgte es, unter dem Einfluss Grossbritanniens, eine scheinheilige, einseitige Politik der Nichteinmischung, die es der spanischen Regierung unmöglich machte, sich ausreichend gegen Franco zu bewaffnen, während ihn Hitler und Mussolini auf dem Seeweg unbegrenzt mit Truppen und Waffen unterstützten.

Anfang 1937 traf sich der britische Aussenminister Lord Halifax mit Hitler, nicht, um seinen Forderungen Grenzen zu setzen, sondern um seine grenzenlosen Forderungen zu erkunden. Es ging dem Führer nicht mehr nur darum, die durch den Versailler Vertrag »unterdrückten« Deutschen in Nachbarländern wieder zu vereinen. Und England schien bereit, ihm die Tschechoslowakei genauso zu überlassen wie zuvor das Rheinland, das Saargebiet und schließlich Österreich.

Zur selben Zeit erschien der »Prozessbericht über die Strafsache des sowjetfeindlichen trotzkistischen Zentrums«. Vater begrüsste die Veröffentlichung der »Geständnisse«, aber die Mehrzahl der europäischen Intellektuellen liess sich keineswegs beruhigen. Die Anzahl namhafter Autoren, die nicht mehr bereit waren, im »Wort« zu erscheinen, nahm sprunghaft zu.

Unsere Wohnung wurde zum beliebten Treffpunkt. – Heartfield und Kurt Kersten, auch Egon Erwin Kisch kamen häufig vorbei.

Heartfields Sohn Tom kam per Rad von Kopenhagen, um seinen Vater zu sehen.

Wir kümmerten uns um Judith, die im Emigrantenheim ganz alleine lebte

O. M. Graf und Vater wurden als Delegierte von Präsident Beneš eingeladen.

Mutter und mir bestätigte der Bericht die schlimmsten Befürchtungen. Alle »Geständnisse« hatten denselben Ton, ohne Ausnahme, als wären sie erzwungen oder diktiert worden. Die Angeklagten und Verurteilten, die wir kannten, besonders die Schriftsteller unter ihnen, hatten doch eine eigene Sprache, in Wort und Schrift. Ist das Vater nicht aufgefallen? Niemand hatte ein feineres Sprachgefühl als er. Konnte er das einfach abschalten?

Dazu kamen aus Spanien Gerüchte, die sich dann bestätigten, von internen Kämpfen zwischen verschiedenen Gruppen des republikanischen Lagers. Auch dort spielte Moskau offenbar eine traurige Rolle.

Vater war der Auseinandersetzungen müde. Eines Abends drohte er, Mutter und mich, seine verbürgerlichte Familie, zu verlassen. Das war nach den quälenden Gesprächen irgendwie zu erwarten und zugleich, in der Zeit, in der wir lebten, so ungeheuerlich, dass ich es wortlos zur Kenntnis nahm.

Am nächsten Tag war davon nicht mehr die Rede. Keine Wiederholung, keine Erklärung, keine Entschuldigung, kein Widerruf. Es blieb in der Luft, und wir fanden zur Routine zurück. Schule und Schlittschuhlaufen für mich. Für die Eltern: der Verlag.

Im Realgymnasium war die Schülerschaft etwas mehr gemischt. Es gab in Prag doch einen Anteil deutschsprachiger Einwohner, die sich nicht mit dem Dritten Reich verbunden fühlten.

Dafür wurden die Anhänger von Henlein immer dreister, und ich hatte täglich Krach mit ihnen, wenn sie mir die Siege ihrer Seite unter die Nase rieben. Besonders in Spanien, denn der Bürgerkrieg war mir besonders nah, weil viele unserer Freunde und Bekannten in der Internationalen Brigade kämpften.

Einmal in der Woche mussten wir zu einem Jugendspielplatz am Stadtrand fahren, um Fussball oder Hockey zu spielen (was ich bevorzugte) und Rhönrad-Turnen zu üben. Nicht immer wurden wir dabei von einem Lehrer begleitet. Unter den älteren Jahrgängen gab es viele Mitglieder der paramilitärischen Henlein-Verbände, die den Sportplatz ganz offen als Exerzierplatz benutzten.

Ich kaufte mir von meinem »Konsulenten«-Einkommen einen authentischen Hockeyschläger aus Indien. Er war nicht nur wunderbar gemacht und anzusehen und wirkungsvoll im Spiel, im Notfall war er auch keine schlechte Waffe.

Einmal habe ich ihn zur Abwehr erhoben und wurde am nächsten Tag zum Direktor zitiert. Ich erklärte ihm, ich hätte mich bedroht gefühlt, denn es gab Krach, und ein paar der Gegner trugen Messer.

»Das ist kein Messer«, belehrte mich der Vater meines Kontrahenten vom Vortag. »Der Dolch gehört zur Uniform.«

»Die auf dem Spielplatz verboten ist«, erklärte ich. Der Schuldirektor sagte nichts.

»Und übrigens hat niemand den Dolch gezückt«, fügte der Mann hinzu.

»Genau das wollte ich auch verhindern«, war meine Antwort.

Es hätte dumm ausgehen können, wenn sich nicht der Turnlehrer für mich eingesetzt hätte. Er war, wie die meisten Lehrer, stramm deutschnational. Aber ich genoss trotzdem sein Ansehen, weil ich bei einem Wettkampf des Turnvereins Jahn einen ersten Preis mit Lorbeerkranz für die Schule gewonnen hatte. Das war etwas peinlich, denn der Verein war eine Hochburg der Deutschnationalen, so wie es der Sportklub Sokol für die Tschechen war. Schon in Salzburg hatte ich mich immer über das Denkmal für Turnvater Jahn im Kurpark gewundert, das bis zum heutigen Tage die Inschrift trägt: »Den Deutschen kann nur durch Deutsche geholfen werden.«

Mir persönlich war es wichtiger, dass ich bei den Prager Eislaufmeisterschaften 1938 Erster der Novizenklasse wurde. Es gab zwar nur zwei Mitbewerber, aber die beiden anderen liefen schon länger als ich und hatten außerdem noch Privatunterricht.

Danach durfte ich bei einer Volkstanz-Nummer im Schlittschuhkarneval mitmachen. Ich musste dazu ein slowakisches Trachtenkostüm mieten, meine Partnerin, Evitschka, trug ihre eigene tschechische Tracht. Auf dem Eis waren wir gut befreundet, aber ich war nie bei ihr, überhaupt bei keiner tschechischen Familie je eingeladen, und kein tschechisches Kind kam je zu uns nach Hause.

Im Verlag kam unter anderem Tante Gretes zweites Kinderbuch heraus, »Das Eismeer ruft«, mit einem Bild von mir auf dem Schutzumschlag, das mich an einem Kurzwellensender zeigt. Denn das Buch handelte von einer im Eis blockierten sowjetischen Nordpol-Expedition und einer Gruppe von Kindern, die ihr zu Hilfe eilen wollen.

Von ihrem Mann, F.C.Weiskopf, erschien »Das Herz, ein Schild«, ins Deutsche übersetzte tschechische und slowakische Lyrik. Vater schickte ein Exemplar an Präsident Masaryk, die Anrede im Begleitbrief (»Hochverehrter Herr Präsident-Befreier«) fand ich sehr untertänig. Denn die Gründung der Tschechoslowakei war ja nicht zuletzt darauf zurückzuführen, dass die Tschechische Legion 1917 im russischen Bürgerkrieg gegen die junge Sowjetunion eingesetzt worden war. Mein Vater drückte die Hoffnung aus, die Gedichte würden dazu beitragen, »die Achtung und Freundschaft der Deutschen für die ČSR zu vertiefen«. Das Dankeschön auf deutsch war von Masaryks Sekretär übersetzt und unterschrieben.

Zwei andere Bücher sind mir besonders in Erinnerung geblieben: »Todesstrahlen« von Max Seydewitz, das die Entwicklung der entsetzlichen Waffen voraussagte, mit denen wir heute leben; und »Und morgen wieder Krise« von Theodor Mindt, mit Schwarzweiß-Illustrationen vom Verfasser. Eine davon, auf dem Schutzumschlag, zeigte den wirtschaftlichen Kreislauf einer Kuh, die sich am Ende selbst verspeist. Auch das ist noch aktuell. Bei einer Anzahl von Exemplaren der Luxusausgabe haben wir, Vater, Mutter, Grossmutter und ich, am Tisch wie am Fliessband sitzend, jeder mit einer Farbe den Einband handkoloriert. Ob es noch ein Exemplar davon gibt?

In März 1938 marschierten deutsche Truppen in Österreich ein, und Hitler feierte seinen Sieg in »meinem« Salzburg, das er als

»urdeutsche« Stadt bezeichnete. Überall verschandelten Hakenkreuzfahnen die vertrauten Fassaden, und eine begeisterte Menge jubelte ihm zu. Ein Plebiszit bestätigte den Anschluss mit angeblich 99,75%. Demnach müsste ich jeden, der in Salzburg mit Nein gestimmt hatte, persönlich gekannt haben. Im April forderte Henlein volle Autonomie für das sudetendeutsche Gebiet. Deutsche Truppen versammelten sich an der Grenze, und Prag mobilisierte 400.000 Mann.

In einem Park wurde ein hoher Turm aufgestellt, von dem man mit einem Fallschirm springen konnte. Vielleicht war er ursprünglich tatsächlich für das Training einer neuen Kampftruppe gedacht. Aber jetzt wurde der Absprung mehr zum symbolischen Akt der zivilen Bereitschaft, die Unabhängigkeit des Landes zu verteidigen. Jung und alt standen jeden Tag davor Schlange. Ich auch.

Eine enge Wendeltreppe führte hinauf zur Spitze. Es gab kein Umkehren. Man wurde in ein authentisch anmutendes Geschirr von Gurten geschnallt, mit Fangleinen, die zum halb offenen Schirm führten. Dann ging's aufs Sprungbrett hinaus, wie in einer Badeanstalt, nur hundert Meter hoch, und man musste sich ins Leere fallen lassen. Mit einem Knall füllte sich der Schirm und schwebte zu Boden. Dafür bekam man eine bronzene Nadel. Meine ist sicher noch irgendwo in einer Schublade.

Henlein war zuerst eingeschüchtert und verhandlungsbereit. Aber unter Druck von Hitler schraubte er seine Bedingungen wieder hoch.

In diesem Klima fand ein Internationaler PEN-Kongress in Prag statt. Oskar Maria Graf und mein Vater, als Vertreter der deutschen Sektion, appellierten an die Solidarität der anderen Delegierten und baten um Hilfe für verfolgte Mitglieder, ein Anliegen, das sehr bald von höchster Dringlichkeit sein sollte. Zum Abschluss wurden die Delegierten von Präsident Beneš und seiner Frau im Garten des Hradschin empfangen.

Um mir eine Freude zu machen, ernannte Vater mich für den Nachmittag und Abend dieses Tages zum »Stellvertretenden Verlagsleiter«. Das hieß, dass ich an seinem Schreibtisch sitzen und, wenn nötig, das Telefon abnehmen musste. Wieder reagierte meine geliebte Tante Grete, die mehr als eine Privatsekretärin meines Vaters war, ganz unbegreiflich. Sie war ihm tatsächlich böse, weil er die Stellvertretung nicht ihr übergeben hatte, sondern mich als seinen zukünftigen Nachfolger erscheinen ließ.

Aber es gab dringlichere Probleme. Krieg oder Verrat an der Tschechoslowakei durch die Westmächte standen bevor, und das bedeutete, dass man uns womöglich an Hitler ausliefern würde. Das nackte Überleben stand auf dem Spiel. Wieder entschlossen sich die Eltern, mich in Sicherheit zu bringen. Die Frage war, wohin?

Nach Schweden, zu Onkel Kurt mit dem Haarnetz? Grossmutter war schon zu ihm gefahren. Ich hatte jetzt ein Zimmer für mich, ausser wenn Gäste wie Oskar Maria Graf und seine Frau Miriam auf dem zweiten Sofa übernachteten.

Die Eltern dachten auch daran, mich nach New York zu Grosz zu schicken. Er war lustig, und ich stand zumindest seiner Frau Maud und Peter nahe. Aber Amerika war weit weg, und wenn ein Krieg ausbrechen sollte, würde ich die Eltern vielleicht nicht wiedersehen! Ganz so gelassen, wie ich es mir einzureden versuchte, war ich nicht.

Es kam auch noch die Schweiz in Frage. Sie bot die beste Chance, dass wir uns wieder finden würden, wenn die Eltern aus der Tschechoslowakei flüchten müssten. In Genf wohnte ein befreundetes Ehepaar aus Berliner Zeiten, Alex und Maria Arnold. Die Eltern baten sie, wenn möglich, für mich einen Platz in einem Internat zu finden, der bezahlbar wäre. Denn eine Einreiseerlaubnis in die Schweiz war nur zwecks Sprachstudium erhältlich.

Maria entdeckte die École d'Humanité ganz in ihrer Nähe, in Versoix, die von Paul Geheeb geleitet wurde. Vor Hitlers Machtergreifung war er Direktor der renommierten Odenwaldschule gewesen.

Zufällig war eine Prager Bekannte, die Frau des Architekten Heythum, eine ehemalige Odenwald-Schülerin, und als sie von dem Vorschlag hörte, hat sie seine Unterrichtmethoden wärmstens empfohlen.

Aber die monatlich zweihundertfünfzig Franken Schulgeld konnten die Eltern schon wegen der Devisenausfuhrbeschränkungen nicht aufbringen. Nicht einmal das ermäßigte Schulgeld von hundertfünfzig Franken (ein Entgegenkommen des Schulleiters) konnten wir zahlen. Wir waren nicht die einzigen mit diesem Problem. Von den erwarteten sechzig Schülern konnten nur dreißig das Schulgeld aufbringen, und die Schule hatte große finanzielle Schwierigkeiten.

Meine Ausgaben mussten im Rahmen der von Malik-Büchern zu erwartenden Einnahmen von maximal 120 Franken aus dem Schweizer Buchhandel liegen. Aber das war angesichts des bevorstehenden Krieges auch keine besonders sichere Einnahmequelle. Eine anonyme Holländerin – ihr sei Dank – kam schliesslich mit einem Stipendium von dreissig Franken pro Monat zu meiner Rettung.

Meine Abreise wurde nun vorbereitet, ein tschechischer Interimspass, gültig vom 9. September 1938 bis 31. Mai 1939, und ein Visum von drei Monaten Dauer wurden besorgt. Was bis zu diesen Verfallsdaten und vor allem danach mit mir, meinen Eltern und der Welt geschehen würde, war nicht vorauszusehen.

Für die Schule brauchte ich mehr Sommer- und Wintersachen, als ich sonst in Jahren bekommen hatte. Abend für Abend nähte Mutter Etiketten mit meinem Namen in die Kleidungsstücke. Es war ein langes Abschiednehmen.

Vor meiner Abreise verbrachte ich zwei Wochen mit Mutter und Tante Grete in Hirschberg, einer friedlich anmutenden Gegend im Sudetenland, um das die wütendste politische Auseinandersetzung im Gang war. Der von England und Frankreich ungebeten ernannte Vermittler, Lord Runciman, war in der Gegend und traf sich weder mit der tschechischen Regierung noch mit den loyalen Sudetendeutschen, sondern nur mit Henlein-Leuten.

Mutter versuchte Vater zu überreden, ein paar Tage im Riesengebirge mit uns zu verbringen. Eine Gratisrückfahrt sei in Aussicht. Geld war offensichtlich nach all den Anschaffungen für mich sehr knapp. »Aber Gott, man lebt nur einmal«, schrieb die Mutter und erinnerte meinen Vater daran, ja nicht den Pass zu vergessen, denn es bestand Meldezwang.

»George ärgert gar nicht, da er doch voll beschäftigt ist«, schrieb sie. Ich kann mir vorstellen, dass ich so manches Mal aus Trauer, Angst und Enttäuschung Grund für Ärger gegeben haben muss.

»Ich werde mich freischwimmen und war schon zwei Mal bummeln«, schrieb ich Vater. »Das bedeutet in so einem Dorf mehr, als wenn ich in Prag etwas länger aufbleiben darf. Und ein Förster hat mich eingeladen, mit auf die Pirsch zu gehen. Mutti hat vorläufig ihr letztes Wort (wie immer nein) gesprochen.«

Es ging dann doch, und ich bekam, das war unerwartet, ein eigenes Gewehr. Plötzlich sass ein Häher vor uns in einem Baum, und der Förster sagte, ich solle ihn abschiessen. Ich fragte, warum.

»Er ist ein Räuber, und es gibt zuviele. Sie greifen die Nester andere Vögel an. Wenn du nicht schiesst, muss ich es tun.«

Schon flog der Vogel weg und landete auf einem weiter entfernten Ast. Ehe er uns ganz entkam, drückte ich ab. Zu meinem Schrecken fiel er zu Boden. Der Hund des Försters brachte mir meine erste und letzte Jagdtrophäe, aber ich konnte nichts damit anfangen. Der Förster bot an, sie für mich auszustopfen. Er verdiente mit solchen Sachen ein bisschen Geld nebenher.

Vater kam nicht. Er benützte wahrscheinlich jeden Heller, um vor meiner Abreise die Briefmarkensammlung noch zu ergänzen, die in Zeiten der gesperrten Konten und Devisenbewirtschaftung seine wichtigste Kapitalanlage darstellte. Er hatte, schrieb er, eine 300-RM-Rarität ergattert.

»Leider stand am Tag des Erhaltes deines lieben Briefs im Prager Tagblatt ein Artikel über die Methoden der Markenfälscher«, antwortete ich. »Hoffentlich ist unsere Marke nicht darunter!« Ich war, was die Briefmarken anging, inzwischen etwas skeptisch geworden. Als Geldanlage mochten sie nützlich sein, ansonsten hatte ich den Spass daran ziemlich verloren.

Andererseits waren Briefmarken natürlich leichter zu transportieren als andere Wertstücke. Und so hatte mein Vater auch meine Mineraliensammlung, die mehr wert war, als ich dachte (die meisten Steine hatte ich selbst gefunden) gegen Marken getauscht.

Ein paar kleine Rubine hatte mir Fritz, ein Schulkollege, geschenkt. Er und Eddy kamen aus sehr reichen Familien. Sie waren viel grösser und stämmiger als alle anderen in unserer Klasse. Ich wurde als einziger in ihre protzig-luxuriöse Welt zugelassen. Fritz und ich nebeneinander sahen einem Grosz-Bild vom reichen und vom armen Mann ähnlich. Nach genauer Überprüfung durch seine Mutter wurde ich mit den kleinen Edelsteinen abgespeist und nie wieder eingeladen.

In meiner Sammlung war nur ein Stein, der mir besonders viel bedeutete. Er war etwas grösser als ein Taubenei, schwarz, und über seine ganze Oberfläche waren sehr präzise, kleine, weisse, fünfzackige Sterne verteilt. Es schien, als wäre er vom Himmel gefallen. Er war mein Talisman. Ich wollte ihn in der Fremde bei mir haben und bat meinen Vater, ihn zurückzuholen. So wie ich ihn einst gebeten hatte, den Frosch Hildebrand vor der tödlichen Spinne zu retten. Er lehnte auch diesmal ab. »Eine Vereinbarung ist eine Vereinbarung. Herr Popper könnte ebensogut jetzt eine Marke zurückhaben wollen.«

»Na und?« Vielleicht erschien ich ihm undankbar. »Das wäre doch in Ordnung. Der Stein ist für ihn doch bestimmt nicht so wertvoll wie die Rubine oder der Rauchquarz. Wir würden keine teure Marke zurückgeben müssen.«

Vater liess sich nicht überzeugen, ebensowenig wie in der Frage der Schauprozesse. Der Verlust des Steins erhielt dadurch noch eine symbolische Bedeutung. Ich habe seither seinesgleichen überall gesucht, in Büchern und naturhistorischen Museen nachgeforscht. Ein Obsidian kam ihm am nächsten, war aber doch nicht vergleichbar. Meine Fenstersimse sind voll von Steinen, die ich seither gesammelt habe. Aber der Verlust war nicht gutzumachen. Ich wäre glücklich, wenn mir ein Leser dieses Buch über einen solchen Stein Auskunft geben könnte.

Ich musste auch alle Tiere zurücklassen. Ich hätte Miunko, meine kleine Katze, am liebsten mitgenommen. Doch ich musste mir um sie keine Sorgen machen. Sie wurde von jedermann verwöhnt. Aber konnte Vater alleine die Meute im Terrarium füttern? Was, wenn er verreisen musste?

Eine mögliche Lösung war es, Fliegeneier zu kaufen. Den Versuch haben wir tatsächlich gemacht. Wir kippten eine Messerspitze voll Fliegeneier in das Terrarium. Am nächsten Morgen wurden wir von einem lauten Summen geweckt. Unter dem Deckel des Terrariums hing eine dicke Schicht von kleinen, schillernden Schmeissfliegen. Unsere Tierchen waren alle in Dekkung gegangen. Wir entschieden uns also, sie auszusetzen, jedes in seine passende Umgebung. Zuerst hoben wir vorsichtig den Deckel an einer Seite hoch, und der ganze Fliegenschwarm flog wie ein giftige Wolke in den Morgenhimmel.

So kam es doch noch zu einem Ausflug. Vater schien ihn genau geplant zu haben. Einer Ansichtskarte an die Mutter entnehme ich, dass wir jeden Tag, bei herrlichem Wetter, frisch und fröhlich 20 Kilometer marschierten, über Cerzany und Vranov nach Sternberg in der Nähe von Prag. Ich erinnere mich, dass überall roter Mohn blühte. Manche Felder waren schon abgeerntet. Wir kauften den Bauern für 50 Heller ganze Arme voll Stengeln mit reifen Mohnkapseln ab und assen den frischen Mohn aus der Hand.

Zum ersten Mal erwähnte Vater den Wunsch, nach Amerika zu gehen, falls wir nochmals flüchten müssten. Ja, wenn das möglich wäre! Mit den Eltern zusammen war ich gerne bereit, Europa den Rücken zu kehren.

SCHWEIZ

1938–39

Ich bin in die Schweiz mit dem Flugzeug geflogen. Ich glaube, ich war der erste in der Familie, der geflogen ist. Und ich kann mich nicht einmal entsinnen, vorher einen Flieger in der Luft gesehen zu haben. In voller Grösse aus Metall, mit all den Leuten, die einstiegen, schien es unglaublich, dass er, von Luftmolekülen getragen, wirklich abheben würde. Aber ich hatte keine Angst.

Ich ging durch die Kontrolle mit meinem ausgestopften Eichelhäher in der Hand. Wie bei Wladimir, dem russischen Frosch, galt ihm die ganze Aufmerksamkeit des Beamten. Das kleine Album, fest unter meinen Arm geklemmt, hat er nicht bemerkt. Ich schaute zu den Eltern und zwinkerte schnell. Das Geheimnis unserer Markensammlung war bewahrt.

Es gab da noch ein zweites Geheimnis. Ich sollte, sagten mir die Eltern, auf keinen Fall Maria Arnolds Namen irgendwo erwähnen – auch in der Schule nicht – und den Namen eines Schweizers angeben, falls jemand fragen sollte, wer mich abholen würde.

Das taten die Stewardessen mehr als einmal. Ich genoss es, wie sie mich als alleinreisendes Kind verwöhnten, obwohl ich mir, mit dem Hauch von Illegalität und der Eventualität, bald einmal auf mich allein gestellt zu sein, furchtbar erwachsen vorkam.

Ich konzentrierte mich auf das neue Erlebnis des Fliegens, um mich von der Trennung abzulenken. Ich hatte einen Fensterplatz über einem Flügel, mit Blick auf einen der Motoren und zwei schlanke Propellerblätter, die ich besonders schön fand. Knatternd sprangen die Motoren an, der Propeller fing an, sich zu drehen und wurde zu einer Scheibe. Langsam rollten wir auf die Startbahn. Der Motor heulte auf, ich wurde in den Sitz gepresst, und wir hoben ab, in eine Wolke hinein. Ich beobachtete die kleinen Wasserperlen, die am Fenster kondensierten und nach hinten geblasen wurden, langsamer oder schneller. Es war wie ein Rennen oder, ging es mir durch den Kopf, wie die Chancen der Zukunft, die vor mir lag. Plötzlich waren die Tropfen alle weg, die Wolken lagen unter uns, und der blaue Himmel spannte sich über uns, wie auf einem Salzburger Votivbildchen. Nur von Engeln und den Verstorbenen mit Harfen war nichts zu sehen.

Kurz vor der Ankunft öffnete sich die Wolkendecke und enthüllte den spektakulären Mont Blanc und den Genfer See. Das war also die Schweiz.

Glücklicherweise hatte ich Maria ein Foto von mir geschickt, damit sie mich erkennen würde. Ich wusste ja nicht, wie sie aussah. Aber das suchende, lustige Gesicht, das ich hinter einem Gitterzaun in der wartenden Menge erspähte, entsprach der Vorstellung, die ich mir von ihr gemacht hatte. Sie war es auch, die mich umarmte, als ich ins Freie kam.

Wir machten uns auf den Weg zur Rue Montbrillant, wo sie wohnte. Ich hatte glücklicherweise nur einen kleinen Koffer dabei, mehr war im Flugzeug nicht erlaubt. Es war vorgesehen, dass mir der Rest des Gepäcks mit der nicht allzu verlässlichen Post nachgeschickt werden sollte.

Genf schien eine reiche Stadt zu sein, geputzt und protzig. Die herrschaftlichen Gebäude sahen aus wie neu, ohne Spuren ihrer Vergangenheit. Nur am See entlang hat es mir gut gefallen.

Unterwegs durfte ich mir wünschen, was Maria zum Essen einkaufen sollte, und mein Vorschlag lautete: Schinken. In Prag war er nicht teuer, und ich ass ihn gerne. Aber hier war er offenbar exorbitant, denn Maria stockte ein bisschen und fragte, ob ich noch einen anderen Wunsch hätte. Peinlich, denn ich wollte ja gerade nicht unbescheiden sein und mir einen Entenbraten wünschen. Also bat ich sie, für mich eine schweizerische Spezialität zu wählen.

Es wurde überall Französisch gesprochen. Ich war darauf vorbereitet, aber es war trotzdem ein Schock, kein Wort zu verstehen. Es war genau wie fünf Jahre zuvor, als ich nach Prag kam und kein Tschechisch verstand. Noch dazu war Französisch die Unterrichtssprache in der Schule, und die Eltern wollten, dass ich, zur Vorbereitung auf Amerika, zugleich Englisch lernte. Das konnte ja schön werden.

Die ganze Familie Arnold erwartete mich. Auch hier gab es eine nette Oma, die kochte, und zwei Söhne, Imre, so alt wie ich, mit dem ich mich gleich gut verstand, und den drei Jahre jüngeren, aber sehr klugen Lexi. Es fehlte nur Alex, der Vater, der viel unterwegs war. Maria hatte mir geschrieben, er sei »ein etwas brummiger, aber auch gemütlicher Wissenschaftler, der nichts besser leiden kann, als wenn man ihn viel fragt«. Das war mir recht.

Mein Vater hatte ihn gebeten, ein bisschen auf mich aufzupassen. Ich sei Argumenten sehr zugänglich, versicherte er, aber mehr, wenn sie von Männern kamen. Die Broschüre der École liess Vater befürchten, dass mein Hang zur Verspieltheit im Internat vielleicht noch bestärkt werden könnte. Er würde es auch begrüssen, schrieb er, der Verleger, wenn meine Wahl von Lesestoff in Richtung Wissenschaft beeinflusst werden könnte. Eigentlich las ich ja schon Bücher in dieser Richtung. Hatte er Zweifel am Wert der Literatur?

Alex versprach, sich um mich zu kümmern. Er habe wegen Imre ähnliche Sorgen und könne wegen seiner häufigen Abwesenheit gegen den Einfluss der Schule nicht viel unternehmen. Er glaube aber, »dass Georgie in eine beneidenswerte Anstalt kommt. Ich habe selbst daran gedacht, meine Jungen hinzugeben, aber aus vielerlei Gründen geht das nicht.«

Was waren die Gründe? Da waren wir wieder beim Geheimnis. Auch Maria machte so eine Anspielung, als meine Eltern sie baten, mir im Kriegsfall ihre »mütterliche Sorge« zukommen zu lassen.

»Wenn in den nächsten Monaten wirklich ein Wirbel käme«, antwortete sie, »werde ich mich immer um George kümmern. Solange mein Haus steht, wird er mir wie mein Kind sein. [Nur] das Haus steht oft auf der Kippe.« Sie fügte hinzu: »Wenn unsere Verhältnisse nicht vorgeschrieben wären und wir uns danach nicht strikte richten müssten, würde ich ihn hierbehalten und mit Imre zusammen ins College schicken.«

Erst nach dem Krieg habe ich erfahren, worin das Geheimnis dieser Familie bestand. Alex Arnold, von Beruf Kartograph, leitete die »Nachrichtengruppe Dora«, die bis in die höchsten Kommandostellen der deutschen Wehrmacht reichte und die Sowjetunion im Krieg gegen Hitler mit unschätzbaren Informationen versorgte. Er kam aus Ungarn und hiess in Wirklichkeit Sándor Rado, und Maria hiess in Wirklichkeit Lene.

Obwohl Schweizer Interessen nicht berührt wurden, kooperierte die Schweizer Polizei mit der Gestapo, um den Sender der Gruppe zum Schweigen zu bringen und die Mitarbeiter zu verhaften. Maria und Alex wurden überwacht, mussten, kurz nachdem ich bei ihnen war, untertauchen und entkamen nach Frankreich.

Die Grossmutter und die Söhne blieben zurück und wurden von den Behörden arg schikaniert. Die Lebensmittelkarten wurden ihnen zeitweise entzogen, die Wohnung gekündigt, und Lexi wurde von der Schule verwiesen. Imre wurde sogar festgenommen und verhört, weil man hoffte, auf diese Weise das Versteck der Eltern ausfindig machen zu können.

Sofort nach dem Krieg wurde Alex, trotz seines Beitrags zum Sieg der Sowjetunion, des Verrats beschuldigt und nach einem Schauprozess in Ungarn zu langjähriger Haft verurteilt. In seiner Autobiographie hat dieser kluge, aufopfernde Mann diese Zeit übersprungen und das Urteil nur nebenbei als »Missachtung sozialistischer Gerechtigkeit« abgetan. Das beschäftigte mich nicht nur in seinem Fall. Seine bewundernswerte Treue galt einer guten Sache, aber sie duldete zugleich ihren Verrat und trug auf diese Weise noch dazu bei.

Maria, die wohl schon an Krebs erkrankt war, als ich nach Genf kam, musste sich, während Alex im Gefängnis sass, mit ihren Söhnen in Paris durchschlagen. Erst 1955 wurde Alex rehabilitiert, Maria ging zu ihm nach Ungarn, und sie lebten noch drei Jahre lang einigermaßen geborgen zusammen. Am 1. September 1958 ist Maria Arnold gestorben.

Als mich Maria Arnold am 13. September 1938 im Internat vorstellte, wurde in der Tschechoslowakei gerade der Ausnahmezustand ausgerufen. Die Ereignisse überstürzten sich damals so schrecklich, dass praktisch jedes private Ereignis mit einer meist schlechten politischen Nachricht zusammenfiel. Am Tag zuvor hatte Hitler in Nürnberg für das Sudetenland Selbstbestimmung und Anschluss an das Dritte Reich gefordert. Es kam daraufhin im ganzen Gebiet zu vorprogrammierten »Unruhen«, während ich mich mit der Hausordnung und dem Tagesablauf in der neuen Schule vertraut machte: Aufstehen um 6:25, Gymnastik und kalte Dusche – das war eigentlich Dauerlauf und Sprung in den kalten See –, 7:15 erste Unterrichtsstunde, 8:20 Frühstück, Aufräumen, 9:20 zweite Stunde, 10:40 Gymnastik, 11:20 dritte Stunde, 12:40 Mittagessen, Ruhe oder Freizeit, 2:10 Sport, 3:25 Jause (zu der ich gleich eingeladen wurde), 3:45 handwerkliche Arbeit, 5:15 vierte Stunde oder Aufgaben machen, 6:25 Gemeinsames Singen, eine Art Andacht, 6:45 Essen, 9:30 Licht aus. »Verspielt« war das wirklich nicht.

Ich wurde Herrn Geheeb vorgestellt, der aussah wie ein biblischer Prophet, mit weissem Haar und langem Bart, weissem Hemd und Pumphosen. Er lief das ganze Jahr barfuss in Sandalen, auch im Schnee. Dann war da seine opulente, beinahe übertrieben warmherzige Frau, in einem Zeltkleid, lang ehe es Mode wurde; ein kleiner, dunkler Inder, zuständig für Sport; ausgerechnet ein rothaariger Ire für Englisch; und ein sehr zartes Fräulein für Französisch oder Musik. Es gab natürlich noch andere Lehrer, an die ich mich nur schwach erinnere, denn ich war ja nicht lange dort.

Ein paar von den Jungen führten mich durchs Haus und den Garten, wo ich gleich beim Beerenpflücken half. Woelle, mein Zimmerältester, sprach gut Deutsch, auch Han-Sen, ein Chinese, mit dem ich das Zimmer teilte. Er gefiel mir am besten – äusserlich, mit seinem geraden, schwarzes Haar und den glatten Augenlidern, aber auch wegen seiner verwegenen Ausstrahlung.

Dann ging ich mit meiner »Pflegemutter« erst einmal wieder nach Hause. Die Schule gefiel uns beiden, auch wenn die Atmosphäre ein bisschen wandervogelmässig war. Essen gab es zwar reichlich, aber die Zubereitung war lieblos. Durfte ich das unter den gegebenen Umständen überhaupt erwähnen?

Maria hatte volles Verständnis. Bei ihr, wie auch bei meiner Mutter, war der Tisch, selbst wenn es wenig gab, mit Liebe und Geschmack gedeckt. »Aber ein Internat«, sagte sie, »muss sich anpassen. Die Jungs sind nicht alle kleine Ästheten wie du, und manche wären sicher gar nicht begeistert, auf schöne Sachen aufpassen zu müssen. Beschädigt würden sie dich doch noch mehr stören. Hab ich recht?«

Ich nickte. »Betrachte es als Abenteuer«, fuhr sie fort, »und komm zu mir, wenn du dich mal erholen willst.«

Zu Hause – so nannte ich es schon und war glücklich, wenn mich die Leute für Marias Sohn hielten und sie es dabei beliess – zu Hause erwarteten uns ausnahmsweise einmal gute Nachrichten: Die Führung der Henlein-Bewegung war nach Deutschland geflohen, der Aufstand war zusammengebrochen. Henlein erklärte sich bereit, mit Prag zu verhandeln.

Um so wütender machte es mich, als der blöde englische Premierminister Hitler nicht zu sich beorderte und ihm die Leviten las, sondern drei Tage später, mit Frankreichs Einverständnis, zu ihm nach Berchtesgaden fuhr. Auf dem eigenen Territorium beharrte der Führer natürlich auf seinen Forderungen und drohte mit Krieg. Und wie reagierten die sogenannten Grossmächte? Sie drängten die Tschechoslowakei, das Sudetenland und die natürliche und ausgebaute Verteidigungslinie seiner Gebirge an das Dritte Reich abzutreten! Dafür »garantierten« sie die Unantastbarkeit des übrigbleibenden Rumpfstaates. Das war ein Witz. Polen und Ungarn meldeten bereits eigene Gebietsansprüche gegen die Tschechoslowakei an.

Eine Woche nach dem Treffen in Berchtesgaden pilgerte Chamberlain nach Godesberg zu einer zweiten Sitzung mit Hitler. Siegessicher schraubte der »Führer« seine Forderungen derart hoch, dass es aussah, als hätte er die Grenze der Nachgiebigkeit überschritten und müsste mit entschlossenem Widerstand rechnen. Die tschechische Regierung rief die Generalmobilmachung aus, verteilte Gasmasken und verordnete die Verdunkelung der Städte. Mein Kätzchen Miunko fiel im Dunkeln in einen Luftschacht und verlor alle sieben Leben auf einmal.

Die Sowjetunion war bereit, ihren vertraglichen Verpflichtungen nachzukommen und Prag im Fall eines Angriffs zu unterstützen. Frankreich und England setzten ihre Streitkräfte in Alarmbereitschaft und wiesen Hitlers neue Forderungen empört zurück. Leider stellte sich heraus, dass mit den starken Worten nur gemeint war, dass sie über die Zugeständnisse von Berchtesgaden nicht noch hinausgehen wollten. Von echtem Widerstand keine Rede! Der amerikanische Präsident Roosevelt appellierte an Hitler, sich mit den Vereinbarungen »zufrieden zu geben«. Und England warnte sogar: Sollte Russland die Tschechoslowakei dazu ermutigen, ihr Land zu verteidigen, und es käme zum Krieg, wäre Grossbritannien »gezwungen«, sich auf die deutsche (!) Seite zu stellen.

»Wie alles werden wird, kann niemand wissen«, schrieb mir mein Vater. »Aber es ist beruhigend, mitzuerleben, wie grossartig das ganze tschechische Volk sich in diesen Tagen einer härtesten Nervenprobe verhält.«

Er schickte Maria auch einen Abschiedsbrief an mich, für den Fall, dass »die Verbindung zwischen uns definitiv unterbrochen werden sollte ... denn das wird ihn vermutlich ja doch bekümmern«.

Wieso vermutlich? Hatten meine Briefe voll neuer Erlebnisse und Eindrücke den Eltern das Gefühl gegeben, dass ich an ihrer Lage wenig Anteil nahm? Ganz im Gegenteil. Ich war mir des Widerspruchs zwischen der Schweiz und den Gefahren, die den Eltern drohten, nur allzu bewusst.

Vor einem Jahr habe ich meinen Zimmerkameraden Han-Sen in Zürich wiedergesehen. Wir tauschten unsere Lebensgeschichten aus, über die wir nie Fragen gestellt hatten, als wir zur Schule gingen. Er war im selben Jahr und in derselben Stadt wie ich geboren: 1925 in Berlin. Vielleicht sogar im selben Monat Oktober! Er war sich nicht sicher, denn er benutzte mehrmals gefälschte Papiere mit verschiedenen Daten. Seine Eltern spielten eine wichtige Rolle in der chinesischen Revolution. Weil sie viel unterwegs waren, schickten sie Han-Sen zu den Geheebs, zuerst in die deutsche Odenwald-Schule und dann in die Schweizer »École«.

Mein Name, bemerkte er bei unserem Wiedersehen, sei ja so ähnlich wie Heartfield, von dessen Fotomontagen er schon als Junge begeistert war. Er konnte es kaum glauben, als ich ihm sagte, dass Heartfield mein Onkel war.

Dagegen erinnerte er sich daran, dass ich in der Schweiz viel vom Eiskunstlaufen gesprochen hätte. Ich erinnerte mich, dass er mit Teilen vom Flohmarkt ein Fahrrad gebaut hatte. Und natürlich »Kristallradios«, die er uns schenkte. Diese Radios waren damals äusserst beliebt. Sie funktionierten ohne Strom. Man musste nur den Kristall mit einem feinen Draht abtasten, bis man ein Signal fand. (Man war also schon damals von Strahlen umgeben!)

»London!« schrie dann einer, oder: »Paris! Berlin!«

Dann kamen die anderen gelaufen, aus Neugier, aber auch um mitzuhören, besonders Nachrichten, denn in der Schule waren wir vom Weltgeschehen ziemlich abgeschottet. Durch die Erschütterung der alten Böden unter unseren Füßen ging der »Funkkontakt« mit der Aussenwelt aber meist gleich wieder verloren.

Von Woelle wusste ich nur, dass er Schauspieler werden wollte. Oft las er uns vor dem Schlafengehen etwas vor. Ich hatte keine Ahnung, dass sein Vater in einem Konzentrationslager war. Als sein Vater schwer krank wurde, hat man ihn überraschenderweise ins Spital gebracht. Er muss sehr prominent gewesen sein. Jedenfalls hat die Gestapo Woelle bei uns im Internat aufgespürt und vor die Wahl gestellt: Entweder müsse er aus der Schweiz heimkehren und Wehrdienst leisten, oder sein Vater würde in das Lager und den sicheren Tod zurückgeschickt.

Diesmal wurde in der Schule darüber anscheinend gründlich

beraten. Nach langen Diskussionen mit Geheeb und seiner Frau, mit Mitschülern und mit Woelles Mutter, die in der Nähe der Schule wohnte, entschied er sich, zurück nach Deutschland zu gehen. Er durfte eine Woche mit seinem Vater verbringen und wurde dann 1941 an die russische Front geschickt. Drei Monate später ist er gefallen. Sein Vater hat den Krieg überlebt.

Ein wohlgesinnter tschechischer Beamter informierte Heartfield, dass die Deutschen bereits die Auslieferung von ihm und meinem Vater verlangten. Eine geschwächte Regierung könnte sich jederzeit gezwungen fühlen, dem Antrag Folge zu leisten. Es wäre für die Brüder ratsam, das Land sofort zu verlassen.

Aber die Eltern hatten nicht einmal Reisepapiere. Es lief zwar ein Antrag auf Interims-Pässe, aber dort hatten sie als Begründung »Geschäftsreisen« angegeben. Jetzt hieß es plötzlich, dass diese Begründung nicht mehr anerkannt werde und man das Formular nicht ändern könne. Sie müssten einen neuen Antrag stellen, und die Bearbeitung würde viele Wochen, wenn nicht Monate in Anspruch nehmen.

Auf dem Weg zurück vom Passamt, völlig ratlos, begegneten sie einem Rechtsanwalt, der sie kannte und sagte, er könne die Pässe vielleicht gerade noch »unter dem Tisch« für sie besorgen. Sie gaben ihm alles Geld, das sie bei sich trugen, er zahlte einen Rest dazu. Es war der letzte Arbeitstag des bestechlichen Beamten.

Am 29. September 1938 wurde das Abkommen von München, ohne Anwesenheit der tschechischen Regierung, unterzeichnet. Am dreissigsten hat sie es angenommen.

Mutters schlimmste Vorahnungen hatten sich innerhalb von zwei Wochen bestätigt. Die Eltern sassen in der Falle, von dem neuen deutschen Gebiet ganz umgeben. Nicht nur deutsche und österreichische Emigranten, auch Henleingegner, die noch vor den Massenverhaftungen aus dem Sudetengebiet flüchten konnten, und Tschechen, die aus politischen oder religiösen Gründen gefährdet waren, wollten das Land so schnell wie möglich verlassen. Alle erwarteten, dass Hitler in kürzester Zeit auch den Rest des schutzlosen Landes vereinnahmen würde.

Die Lage schien völlig aussichtslos. Viele gefährdete Paare liessen sich scheiden – auch meine Eltern, um das Risiko der Sippenhaft zu vermindern. Die Behörden waren in Auflösung, der Ansturm für Visa war so gross, dass die Konsulate meist ihre Tore erst gar nicht mehr aufmachten.

Während im Sudetenland die Wehrmacht einmarschierte, gleich mehr Land in Besitz nahm, als ihnen zugestanden worden war, und Tausende von Gegnern in deutschen Lagern verschwanden, machte die Schule mit uns eine Bergtour. Sechs von uns, darunter Han-Sen, brachen aus der Gruppe der weniger Sportlichen aus und stürmten den ersten Gipfel. Die anderen – aus Sorge um uns, so behaupteten sie – machten auf halben Weg kehrt. Ich glaube, sie waren dankbar, dass ihnen der Aufstieg erspart blieb.

Als wir am Abend aufgekratzt von unserem Abenteuer zurückkamen, war die Schule versammelt, um über unser Verhalten zu diskutieren. Nicht verurteilen, hiess es. Jeder durfte sagen, was er dachte, aber niemand musste sich äußern. Dennoch lag der Vorwurf der Unverantwortlichkeit in der Luft.

Ich war mir durchaus im klaren darüber, dass man sich bei einer Bergtour nicht einfach selbständig machen durfte, aber ich wusste auch, dass ich diesen Ausbruch gebraucht hatte, um mit dem Ohnmachtsgefühl fertig zu werden, das die politische Lage bei mir hervorrief. Bei anderen hat es dazu geführt, dass sie aggressiv gegen ihre Kameraden wurden, weil sie sich gegenseitig die Schuld an der Situation gaben. Ein Junge, er hiess Rolph, war das gegebene Opfer. Er hatte eine hänselnde Art und Weise an sich. Noch in derselben Nacht hörte ich seine Hilferufe, weil ihn ein paar im Bett verhauen haben, aber es dauerte nicht lange, so dass ich keine Gelegenheit zum Eingreifen hatte.

Margaret Mynatt, die treue Seele, die in London den Verlag verwaltete, hatte inzwischen das Unmögliche geschafft und drei Bürgschaften für meine Eltern besorgt. Die Bürgen versprachen, vier Monate lang für den Unterhalt der Eltern aufzukommen, falls diese der Wohlfahrt zur Last fallen sollten. So wurden sie zum Erstaunen der vielen vergebens vor dem Eingang Wartenden in das englische Konsulat eingelassen und kamen mit Visa mit beschränkter Aufenhaltserlaubnis heraus.

Sehr zum Ärger von Mynatt wollten die Eltern aber nicht direkt, sondern über die Schweiz und Frankreich nach London fliegen. Einerseits, um mich zu sehen, glaube ich, zum anderen aber, um eine Abschrift der Geburtsurkunde meines Vaters in Weggis zu besorgen. Auf diese Weise, hofften meine Eltern, könnten sie auf der Schweizer Quota den Weg nach Amerika finden. Außerdem wollten sie die offenen Guthaben des Verlags im Schweizer Buchhandel einziehen, für die Weiterreise und Begleichung von Schulden, unter anderem bei dem zuvorkommenden Herrn Stein, der jetzt selbst in Not war.

Schliesslich ging es Vater darum, die Herstellungskosten für den letzten Band des Malik-Verlags, Brechts *Svendborger Gedichte*, zu bezahlen, damit das Buch erscheinen konnte.

Nach England wollten sie über Frankreich weiterreisen, aber der französische Konsul durfte, wie er mit grossem Bedauern erklärte, keine Sichtvermerke mehr ausstellen. Er beharrte auch dann noch auf dieser Weigerung, als zwei Anwälte eines Pariser Hilfswerks in Prag erschienen, um in den gefährdetsten Fällen zu intervenieren. Das beste, was er anbieten konnte, war eine Empfehlung nach Paris, in der Hoffnung, dass von dort der Auftrag erteilt würde, den Eltern das Transitvisum während ihres Aufenthalts in der Schweiz auszustellen.

Dabei war noch nicht einmal sicher, ob sie überhaupt in die Schweiz würden einreisen dürfen, obwohl Maria für ihren Lebensunterhalt während der Durchreise eine Bürgschaft gegeben hatte.

Schon suchte Vater Auswege, zum Beispiel über Schweden zu reisen. Da erinnerte sich ein Freund der Eltern, vor vier Jahren einem Schweizer, der mit dem Konsul befreundet war, einen grossen Gefallen getan zu haben. Der hatte ihm dafür seine Hilfe versprochen, wenn es je nötig sein sollte.

Aber wo war der Mann nach so langer Zeit zu finden? War es ihm mit dem Versprechen ernst? War noch derselbe Konsul in Prag? Die Suche war, es ist kaum zu glauben, erfolgreich. Der Mann war in Wien. Trotz erschwertem Postverkehr mit den neuen Grenzen erreichten sie ihn per Brief, und er machte sich sofort auf den Weg nach Prag.

In letzter Minute konnte er den Eltern durch seinen alten Kontakt die Visa beschaffen. Kurz darauf verweigerte die Schweiz grundsätzlich allen nach den Nürnberger Rassegesetzen jüdischen Personen die Einreisegenehmigung.

Das Flugzeug, mit dem meine Eltern schließlich am 24. Oktober 1938 aus Prag in die Schweiz flogen, war einer der letzten Direktflüge. Auch sie durften nur einen kleinen Koffer und 20 wertlose Kronen mitnehmen. Noch über Deutschland geriet das Flugzeug in ein Unwetter. Normalerweise hätte der Pilot eine Zwischenlandung gemacht. Aber er war sich der Gefährdung seiner Passagiere bewusst und wich dem schlechten Wetter aus, bis er auf sicherem Boden landen konnte.

War das ein Wiedersehen! Ich begrüsste sie in drei Sprachen. Sie waren erstaunt über meine Fortschritte im Englisch und Französisch, und überhaupt, was ich alles gelernt hatte.

Nur ein leichter Schatten fiel auf unsere Freude. Beim Abschied von Heartfield war es zu einer Verstimmung zwischen den Brüdern gekommen, vermutlich weil Vater in einer generell bevorzugten Lage schon reisen konnte, während Heartfields Ausreise noch unsicher war.

»Unsern Zusammenprall«, schrieb Heartfield nach Genf, »hab' ja nur ich verschuldet, gereizt von der Hetz am Tag. Du darfst ja nie vergessen, dass ich Dich selbstredend liebe wie keinen anderen.« Trotzdem war es der Anfang einer Entfremdung. Denn auch bei der Auswanderung nach Amerika waren die Voraussetzungen, weil Vater in der Schweiz geboren war, ungleich.

Heartfields Briefe aus Prag waren aus Gründen der Tarnung an mich adressiert. Ich las sie mit den Eltern, und seine Verzweiflung war fassbarer als die ihre, von der sie jetzt im Nachhinein erzählten. »Ich glaube«, schrieb er, »es war vielleicht nicht richtig, dass ich auf Anraten meine Sache nicht selber verfolgte.« Er hatte sich in die Hände einer Hilfsorganisation gegeben, die unter neuer Leitung war. »B. hat grossen Einfluss gewonnen. Dass ich nicht zu seinen Lieblingen gehöre, brauch ich nicht erst zu betonen. Nun besteht die Gefahr... dass ich durch die Umstände sehr weit nach hinten rutsche.«

Vater reiste schon Anfang November weiter. Feierlich übergab ich ihm unseren Familienschatz, das kleine Markenalbum und die Schweizer Marken, die ich inzwischen in seinem Auftrag gekauft hatte. Jetzt musste sich ihr Wert erweisen.

Mutter blieb eine Woche länger bei mir, und wir genossen unser Zusammensein, denn noch war sie, mit Recht, gar nicht sicher, wie es weitergehen würde. Sie schenkte mir sogar noch ein paar Fussballschuhe, denn die École war den reichen internationalen Schulen nicht nur in der Grösse und Stärke der Spieler, sondern auch in der Ausrüstung unterlegen.

Die Schuhe verhalfen der Schule auch tatsächlich zum ersten Sieg – allerdings nicht durch mich. Ich wehrte nämlich einen Schuss auf unser Goal mit dem Kopf ab und landete auf dem Rücken. »Nehmt die Schuhe«, war mein Hauptanliegen, als man mich, der Ohnmacht nahe, vom Feld trug. Tatsächlich passten sie einem älteren Schüler, und er schoss das 1:0!

Ende November flogen meine Eltern von Paris nach London. Dort erwartete sie eine böse Überraschung: Trotz gültiger Visa wurde ihnen die Einreise verweigert, und sie wurden zurückgeschickt. Ich weiss nicht, wer es wie geschafft hat, dass sie in Frankreich wieder hereingelassen wurden. Ihr Durchreisevisum war ja erloschen. Was wäre geschehen, wenn sie ausgewiesen worden wären?

In England kam wieder Margaret Mynatt zu Hilfe. Sie mobilisierte H. G. Wells und Professor Gilbert Murray nebst Minister Rathbone und anderen Mitgliedern des Parlaments, um das Einreiseverbot aufzuheben und den Vermerk über die verweigerte Einreise aus den Pässen meiner Eltern zu tilgen. Er hätte die Chancen, nach Amerika zu kommen, vernichtet.

Heartfield hatte, nach all den durchgestandenen Ängsten, schließlich ein Einreisevisum nach England erhalten und gelangte noch vor ihnen Anfang Dezember nach London.

Da sich die Einreise meiner Eltern nach England verzögerte, musste ich länger als erwartet in der Schweiz bleiben. Glücklicherweise wurde meine Aufenthaltsbewilligung verlängert. Aber über Weihnachten machte die Schule zu.

Ich hatte in der Zeitung gelesen, dass der Prager Eislauftrainer, Freddy Linhardt, jetzt in Basel war. Wenn ich nur dort trainieren und bei ihm ein paar Stunden nehmen könnte! Maria machte es möglich. Ich wurde von einer der vielen Schweizer Arbeiterfamilien eingeladen, die oft im Widerspruch zur offiziellen Politik Flüchtlinge unterstützten.

Die Eltern, noch immer in Paris, waren einverstanden, und Vater schickte mir etwas Taschengeld, das er bereits mit dem Verkauf von Marken verdient hatte. Linhardt freute sich, einen Prager Schüler wiederzusehen, und half mir in den Pausen zwischen seinen Schülern, gab mir sogar gratis ein paar Stunden, wenn er frei war.

Ich ging jeden Tag aufs Eis, übte Achter und Schlangenbogen, versuchte immer grössere Sprünge und Pirouetten, die mich anfangs nur schwindlig machten. Wie oft ich hingefallen bin und wieviele blaue Flecken ich dabei davontrug, vermag ich nicht mehr zu sagen. Aber meine besondere Freude und Begabung war es, zur Musik zu laufen und Schritte zu erfinden.

Ein paar Mal haben mich die Kinder der Familie begleitet, bei der ich untergebracht worden war. Aber der Eintritt war teuer für eine Arbeiterfamilie. Ihr Vater kannte den Direkor der Eisbahn und bekam für mich ein 6er-Abonnement geschenkt. Als es verbraucht war, durfte ich gratis kommen, weil ich inzwischen Linhardt beim Unterricht einer Gruppe kleiner Kinder behilflich war.

Das Weihnachtsfest bei meiner Gastfamilie war sehr schön. Ich machte Sterne aus Seidenpapier für sie und fand dafür hübsche kleine Rahmen. Ich hatte ja die Kunst von Tante Lotte gelernt, die es natürlich viel, viel besser konnte. Aber die Eltern und Kinder hatten so etwas noch nie gesehen. Sie waren begeistert von ihren Geschenken, und ich musste ihnen beibringen, wie man solche Sterne schneidet.

Ehe mein Besuch in Basel zu Ende ging, bestand ich meine erste Eislauf-Prüfung. Insgesamt waren es sechs, für die man Medaillen von Bronze bis Gold erhielt. Die Bronze-Prüfung war in der Schweiz schwieriger als die in Prag, aber es ging gut. Gerne wäre ich bis Ende Februar geblieben, um auch noch die nächste Prüfung zu absolvieren, während die Schule in Son Loup Skiferien machte. Viel Unterricht hätte ich nicht verpasst. Englisch und Französisch könnte ich auch allein büffeln.

Mein Vater wäre einverstanden gewesen, aber Paul Geheeb, der Leiter der Schule, rief mich zurück. Er erwarte mich in den Plejaden. Also meinte Vater schliesslich, ich solle die Gelegenheit zum Schilaufen nutzen. Sie hatten beide recht, denn es vergingen fünfzehn Jahre, ehe ich wieder auf Brettern stand …

In Basel gab es dann noch ein Schaulaufen, mit einer wunderbaren Kür von Linhardt. Ich durfte ebenfalls auftreten und erhielt überraschend viel Applaus. Vielleicht, weil der Ansager mich als tschechischen Flüchtling präsentierte und meine Gastgeber im Publikum sassen. Sie haben sich ehrlich gefreut, als sie das Ergebnis ihrer Gastfreundschaft sahen.

Das Schifahren in den Bergen war wirklich wunderbar. Ich lernte Slalom und im tiefen Pulverschnee Telemark fahren und von einer kleinen Schanze über zehn Meter weit springen. Wir machten lange Touren, und auch hier gab es wie in Kleinliebental Kriegsspiele. Nur dass sie Geländespiele genannt wurden, mit Rücksicht auf die friedliebende Philosophie der Schule. Vater freute sich, dass es mir so gut gefiel. Er fand Schilaufen männlicher als Eislaufen. Ich war natürlich gar nicht seiner Meinung, und es blieb auch das einzige Mal, dass er meinen Lieblingssport in Frage stellte.

Mitte Januar wurden die Eltern endlich nach England hineingelassen. Aber im Gegensatz zu Heartfield hatten sie nur eine kurze Aufenthaltsbewilligung und mussten sich verpflichten, politisch nicht aktiv zu werden. Aus Vorsicht klärten sie sogar ab, ob es ihnen erlaubt wäre, Geschäfte des Verlages abzuwickeln, der ja bekanntermassen antifaschistisch und linksgerichtet war.

In ihren Briefen versprachen sie, dass wir uns bald wiedersehen würden, aber ein festes Datum nannten sie nicht. Ich war besorgt, denn mein tschechischer Interims-Pass würde bald ablaufen. Ich schickte ihnen eine Frühlingsbotschaft (erste Palmkätzchen), um darauf hinzuweisen, wie schnell die Zeit verging.

Abgeschnitten hatte ich die Zweige bei einem Ausflug nach Lausanne (per Autostop). Dort war ich mit Peter, einem Schulkameraden, bei einem Wiener Leichtathletikmeister eingeladen.

Eine junge Tschechin war auch zu Gast, und man nahm an, es würde mich freuen, mit ihr zu sprechen. Doch zu meinem Entsetzen musste ich feststellen, dass ich mein Tschechisch in der kurzen Zeit beinahe völlig verlernt hatte. Vor Weihnachten hatte ich Wödlich, dem treuen Boten des Verlags in Prag, noch einen Gruss auf tschechisch geschrieben. Jetzt war die Sprache wie aus meinem Kopf gefegt, weil sie soviel Neuem Platz machen musste.

Wir gingen in die Suchard-Fabrik, weil man dort leckere »Pröbchen« erhielt, und dann in eine Wochenschau. Da zeigte man den Einmarsch von Franco in Barcelona. Seine Truppen wurden von der Menge bejubelt, wie die Verteidiger zuvor. Klar, nicht von denselben Menschen. Oder doch?

Dann ging alles plötzlich sehr schnell. Am 15. März erhielt ich das britische Visum und am siebzehnten das französische für die Durchreise, die ich spätestens am zwanzigsten antreten musste und die nicht länger als drei Tage dauern durfte. Glücklicherweise hatte ich schon gepackt und stieg, nachdem ich mich von allen in der Schule und schweren Herzens von Maria Arnold und der Familie verabschiedet hatte, am achtzehnten in den Zug über Basel nach Paris.

TRANSIT

März–April 1939

Nachdem die Schweizer Grenzbeamten in Basel durch den Zug gegangen waren, wurde der Waggon, in dem ich sass, auf dem Bahnhof hin und her geschoben. Ging er auch bestimmt nach Paris? Der Schaffner hatte mein Billett geprüft. Ich hielt es mit dem Pass fest in den Händen und schaute es nochmals genau an. Von meinem Fenstersitz starrte ich auf die Rangiergeleise. Könnte uns eine falsch gestellte Weiche in den deutschen Teil des Bahnhofs bringen? Die Eltern hatten mich gewarnt.

»Pariii?« fragte ich die unscheinbare ältere Dame, die mit einem Einkaufsnetz ins Abteil zugestiegen war und nah der Türe Platz genommen hatte.

»Ja, nach Paris«, nickte die Elsässerin bestätigend.

Ich holte ein französisches Lehrbuch aus der kleinen Tasche, in die ich in letzter Minute noch alles mögliche hineingesteckt hatte. Milchschokolade mit Mandeln, ein Stück Gruyère, ein Paar Landjäger und ein Messer, um sie stückchenweise zu geniessen.

Kaum fing ich an zu lernen, steckte der französische Grenzbeamte den Kopf herein und befahl: *»Passeports, s'il vous plaît.«*

Dem Ausweis der Dame schenkte er kaum einen Blick. Aber meinen tschechischen Interims-Pass prüfte er mit pedantischer, sadistischer Sorgfalt: *»Cet passeport ci n'est pas valable.«*

Ich nahm ihm den Pass aus der Hand, blätterte zum französischen Visum und las die gültigen Daten vor.

Darum ging es ihm aber nicht. Drei Tage zuvor hatte Hitler Böhmen und Mähren zu deutschen Protektoraten unter von Neurath erklärt. Mein Pass, behauptete der Beamte, müsse jetzt einen Stempel des *neuen* Régimes haben. Den könnte ich mir sicher im deutschen Teil des Bahnhofs besorgen und dann weiterreisen. Er forderte mich auf, meinen Koffer zu nehmen und ihm zu folgen.

Mich überkam eine lähmende Angst. Doch plötzlich war das Messer aus dem Sack in meiner Hand, und ich hörte mich sagen, und zwar ziemlich laut: »Wenn Sie nur einen Schritt in meiner Richtung machen, töte ich Sie.«

Die arme Frau beim Eingang war ganz erschrocken. »Was machen Sie denn, junger Mann? Das dürfen Sie doch nicht!«

Ich erklärte ihr, dass mich der Kerl den Deutschen ausliefern wolle und dass das für mich den Tod bedeuten würde. Er wisse das ganz genau. Ich sei ein Flüchtling auf dem Weg nach England, mit allen gültigen Visa, um mit meinen Eltern von dort nach Amerika auszuwandern.

Jetzt wurde die Frau böse. »Was fällt Ihnen ein?« fragte sie den Beamten. »Arbeiten Sie für den Boche?«

»Mischen Sie sich nicht in Sachen, von denen Sie nichts verstehen!« fuhr er sie an.

»Oh, doch!« sagte sie sehr laut und deutlich.

Inzwischen hatten sich auch noch andere Passagiere versammelt. Ein streng in Schwarz gekleideter Herr mit einer Rosette im Knopfloch, Stehkragen und Krawatte, scharf gescheiteltem, dünnem weissem Haar und eisiger Stimme – ich hätte seine Hilfe nie erwartet – verlangte, auf Französisch, den zuständigen Vorgesetzten zu sprechen. Und zwar sofort.

Der kam auch sofort, war aber nicht besser als sein Untergebener. Der Herr in Schwarz wollte seinen Rang und Namen wissen und befahl ihm, mich auf der Stelle abzufertigen.

Daraufhin gaben die Grenzer nach. Der Vorgesetzte prüfte meinen Pass nur flüchtig und befahl, um sein Gesicht zu wahren: »Sie müssen Frankreich spätestens in drei Tagen verlassen.«

»Das steht ja im Visum«, antwortete ich.

Dann zogen sich die beiden Beamten zurück, und alle lachten erleichtert, mit Ausnahme des Herren in Schwarz. Er fand den Vorfall *dégoûtant* und entschuldigte sich bei mir für sein Land.

Die nette alte Dame stieg ein paar Stationen später aus. »Sie hätten den Mann doch nicht wirklich umgebracht«, wollte sie wissen.

»Oh, doch. Aber ich bin Ihnen allen sehr dankbar, dass ich es nicht musste.«

Ich habe oft an diese lange Viertelstunde denken müssen. Warum, habe ich mich gefragt, haben sich soviele Leute in solchen Situationen nicht genauso gewehrt? Sie waren doch meistens den Häschern an Zahl überlegen. Die Antwort ist klar – entweder wurden sie zuvor systematisch in kleinen Schritten immer mehr erniedrigt und isoliert, so dass ihnen zum Schluss kein Entkommen mehr möglich schien, oder sie wollten ihre Mitgefangenen nicht den Vergeltungsmassnahmen ihrer Peiniger aussetzen. Jede Hoffnung beruhte für sie nur noch auf dem vergeblichen Glauben an eine Grenze der Unmenschlichkeit. Das war mir erspart geblieben.

Tante Grete und FCW erwarteten mich in Paris. Sie hatte mir mehrmals geschrieben, ich solle ein paar Tage bei ihnen halt machen, um die schöne Stadt ein bisschen kennenzulernen. Über die Kürze der Aufenthaltserlaubnis waren sie irritiert, so als hätte ich das Konsulat darum gebeten. In so kurzer Zeit könnten sie mir nichts zeigen, sagten sie. Eigentlich hatten sie Streit mit den Eltern, und das strahlte jetzt auf mich aus.

Der Anlass waren Gretes Beschuldigungen gegen zwei verzagte Menschen, mit den passenden tragisch-romantischen Pseudonymen Johannes und Dorothea. In Prag waren sie häufig bei uns gewesen. Sie waren mir besonders in Erinnerung, weil ich sie, als ich eines Tags von der Schule früh nach Hause kam, in meinem Zimmer überraschte. Im Bruchteil einer Sekunde war ich wieder draussen. Aber das Bild, wie von Schiele gemalt, war in meine Netzhaut eingebrannt. Sie sassen auf der Kante des Sofas, ihre Beine waren eigenartig verschlungen, die Kleidung in Unordnung, und sie hielten einander ganz fest, wie zwei Schiffbrüchige.

Er war Schriftsteller und Bildhauer und hatte, nachdem Hitler an die Macht kam, im Untergrund gearbeitet. Es wurde ihm dann gestattet, nach Prag zu emigrieren. Dorothea arbeitete als Sekretärin in der Verwaltung eines Uranbergwerks – die potenzielle Verwendung dieses Materials war damals aber noch nicht allgemein bekannt. Mir schenkte sie eine Art Lupe, wie die eines Uhrmachers. Nur war sie geschlossen und enthielt ein Körnchen Uran, das permanent eine Art Feuerwerk ausstrahlte – was man durch ein kleines Rauchglas beobachten konnte. Ich nehme an, es wurde für Werbezwecke hergestellt und verharmloste die Gefahr des Urans, auch für die Bergarbeiter.

Die beiden wurden, wer weiss warum, in unserem Kreis nie richtig aufgenommen, obwohl er ein begabter Schriftsteller war. Also reisten sie weiter, nach Paris, diesmal ohne Erlaubnis der Partei. Das wurde ihm sehr übel genommen.

»Hier treibt die Überängstlichkeit seltsamste, wahrhaft sammelnswerte Blüten«, schrieb Johannes in einem Dankesbrief an meinen Vater, der sich für ihn einsetzte und sein Buch veröffentlichen wollte, nachdem meine Tante Grete in Paris Verdächtigungen über seine »politische Verlässlichkeit« in Umlauf gebracht hatte.

»Was ich auch verbockt haben mag«, beklagte er, »es steht in keinem Verhältnis zu dem, was daraus geworden ist. Der Sache ist durch Dein Eintreten die Spitze abgebrochen worden, aber Frau Weiskopf läuft nun von Instanz zu Instanz ...«

Sie wusste, wohin das führen konnte. Ein Kampfgefährte von Willy Bredel in Spaniens Internationaler Brigade, General Koslow, war gerade in Moskau zu Tode verurteilt und hingerichtet worden.

»Könnte Willy von Koslows Erkrankung tangiert sein?« schrieb Grete, naiv verhüllt, in einem Brief an die Eltern. Wollte sie damit andeuten, dass Bredel, mit dem sie und die Eltern so eng befreundet waren, ihr jetzt plötzlich auch verdächtig erschien?

Oder befürchtete sie, er sei in Gefahr, unschuldig verurteilt zu werden? Ein nicht ungefährlicher Gedanke, wenn jemand ihre Zuverlässigkeit auf ähnliche Weise in Frage stellte, wie sie es im

Fall von Johannes tat. Andererseits hatte auch Bredel sich von angeklagten Freunden distanziert. Wo blieben bei all dem das Vertrauen, die Freundschaft, die Solidarität und die Zivilcourage?

Tante Grete führte mich schliesslich zum Panthéon, und das war nun das Allerletzte, was ich in Paris sehen wollte. Ich weiss nicht, was die Familie mit Napoleon hatte. Den Rest der Zeit mussten sie und FCW zu wichtigen Terminen, und ich war mir selbst überlassen.

Ich ging planlos, wie man es in Paris tun soll, durch die prachtvolle, mit Leben sprudelnde Stadt. Die Frühlingssonne machte sie besonders verführerisch. An jeder Ecke begegnete ich etwas Neuem und stellte mir vor, wie es wohl gewesen wäre, wenn wir in Paris anstatt in Prag gelandet wären. Zum Trost sagte ich mir, dass ich das Schlittschuhlaufen dann nie entdeckt hätte.

Geld hatte ich praktisch keins. Einmal habe ich ein Baguette gekauft, ein frisch gebackenes, knuspriges Weissbrot, wie es scheinbar alle Leute unter den Arm geklemmt nach Hause trugen, und verzehrte die Hälfte im Gehen. In der Wohnung gab es nichts Rechtes zu essen. Bis auf ein Glas Aprikosenkonfitüre. Die habe ich dann mit dem Rest des Brots aufgegessen. Da gab es natürlich Krach. Es war höchste Zeit, mich zu verabschieden. Ich nahm einen Zug nach Dieppe, kreuzte den Ärmelkanal nach New Haven und durfte im Vereinigten Königreich landen. Unter der Bedingung, nur bis zum 30. April zu bleiben. Immerhin länger als drei Tage.

Die Eltern waren in Hampstead bei einer achtzigjährigen Witwe untergebracht, die jeden Sommer in ihren Ferien einhändig nach Schweden und zurück segelte. Wir sprachen sie trotzdem als Miss an, Miss Lawrence. Sie war, wie viele ihrer Landsleute, rührend bemüht, den Opfern des Unrechts, das ihre Regierung verursacht hatte, Hilfe zu leisten.

Nur an ein paar Eigenheiten mussten wir uns gewöhnen. Die Seglerin liebte gesunden Durchzug im Haus, an dessen heilsamer Wirkung meine Eltern ihre Zweifel hatten. Und dann widerstrebte es ihr, Nahrungsmittel wegzuwerfen. Also gab es bei ihr einen grossen Eintopf, in dem die ungebrauchten Reste jeder Mahlzeit landeten. Daraus ergab sich eine undefinierbare, schwer geniessbare Speise. Nur aufs Frühstück mit knusprigem *Shredded Wheat* in Milch, einer neuen Entdeckung, konnte ich mich richtig freuen.

Die nächsten Nachbarn kannten die Essgewohnheiten der alten Dame und boten meinen Eltern bei erster Gelegenheit an, mich mit ihren Kindern zusammen zu verköstigen. So fand ich Aufnahme in einem Kreis junger Leute aus der Nachbarschaft. Ihr Verhalten unterschied sich von allem, das ich bis jetzt erlebt hatte, auch dem der wohlerzogenen, eleganten Kinder, die ich in den Parks von Paris beobachtet hatte.

Als ein Junge versehentlich meinen einzigen Mantel beschmutzte, rutschte mir ein Schimpfwort heraus, dessen volle Bedeutung mir wahrscheinlich nicht einmal bewusst war.

»Das ist keine Art«, sagte der tonangebende Älteste. »Du wirst mit mir eine Runde boxen müssen.« Es hörte sich an wie die Aufforderung zum Duell, nicht so gefährlich, aber er war älter, einen Kopf grösser und sicher ein besserer Boxer als ich. Ich konnte mich schlecht herausreden und wollte es eigentlich auch nicht.

Ein Ring wurde auf dem Rasen markiert. Wir kamen mit einem anderen Jungen, der den Schiedsrichter spielte, in der Mitte zusammen, und dann ging's los. Mein Gegner kämpfte hart, vielleicht nicht ganz so hart, wie er konnte, und fair. Als die drei Minuten um waren, legte er seinen Arm um meine Schultern und sagte: »Alle Achtung, du hast dich gut geschlagen.« Die Sache war erledigt, und wir waren Freunde.

Meine Eltern wurden mehrmals von Mitgliedern des Adels oder des Parlaments eingeladen, die ihnen bei der Einreise und besonders nach der Zurückweisung geholfen hatten. Ein paar Mal durfte ich mitkommen. Da glänzten Silber und Kristall, wie ich es nie wieder erlebt habe. Es gab ein Gericht nach dem anderen, mit passendem Wein, natürlich für die Erwachsenen. Die Konversation plätscherte nebenher, mit kleinen Spitzen der Betonung: Dinge waren *MARvelous* oder *MONstrous*, *deLIGHTful* oder *reVOLting*.

Ich sass gewöhnlich neben der Gastgeberin, die es sich zur Aufgabe machte, dem fremden Kind auf liebenswürdige Weise durch den Abend zu helfen. Anstatt mich zu unterrichten, gab sie zum Beispiel vor, unter ihren eigenen Bestecken das für den nächsten Gang passende zu wählen: »Ich glaube, jetzt ist der Löffel an der Reihe.« Oder sie bemerkte mit entwaffnender Selbstironie: »Mein Gott, wir würden nie all die Teller benützen, wenn wir sie selbst abwaschen müssten.« Und sie lenkte auch kurz die Aufmerksamkeit auf mich. Es sei einfach *aSTOnishing*, dass ich nach drei Monaten schon so gut Englisch könne, noch dazu mit einem *Iiren* als Lehrer, oder dass ich ein begabter Eiskunstläufer sei. *»How exCIting!«* sagten alle und applaudierten.

Vater hatte sich tatsächlich vor meiner Ankunft vorsorglich umgesehen und den *Westminster Skating Rink* entdeckt, im ersten Stock eines unscheinbaren kommerziellen Gebäudes in bester Lage. Man hätte ihn dort von aussen nie vermutet. Ich musste vorlaufen, auch die obligatorischen Achter. Dann wurde mir zu bestimmten, wenig belegten, für mich deshalb idealen Zeiten freier Eintritt gewährt. Ich habe von dem praktisch leeren Eis voll Gebrauch gemacht. Jede der obligatorischen Figuren lief ich mehrmals so deckungsgleich, wie ich nur konnte, und verschob dann den Ausgangspunkt um ein paar Zentimeter. Zum Schluss ergab sich eine befriedigende, wie mit einem Zirkel gezogene Spur. Zumindest war es das Ziel. Bei den fortgeschrittenen Tests und Meisterschaften kamen die Preisrichter aufs Eis, um die Kantenführung und die Drehungen genau zu prüfen.

Es gab oft einen anderer Läufer auf dem Eis, einen rundlichen, älteren Herrn, der dem Schauspieler Charles Laughton ähnlich sah und vergnügt seine Bogen zog. Er war Amerikaner und versprach, mich für ein Stipendium im *New York Skating Club* zu empfehlen – der übrigens auch im ersten Stock lag: in einem Gebäude hinter dem alten Madison Square Garden.

Sonst verbrachte ich viel Zeit mit den Eltern, Heartfield und Bekannten, die Asyl gefunden hatten oder nervös auf die Weiterreise nach Übersee warteten. Unter ihnen war auch unser Prager Hauswirt, Herr Stein, der seinen ganzen Besitz verloren hatte. Nur mein lieber Herr Falk war leider bereits Richtung Peru abgereist.

Es war mir unerklärlich, wieso das Home Office Heartfield Asyl, meinem Vater dagegen nur einen kurzen Aufenthalt gewährt hatte, obwohl das Leben der Brüder, ihre Arbeit und ihr politisches Engagement parallel verlaufen waren.

War es, weil Heartfield mit der Anglifizierung seines Namens während des Weltkriegs seiner Sympathie zu England Ausdruck gegeben hatte? War es, weil er, in Deutschland geboren, kaum Aussichten hatte, nach Amerika hereingelassen zu werden? Hätte es andererseits bei den englischen Behörden nicht für meinen Vater sprechen müssen, dass er Unternehmer und seit fünf Jahren Besitzer eines anerkannten Verlags in London war? Er führte mich mit Stolz zum schönen Malik-Messingschild, das beinahe unbeschädigt den Krieg überlebte.

Meine späteren Nachforschungen beim Home Office haben für diese unterschiedliche Behandlung keine Erklärung ergeben. Es war jedenfalls lustig zu beobachten, wie schnell Heartfield den zähen Londoner Arbeitern im Strassenbild ähnlich sah. Er fühlte sich richtig zu Hause, auch wenn die bevorstehende Trennung von seinem Bruder schmerzlich für beide war.

Es gab in London eine Briefmarkenbörse, wie die für den Handel mit Aktien. Dort schien Vater zu Hause zu sein. Unsere bescheidene Sammlung konnte sich mit der Riesenauswahl der Händler nicht messen. Aber ich war beeindruckt, wie Vater mit ein, zwei Raritäten in einem kleinen Lederetui, das sie noch kostbarer erscheinen liess, bald eine Stammkundschaft eroberte. Nicht nur verkaufte er Marken, sondern handelte zugleich andere ein. Das brachte etwas Geld und steigerte den Wert unserer Sammlung. Er hätte sicherlich ein einträgliches Gewerbe daraus zu machen gewusst.

Aber Vater hatte anderes im Sinn. Oskar Maria Graf und Bloch drängten ihn, so bald wie möglich nach New York zu kommen. Der Vertrieb deutscher Bücher sei in den Händen der Rechten und müsse für progressive Literatur neu organisiert werden. Von einer neuen deutschen Tageszeitung war die Rede. Oxford Press wollte mit einem antifaschistischen deutschen Verlag zusammenarbeiten. Vater solle sofort den Vorstand schriftlich von seiner baldigen Ankunft und seinem Plan informieren, den Malik-Verlag nach New York zu verlegen. »Komm bald«, schrieb Bloch, »und stürze Dich vom Schiff ins Vergnügen.«

Vater sah die Dinge etwas realistischer. Er kannte das Land Upton Sinclairs. Die Wirtschaft lag am Boden. Graf bestätigte, dass es für seinesgleichen sehr schwer sei, Geld zu verdienen, auch wenn es Arbeit genug gäbe. Noch hoffte Vater, vergebens, das Lager seiner Bücher aus der Tschechoslowakei herauszubekommen und das Inkasso in Gang zu bringen, um die Produktion wieder aufnehmen zu können. Die Geschäftsunterlagen hatte er in einer Kiste von Prag nach Paris verfrachtet. Dort blieben sie bei der Zensur hängen. Dennoch war er fest entschlossen, nach Amerika zu gehen.

Aber wann endlich? Mein tschechischer Interims-Pass lief bald aus. Mit den Nazis in Prag, wer würde ihn verlängern? Wie sollte ich ohne Pass nach Amerika kommen? Auch unsere Aufenthaltserlaubnis in England nahte dem Ende. Sie wurde überraschenderweise bis Oktober verlängert. Wären wir dann noch da? Kämen wir dann noch weg? Es lag Krieg in der Luft.

Im April wurden wir vom amerikanischen Konsulat vorgeladen, um unseren Gesundheitszustand überprüfen zu lassen. Elsa Naumburg, die Tochter eines Bruders von Franz Held, die in New York lebte und amerikanische Staatsbürgerin war, hatte für uns Affidavits geschickt. Vater war besorgt, ob die Umnachtung seiner Eltern zur Sprache kommen würde. Es hieß, die Amerikaner könnten einem die Einreise wegen Erbkrankheiten verweigern. Und dann war da noch mein Herz. Ich hängte die Schlittschuhe über meine Schulter und steckte den Brief von Dr. Winternitz, für alle Fälle, in meine Tasche. Erst jetzt wurde

Schweiz, 1938/39. Friedliche Skiwanderung mit der École d'Humanité. Über das, was uns und unsere Lieben bedrohte, sprachen wir nicht.

Abschied in London, von unserer Gastgeberin, Miss Lawrence, dem Author Th. Mindt und unserem Gönner, Herrn Stein, der auch alles verloren hatte.

An Bord der ›United Merchant‹. Mutter blickt zurück, Vater weiss, was ihn erwartet. Ich bin voll Hoffnung …

mir völlig bewusst, warum er ihn geschrieben und meinen Zustand wahrscheinlich etwas verharmlost hatte. Ich konnte jedenfalls mit gutem Gewissen behaupten, ich sei völlig gesund.

Am 2. Mai wurde uns mitgeteilt, dass wir noch im selben Monat auf Schweizer Quota nach Amerika einreisen dürften. Am 19. war es soweit. Mit Unterstützung eines sehr netten jungen Mannes, Hermann Field, der für die Hilfsorganisation der amerikanischen Unitarian Church arbeitete, waren wir auf dem Frachter *SS United Merchant* gebucht, der dreiundfünfzig Passagiere mitführte.

Es nieselte, als wir an Bord gingen, und schlechtes Wetter war vorausgesagt. Heartfield, Miss Lawrence und Herr Stein kamen, um sich von uns zu verabschieden. Die tiefe Schiffssirene mahnte, wir stiegen den Landesteg hinauf, winkten und suchten uns unsere Kabine. Sie lag ziemlich weit unten, hatte aber noch ein Bullauge, das allerdings zu nahe am Wasserspiegel lag, als dass man es hätte öffnen können. Frische Luft gab es nicht.

Während sich die Eltern in dem engen Raum einrichteten, ging ich zurück nach oben, um unsere Fahrt aus dem Hafen zu beobachten und mich auf dem Schiff umzusehen. Auf dem Oberdeck gab es Liegestühle und Zielfelder für eine Art Stockschiessen im Freien. Es gab noch ein unteres Deck und eins am Bug, das nicht für Passagiere gedacht war. Unter dem Steuerhaus war ein Gesellschaftsraum, gemütlich, mit Polstermöbeln und einer Bar, wenn auch etwas klein für fünfzig Passagiere auf einmal. Zwischen den steilen Treppen zu den Kajüten führte eine kurze, breitere hinab in den Speisesaal.

Wir waren schon auf dem offenen Meer, mit ziemlichem Wellengang, als die erste Mahlzeit serviert wurde. Die Küchengerüche konnten aus dem Speisesaal nicht entweichen und wurden nach den kalten Vorspeisen merkbar stärker, die Tischgesellschaft merkbar bleicher. Ich konnte es besser ertragen als die Eltern, entschied mich aber trotzdem, dort keine warmen Mahlzeiten mehr zu mir zu nehmen. Ich machte das Frühstück zur Hauptmahlzeit, bestellte eine Portion von allen frischen Säften und Früchten, verschiedene Sorten Weizenflocken und Cornflakes zum Kennenlernen, amerikanische Pfannkuchen mit Ahornsirup, Toast und Marmelade und manchmal Schinken mit Ei. Während des Tags wurde ich vom freundlichen Deck-Steward verpflegt, mit Triple-Decker-Sandwiches auf weissem Toast: Schinken und Käse, Tomate und gebratenem Speck, Gurke und Thunfischsalat, Roastbeef und Coleslaw auf Roggenbrot, oder einen Hamburger in einer weichen Semmel mit Zwiebel und Ketchup. Alles viel besser als die warmen Mahlzeiten. Dazu hatte ich am liebsten *Malted Milk* (Milch, Malz und Eiscreme), eine Mahlzeit für sich. Die perfekte Einführung in amerikanische Essgewohnheiten.

Am Abend gab es Glücksspiele, zum Beispiel ein mechanisches Pferderennen, im Salon. Da habe ich etliche Dollar Anfangskapital für Amerika gewonnen. So leicht kam ich lange nicht wieder zu Geld.

»Na, wie wäre es mit Doppelt-oder-nichts, junger Mann«, forderte mich ein Passagier heraus, nachdem ich gerade zehn Dollar eingesteckt hatte. »Ich zeige Dir, wie man einen Palstek-Knoten macht. Drei Mal, ganz langsam. Auf einem Schiff muss man das können. Wenn Du ihn dann selber knoten kannst, gewinnst Du. Sonst gewinne ich.«

Ich hatte von Knoten keine blasse Ahnung. Aber das Angebot hatte mit Geschicklichkeit, nicht mit Glück zu tun, also akzeptierte ich es. Und gewann. Der Palstek ist der einzige Schiffsknoten, den ich bis heute verlässlich beherrsche. Als Draufgabe brachte mir der Mann noch den Henkersknoten bei.

Mutter und ich paukten Englisch, ich spielte Professor, während Vater an der Präsentation seiner Pläne arbeitete für eine Fortsetzung des Verlags oder die Gründung einer deutschen Buchgemeinschaft. Aber er erkundete auch mit mir das Schiff, den Maschinenraum, den Frachtraum, die Küchen- und Kühlräume, Diensträume und kompletten Werkstätten, die Mannschaftsquartiere, die Radio- und Telegrammstation – wo er mir seine Morse-Kenntnisse aus dem Krieg demonstrieren durfte – und die Kommandobrücke.

Die meisten Leute, denen wir im Mannschaftsquartier begegneten, waren dunkelhäutig (im Gegensatz zu den Stewards und den Offizieren). Sie reagierten zunächst einmal skeptisch und überrascht. »*You all don' belong here*«, sagten sie in ihrer melodiösen Weise, denn wir hatten eine Grenze überschritten. Aber da wir hörbar *Europeans* waren, liess die Ablehnung nach. Mit wenigen Ausnahmen freuten sich die Männer, dass sich jemand für ihre Arbeit interessierte. Und sie waren ebenso neugierig hinsichtlich unserer Herkunft und auf den Grund unserer Reise.

Als Vater ihnen vom Verrat an der Tschechoslowakei, einem ihnen kaum bekannten Land, erzählte, sagten sie mit echtem Mitgefühl: »*That's a shame, what we done*«, und wünschten uns viel Glück.

Mit dem Wetter hatten wir kein Glück. Das Meer war unruhig. Im Schiff, besonders unserer für drei Personen wirklich zu kleinen Kabine, war es ungemütlich. Mütterchen kämpfte, nicht immer erfolgreich, mit der Seekrankheit. Das ist ansteckend. Also suchte ich einen Ausweg. Auf Deck gab es einen Verschlag für die Aufbewahrung von Liegestühlen und Decken. Ich stapelte sie so eng wie möglich, und so blieb Platz, um zwei Stühle offen aufzustellen.

Einer war für mich. Der andere vielleicht für Guen, ein Mädchen aus Kalifornien. Ihr Lieblingsausdruck war »*don't*«, was soviel bedeutet wie »nicht doch«. Lief ich ihr nach, wollte sie es nicht, aber vielleicht doch. Wenn ich sie ignorierte, war es ihr recht, aber zu lange doch wieder nicht. Es war meine Einführung in das weibliche Wesen, amerikanische Variante, obwohl ich keine richtige Vergleichsbasis hatte. Schliesslich siegte das »doch«, nicht nur, weil wir die einzigen Jugendlichen unter den Passagieren waren.

Guens Mutter war eine aparte, fragile Frau, geschieden und, für Kalifornien offenbar typisch, etwas esoterisch. Sie hatte ihre Europareise abgebrochen, weil sie die Kriegsgefahr spürte, und obwohl sie sich für unpolitisch hielt, war sie doch sehr begierig, über die politische Lage aufgeklärt zu werden, und verbrachte viel Zeit im Gespräch mit den Eltern. Wir bildeten eine kleine Clique, teilten einen Tisch und blieben auch später noch in Verbindung.

Am Tag vor der Ankunft gerieten wir in einen echten Sturm. Während des Frühstücks hatte uns der Kapitän aufgefordert, das Deck zu verlassen. Zur Vorsicht, hauptsächlich für die Mannschaft, liess er Seile spannen, an denen man sich festhalten konnte. Für Vater und mich war es eine Herausforderung. Wir gingen hinaus und sahen uns das Unwetter an. Haushohe Wellen brachen über den Bug und liefen über das Vorderdeck auf uns zu. Wir fühlten uns wie die frühen Auswanderer und boten dem Sturm und der Gischt und der neuen Welt, der wir entgegenfuhren, die Stirn.

DIE NEUE WELT

1939–1949

Alle waren früh an Deck, um nach zehn Tagen die Ankunft in New York, mit der Freiheitsstatue, zu erleben. Ein Schlepper kam, um das Schiff zu seinem Anlegeplatz zu lotsen. Er hatte Einwanderungsbeamte an Bord und einen Reporter von der *New York Times*. Ellis Island blieb uns erspart. Die Abfertigung ging glatt vor sich, vielleicht weil wir auf der Schweizer Quota reisten. Wir mussten auch nicht schwören, niemals Kommunisten gewesen zu sein oder zu werden. Das, beziehungsweise ein Meineid, wurde zwei Wochen später zur Bedingung der Einreise.

Ich wurde nur nach meiner Religion befragt. Musste man eine haben? Konnte man sonst zurückgeschickt werden? Vorsichtshalber gab ich »hussitisch« an, das lag mir am nächsten und war zumindest schwer nachprüfbar. Der Beamte kannte sie jedenfalls nicht und ließ die Antwort daher einfach offen.

Der junger Reporter wollte ein Interview mit meinem Vater machen. Man kannte ihn also. Er war jemand, auch in Amerika. Nur war er jemand mit zu linken Ansichten für die Zeit. Dafür wurde die Umschreibung *premature anti-fascist* geprägt, als gäbe es einen verfrühten und einen korrekten Zeitpunkt, gegen den Faschismus zu sein. Derart vorgeschriebene Richtungswechsel waren also nicht nur eine kommunistische Krankheit. Das Interview wurde denn auch nicht gedruckt.

Wir hatten ein herzliches Empfangskomitee: Ernst und Karola Bloch, Oskar Maria Graf, George und Eva Grosz und ganz still im Hintergrund Onkel Franz. Er war aus Worcester in Massachusetts gekommen, wo er in einer Textilfabrik angestellt war, und musste für die Frühschicht wieder zurück. Er rauchte keine Zigarre, wie Vater sich das vorgestellt hatte. Ihm verdankten wir vielmehr, dass wir überhaupt da waren. Denn, so stellte sich heraus, er hatte mit dem Versprechen, wenn nötig, aus seinem bescheidenen Gehalt unseren Lebensunterhalt zu bestreiten, Elsa Naumburg die Affidavits entrungen, ohne die wir nicht hätten einreisen dürfen.

Schliesslich fuhren wir mit Grosz nach Hause, der auf Long Island wohnte. Da er nun schon länger ausgewandert war, mit seiner Familie und einem Teil seines Hausstands, ging es ihm vergleichsweise gut. Er hatte ein Auto, brauchte es aber auch, weil er weit draussen wohnte, um sich ein Haus mit Platz für ein Atelier leisten zu können. Er musste für seinen Lebensunterhalt hart kämpfen. Denn er hatte seinen früheren Arbeiten den Rücken gekehrt, einen neuen Weg zum Erfolg in Amerika aber noch nicht gefunden.

Während wir durch die Strassen der Südspitze von Manhattan fuhren, gab er eine frei erfundene, aber aufschlussreiche Geschichte zum besten. »Dieser Wolkenkratzer«, behauptete er, »hält den Rekord für die meisten Selbstmorde im Jahre 1929, weil man seine leeren Büroräume stundenweise für diesen Zweck mieten konnte. Gegen bar, versteht sich. Wegen der guten Adresse im Nachruf. Die Strasse wurde für den Verkehr geschlossen, weil die Springer zuviele Unfälle verursachten … Ist ja auch rücksichtslos … Die Opfer haben dann die Hausbesitzer verklagt, denn die Verursacher waren ja tot, bankrott und tot … Aber es geht wieder aufwärts … Man kann jetzt schon eine Wohnung mieten ohne ein Jahr vorauszubezahlen … Die cleveren Börsenmakler beobachten diese Dinge genau … Sie raten jetzt, Aktien zu kaufen … Die obersten drei Stockwerke hier hat ein Billionär an sich selbst vermietet, es gehört ihm nämlich das ganze Gebäude … Er spart auf diese Weise Steuern … Er kam herüber, bettelarm, wie du und ich … Ein grossartiges Land, Amerika!«

Das war ganz der alte Grosz. Und seine Behausung war ein Stück Berlin. Er hatte alle die schönen Sachen mitgebracht. Es war ein Genuss, von ihnen umgeben zu sein, und schmerzlich, weil es uns den eigenen Verlust in Erinnerung rief. Wir hatten uns an unsere Provisorien gewöhnt und würden auch so weiterleben müssen.

Mein alter Freund Peter kam nicht herunter, um die Neuankömmlinge zu begrüssen. Er und sein Bruder Martin wollten von der *old world* nichts wissen. Maud führte mich hinauf zu ihnen. Jeder hatte sein Zimmer. Peter baute ein originalgetreues Modellflugzeug und konnte mir kaum einen Blick schenken. Martin hörte Jazz auf seinem Plattenspieler und versuchte den Akkorden auf einer Gitarre zu folgen. Beide hatten ihren Lebensinhalt entdeckt. Peter wurde später ein gefragter Experte über die Anfänge des Kampfflugzeugs im Ersten Weltkrieg. Martin ist ein in Jazzkreisen geschätzter Gitarrist.

Ich hatte zwar mein Schlittschuhlaufen, blieb aber mit den Eltern und ihrer Welt verbunden und wurde nie, wie Peter und Martin, ein ganz echter Amerikaner.

Die Frage, wo wir unterkommen sollten, war ein großes Problem. Ernst Bloch und seine Frau hatten geplant, uns für den Anfang bei sich wohnen zu lassen. Aber dann hatte Karola ihre Stellung als Architektin verloren, und sie mussten ihre Wohnung aufgeben und waren jetzt selbst auf der Suche nach einer Bleibe.

Ich wurde vorerst bei Elsa Naumburg untergebracht. Sie nahm mich auf, obwohl sie die Vorurteile der Familie gegenüber dem rebellischen Franz Held und seinen Nachkommen zu teilen schien. Sie wohnte mit einem Sohn und zwei Töchtern in einem sogenannten *Brownstone* in einer noblen, mit Plantanen bepflanzten Strasse in den exklusiven East 60'ies. Aber sie musste ihren Lebensunterhalt als Lehrerin verdienen, und es ist möglich, dass das Haus eine steuerliche Belastung war. Jedenfalls besuchte Bernard das City College, das nichts kostete, und sammelte auf dem Heimweg Zeitungen aus den Papierkörben, die er im Keller lagerte und einmal im Jahr als Altpapier verkaufte. Zu essen gab es vorwiegend Ölsardinen, die preiswert, bequem und nahrhaft waren.

Elsas Töchter, Joan und Nancy, waren zwei zauberhafte junge Frauen, die mich bemutterten, aber zum Essen nie zu Hause waren. Sie passten nicht in diesen Haushalt, aber um so mehr in das viktorianische, grossbürgerliche Haus.

Mit Cousine Elsa habe ich mich schliesslich auch ganz gut verstanden. Sie war auf ihre Weise eine vitale, gesellschaftlich engagierte Frau, wenn auch – der vorherrschenden Stimmung entsprechend – eine stramme Antikommunistin. Sie war schlecht zu sprechen auf meinen Vater, weil er von Anfang an sagte, dass er kein Einwanderer sei, sondern nur im Exil. Das empfand sie als Betrug und Undankbarkeit gegenüber dem *best country in the world*. Da hat er sie daran erinnert, dass mehrere Männer in der Familie, zum Beispiel auch Onkel Joseph, der ältere Bruder ihres Vaters, aus Amerika nach Europa zurückgekehrt waren.

Kurz darauf hat uns Professor Bradley von der New York University einen Teil seiner mit Büchern vollgestopften Wohnung an der McDougal Street im Künstlerviertel Greenwich Village angeboten, während er an einem der wenig bekannten, wunderschönen Strände in der Umgebung von New York die Ferien verbrachte. Im anderen Teil der Wohnung war der deutsche Schriftsteller Ludwig Renn untergebracht, ein Bekannter meines Vaters. Renn, Adliger und ehemaliger Offizier, war 1928 der KPD beigetreten. Er sah aus wie ein blonder, blasser Don Quichotte. Als in Spanien der Bürgerkrieg ausgebrochen war, hatte er der Republik seine militärischen Kenntnisse zur Verfügung gestellt und spielte eine wichtige Rolle in der Internationalen Brigade und bei der Verteidigung von Madrid. Er konnte packend von den unvorstellbaren Schwierigkeiten erzählen, die bewältigt werden mussten – der militärischen Unerfahrenheit der Freiwilligen, dem Sprachgewirr, dem Mangel besonders an schweren Waffen und Panzern, Munition und Benzin. Sie kämpften nicht nur mit dem Feind, sondern mit unerbittlichem Wetter, einer unfähigen Zentralregierung, dem Widerstand bis zur Sabotage der extremen Anarchisten.

Die Wohnung befand sich in einem Gebäude, das ähnlich wie Kätes Haus in Köln einen ganzen Strassenblock einnahm und eine Gartenanlage umfasste. Aber es war nur ein paar Stockwerke hoch, und die Wohnungen waren hell und grosszügig. An den ersten lauen Sommerabenden trafen sich die Nachbarn im Garten. Die meisten Bewohner kannten einander, und man kam leicht mit ihnen ins Gespräch.

Die Auswirkungen der Wirtschaftskrise waren auch in diesem Kreis das Thema Nummer eins. Es verdrängte die Ereignisse in Europa. Die Kriegsgefahr wurde nicht ernst genommen, höchstens als Chance, die Wirtschaft wieder anzukurbeln. Bemerkenswert war eine gewisse Grosszügigkeit. Wenn der Eisverkäufer von der Firma *Good Humor* mit dem Rad vorbeifuhr und verlockend klingelte, haben die noch gut Verdienenden ganz selbstverständlich allen Kindern ein Eis spendiert.

Guen, meine Freundin vom Schiff, wohnte mit ihrer Mutter nicht weit von uns bei Freunden. Wir sahen uns oft und begleiteten einander nach Hause, mehrmals hin und her, auf verschiedenen Wegen, durch die bis in die Nacht belebten und friedlichen Strassen, bis sie schliesslich in ihr Haus verschwand. Es traf sich glücklich, dass ich eingeladen wurde, einen Monat in einem Sommerlager in Maine zu verbringen, als sie nach Kalifornien abreiste.

Der erste Sommer

Die Eltern brachten mich zum Bahnhof. Dort versammelten sich alle Jungens aus New York und Umgebung, die ins Camp gingen. Viele waren schon früher dort gewesen, als Junioren, Senioren und Ranger, wie ihre Väter vor ihnen, die sie zum Zug brachten und als »Ehemalige« das Camp unterstützten. Dieses Jahr schenkten sie dem Direktor und Gründer zum Jubiläum einen Packard-Tourenwagen. Wir reisten im Schlafwagen, schon das war für mich ein neues Erlebnis. Und dann noch eine Kissenschlacht. Danach waren wir wirklich müde. Vor *lights out* durfte man noch zehn Minuten lesen.

Alle hatten sogenannte Comic Books dabei, ganz gekonnt gezeichnete, aber inhaltlich primitive Abenteuer- und Kriminalgeschichten mit Helden wie Superman oder Batman, die übernatürliche Kräfte besassen, oder, wie der Detektiv Dick Tracy, erfundene technische Mittel einsetzten (die es heute tatsächlich gibt), um die Welt vom Bösen zu befreien.

Ich hatte natürlich kein Heft, hätte mir vielleicht eins leihen können, blickte aber lieber aus dem Fenster und sah das Land an mir vorbeiziehen, bis ich einschlief.

Am nächsten Morgen fuhren wir dann in einem alten Bus, den ich im Brief an die Eltern mit einer Postkutsche von Mark Twain verglich, ins Camp (gegen das Wort Lager habe ich eine Aversion). Es wurde jedem ein Platz in einem der Zelte zugewiesen, die auf einer Wiese im grossen Kreis aufgestellt waren. Sie hatten hölzerne, auf Stelzen ruhende Böden, hochrollbare Seitenwände und Moskitonetze über den Betten. In der Mitte des Platzes stand eine Fahnenstange, an der jeden Morgen die Stars and Stripes gehisst wurden. Am Morgen spielte der Trompeter dazu die *Reveille*, am Abend, wenn die Fahne wieder eingeholt wurde, spielte der Trompeter die *Taps*.

Es war ein bisschen wie bei der Armee, aber ohne Drill. Am Sonntag gab es einen Gottesdienst. In der Predigt wurde uns beigebracht, dass der Mensch seine Ideale um so mehr liebe, je mehr Freiheit er für sie opferte. Das erkläre die Erfolge von Hitler, Napoleon und Caesar. Wenn die Jugend herangezogen würde, dem Staat zu dienen, wäre sie mit ihm enger verbunden. Wo war ich da hineingeraten? Wieso bin ich eingeladen worden?

Die Zelte, vielmehr ihre Insassen wurden in drei »Indianerstämme« aufgeteilt, Mohawks, Delawares und Senecas, die miteinander in Konkurrenz standen. Um die Teilnehmer zur Mitarbeit anzuregen (es gab ein breites Angebot von Aktivitäten, vom Angeln bis zur Arbeit an einer Zeitung), erhielt man für jede Tätigkeit eine Anzahl von Punkten, die dem »Stamm« gutgeschrieben wurden. Es wäre falsch zu behaupten, dass dieses

Programm eine hektische Betriebsamkeit auslöste, aber es sass auch niemand untätig herum.

Es gab wirklich für jeden etwas zu tun. Ich durfte reiten, Tennis spielen und sogar segeln und habe von allem ein bisschen gelernt. Und man konnte sich im Programm der *National Rifle Association* für verschiedene Schützenmedaillen qualifizieren. Jahre später, als die NRA die Kontrolle von Waffenbesitz ablehnte, habe ich die Auszeichnungen, auf die ich ziemlich stolz war, zurückgeschickt.

Es gab auch viele gemeinsame Aktivitäten, Wettkämpfe, Bootsrennen, Theater- und Varieté-Programme, Barbecues und Lagerfeuer. Am Abend war man immer todmüde. Ein Teilnehmer hatte ein mit Hand aufgezogenes Grammophon mitgebracht. Das kam mir gerade in den Sinn, denn im Radio läuft Clyde McCoy's *Sugar Blues*, und diese Platte spielte er jeden Abend. Er hatte auch eine von Lena Horne, *Stormy Weather*. Die habe ich mir später gekauft, obwohl ich noch gar kein Grammophon hatte.

Vor dem Einschlafen sind viele Jungen miteinander ins Bett geschlüpft, aus Neugier an dem sich rührenden Geschlecht. Mich haben sie ausgelassen. Das heisst, sie haben mich mit Fragen überhäuft, denn »Sex«, das war für sie Frankreich und Schweden, also musste ich mich auskennen. Ich wusste nicht viel mehr als sie und sagte wenig. Das hat ihr Urteil nur bestätigt.

Wirklich homosexuell, soweit ich es beurteilen konnte, waren nur Pat und Lee. Mein Vater hatte starke Vorurteile in diesem Bereich, aber ich fand, es war jedermanns eigene Sache. Sie waren zueinander und überhaupt sehr nett, und Lee war von besonderer Anmut.

Es war etwas ganz anderes, als ein Betreuer, nach aussen ein Macho-Cowboy, sich an einen kleinen Jungen heranmachte, der daraufhin sein Bett zu nässen begann und schreckliche Angst hatte. Obwohl ich mit meinen knapp vierzehn Jahren nicht gerade sehr gross war, drohte ich dem Counsellor, die Lagerleitung zu informieren. Dann war Schluss damit.

Am anderen Ende des Sees lag ein Camp für Mädchen, und sie kamen einmal zu uns zu Besuch, wir einmal zu ihnen. Voll Erwartung und faulen Sprüchen paddelte und segelte unser Voraustrupp in allen verfügbaren Booten, wie ein spanischer Flottenverband, zu dem fernen Strand, wo die Amazonen lebten. In Wirklichkeit waren es natürlich nur vor Verlegenheit und Überraschung quiekende Mädchen, denn sie hatten unseren Bus erwartet. Danach blieben Jungen und Mädchen für sich, ausser bei organisierten Aktivitäten. Mir gefielen ein paar der Betreuerinnen, weil ich so lange kein weibliches Wesen gesehen hatte. Aber ich habe nur mit einer ein paar Worte gewechselt. Sie war eine Halbblut-Indianerin. Für mehr ließ einem das Programm keine Zeit.

Es gab, neben dem Wettbewerb der »Indianerstämme«, auch ein Programm, das die individuelle Leistung belohnte. Man konnte in jeder Disziplin 15 oder 25 Punkte verdienen, indem man mehr oder weniger anspruchsvolle Normen, ob in Segeln oder Weitsprung, Lederarbeit oder Sternenkunde, erfüllte. Wenn man im Laufe der Jahre 800 Punkte erreichte, erhielt man eine goldene Medaille.

Da ich kleiner war als die meisten Jungen meines Alters und in manchen Sportarten unterlegen, versuchte ich diese Punktzahl so schnell wie möglich zu erzielen. Zuerst hielt man das für etwas eigenartig. Und dann kam der Umschwung: Das Schönste, was das Camp zu bieten hatte, war eine vier Tage lange Kanufahrt durch die Wildnis von Maine. Und weil ich als Newcomer davon so begeistert war, bot man mir an, ausnahmsweise, ein zweites Mal mitmachen zu dürfen.

Aber ich hatte schon alle Punkte, die man dabei verdienen konnte – ich hatte einen Baum für Feuerholz gefällt und zersägt, ein Feuer gemacht (extra Punkte im Regen), ein schweres Kanu, das zur allgemeinen Belustigung wie von alleine durch den Wald zu schweben schien, über eine Umtragestelle geschleppt. Ich hatte ein Zelt aufgestellt, eine Mahlzeit für alle gekocht, nach einer anderen aufgeräumt, zwanzig verschiedene Blumen gesammelt, identifiziert und gepresst, unseren Standort auf einer Karte bestimmt und vieles mehr. Deshalb lehnte ich, so leid es mir tat, das Angebot ab.

Erstaunt fingen alle an, mich zu unterstützen. Der Baseball kam langsam und gerade auf mich zugeflogen, damit ich ihn oft genug mit dem Schläger treffen konnte, um wenigstens die Mindestpunktzahl zu erreichen, der zeppelinartige amerikanische Football wurde im hohen Bogen geworfen, damit ich ihn leicht fangen konnte.

Eigenartigerweise wurde man mit einer hohen Punktzahl belohnt, wenn man ganz alleine die Nacht im Wald verbrachte, obwohl es hier an der Ostküste keine Grizzlies gab. Man hatte ein paar Streichhölzer dabei, um ein Feuer zu machen, und einen wasserdichten Poncho als Unterlage oder Regenschutz. Ich nahm noch zum Spass ein Konservenglas mit Leuchtkäfern mit. Man musste vorsichtshalber sogar dem verantwortlichen Betreuer Mitteilung machen, wo man sich ungefähr aufhalten würde. Woher die Angst? Für mich war es das schönste Erlebnis. Es fielen genügend Sternschnuppen für alle Wünsche, lebenslang.

Zum Schluss fehlten mir noch fünfundzwanzig Punkte, die ich mit Schwimmen verdienen konnte. Aber der Arzt meinte, dass eine Meile meinem Herz nicht zumutbar sei. Ganz entmutigt kam ich aus seinem Büro. Zwei Ranger fragten nach dem Grund meiner Betrübtheit.

»Das können Sie ihm nicht antun«, sagten sie dem Arzt. »Wir werden ihm nicht nur ein Begleitboot mitgeben, sondern auch links und rechts von ihm schwimmen. Es kann überhaupt nichts passieren. Beim leichtesten Anzeichen von Müdigkeit holen wir ihn aus dem Wasser.«

Am Schluss begleiteten mich nicht nur die zwei, sondern ein ganzer Schwarm von Schwimmern durchs Ziel. Wir hatten zusammen die Medaille gewonnen.

Vom Millionär zum Tellerwäscher

Während ich in Maine war, zogen meine Eltern aus der Wohnung an der McDougal Street in ein elegantes, von einem Innenarchitekten gestyltes Brownstone an bester Adresse, die Residenz des Verlegers Paul Villard. Er bot es ihnen an, komplett mit Personal und Haushaltsetat, während er auf eine Europa-Reise ging, um ihnen Zeit zu geben, selbst »etwas Passendes« zu finden. Dort lebten die Eltern also, und nach meiner Rückkehr aus dem Camp auch ich, wie die Millionäre. Dinner wurde serviert, Betten gemacht. Nur ausser Haus waren wir praktisch mittellos.

Aus Vaters verlegerischen Plänen wurde nichts. Sein Vorhaben, nach Kalifornien zu fahren, um dort mit Hilfe von Upton Sinclair bei den in Hollywood gut verdienenden Emigranten etwas Geld zu beschaffen, scheiterte schon an den unerwartet hohen Reisekosten.

Von Piscator, der in Berlin zum engeren Malik-Kreis gehört hatte, mit einer reichen Frau verheiratet war und in New York für seinen Regieunterricht an der New School gut bezahlt wurde, kam keine Unterstützung. Ebensowenig von Huelsenbeck, der seine Berliner DADA-Jugendpossen als Kulturgut klug verkaufte und als Psychoanalytiker im Wohlstand lebte.

Julian Gumperz, ehemaliger Malik-Gesellschafter, jetzt erfolgreicher Privatbankier, lud uns zumindest alle drei zu einem Mittagessen, wenn auch nicht zu einem Abendessen, ein. Er wählte ein Childs-Restaurant, Teil einer Kette für Leute mit gehobenen Ansprüchen und ohne Geschmack. Und er bestellte im voraus. Nicht um Geld, sondern um Zeit zu sparen, von der er anscheinend zuwenig hatte.

Es gab ein sehr amerikanisches Menü, zwölf Austern als Vorspeise und ein T-Bone-Steak als Hauptgericht. Diese Bevormundung machte meine Mutter beklommen und meinen Vater wütend. Austern assen beide nicht. Und ich hatte noch nie eine Auster auch nur gesehen. Die Voraussetzung für eine Beteiligung an der Neugründung eines Verlags, auch nur für einen Beitrag, war denkbar ungünstig.

Ich wollte die Lage entschärfen und fing an, mit viel Meerrettich und Ketchup die Austern zu verzehren. Sie waren gar nicht übel, also ass ich auch die von Vater, dann die von Mutter, und beträufelte sie zum Schluss, wie Gumperz, nur noch mit Zitrone. Es hat ihn zwar nicht zufriedengestellt, aber mir den Geschmack an Austern glücklicherweise auch nicht für immer verdorben. Mit den tellergrossen Steaks konnte ich den Eltern aber nicht auch noch helfen. Ich hatte mit dem eigenen mehr als genug.

Mit Felix Weil, der den Verlag in Berlin 1924 in eine Aktiengesellschaft verwandelt und als Hauptaktionär vor dem Bankrott gerettet hatte, liefen die Verhandlungen auch nicht besser. Er hatte jetzt eine neue junge Frau und unterstützte andere Projekte. Sie war sehr nett und nahm unter einem Vorwand sein Geld, um ein neues Paar Schlittschuhe für mich zu bezahlen. Vater hätte sich das, trotz seines Versprechens im Jahre 1939, nicht leisten können.

Amerika steckte nicht nur in einer tiefen Krise, die es für einen »feindlichen Ausländer« praktisch unmöglich machte, eine Arbeit zu finden; sondern es herrschte auch, aus Angst vor politischen Unruhen, ein extremer Antikommunismus. Ein Mann wie mein Vater hatte in diesem Klima keine Chance, publizistisch zu arbeiten.

Die bekannte progressive Schriftstellerin Lillian Hellman versuchte ihm mit einer Empfehlung an Random House, dem Verlag, der an ihr nicht schlecht verdiente, zu helfen. Aber er wurde nicht mal zu einem Gespräch eingeladen, es gäbe *absolutely no opportunity for a job in this organisation*. Sie empfahl mich auch an Hermann Shumlin, den Produzenten ihres Theaterstücks *Watch on the Rhine* über eine Emigrantenfamilie, in dem mir eine Rolle auf den Leib geschrieben war. Ich war begeistert. Es wurde ein grosser Erfolg, und ich hätte jahrelang gut verdient. Aber leider wollten die Eltern nichts davon wissen.

Der später zu Recht so verrufene Senator McCarthy hatte ebenso verbohrte Vorgänger, die vor allem die Köpfe der linken Gewerkschaften angriffen und die Hafenarbeiter, Fernfahrer, Bergleute, Automobil- und Bauarbeiter der Mafia auslieferten. Aber auch Emigranten wurden vorgeladen, um die internationale Verschwörung zu belegen. Es ist interessant, aber kein Trost, dass die ehrenweren Retter der Gesellschaft anschliessend ausnahmslos wegen Korruption im Amt verurteilt wurden.

Die Stimmung gegen Kommunisten verschärfte sich noch nach dem Nichtangriffspakt zwischen Hitler und Stalin. Auch ich war schockiert, besonders weil damit besiegelt wurde, dass unzählige Kommunisten ihren Henkern ausgeliefert wurden.

In Amerika verlangte man, dass jeder Kommunist den Vertrag verurteilte und sich von der Sowjetunion distanzierte. Es war vergessen, dass die westlichen Regierungen »im Interesse des Friedens« nicht nur einen, sondern eine ganze Reihe von Verträgen mit Hitler und Mussolini abgeschlossen hatten und den Nazis damit Millionen von Menschen ausgeliefert wurden. Dass sich Litwinow seit dem Eintritt der Sowjetunion in den Völkerbund vergebens für Abrüstung und eine vereinte Front gegen den Faschismus eingesetzt hatte und schliesslich, weil er sich nicht durchsetzen konnte, seines Amtes enthoben wurde, wollte auch niemand mehr wissen. Es war Molotow, der die Zwangsehe mit Ribbentrop unterschrieb.

In New York wurden mein Vater und Bloch, die beide in der *German American Writers Association* tätig waren, vom Redakteur einer Emigrantenzeitung der Moskauhörigkeit beschuldigt, weil sie den von ihm geforderten Kniefall verweigerten.

Ich konnte sie verstehen. Aber die Mitgliedschaft war gespalten. Thomas Mann, Ehrenpräsident, drohte mit seinem Rücktritt. Das hätte den Verband und seine Mitglieder ins Rampenlicht der Öffentlichkeit gezerrt. Um das in dem feindseligen Klima zu vermeiden, hat Graf, der Präsident war, den Verband diskret aufgelöst.

Uptain Sinclair schrieb trotzdem einen Empfehlungsbrief für meinen Vater: »Er ist ein Mann mit erstklassigen Fähigkeiten und den Idealen von Freiheit und sozialer Gerechtigkeit verpflichtet. Es muss für ihn im Kampf gegen den Nazismus in Amerika einen Platz geben.« Andererseits machte er uns aber keine allzu großen Hoffnungen: »Wenn ich jemanden für eine Tätigkeit vorschlage«, schrieb er, »würde man daraus schliessen, dass die Person ein Roter und gefährlich ist. Ein halbes Dutzend Mal habe ich mich sehr angestrengt, um eine Arbeit für einen Freund zu finden, aber ich war in keinem Fall erfolgreich, weder hier draussen noch in New York.«

Es blieb den Eltern nichts übrig, als uns mit Gelegenheitsarbeit über Wasser zu halten. Vater verdiente dreissig Dollar die Woche mit Forschungsarbeit für Joris Ivens; schrieb Drehbücher für Dokumentarfilme, von denen eines in Produktion ging, bis der Geldgeber, die Sloan Foundation, die Zahlungen einstellte; brachte für Oxford Press ein Buch über den Maler Klee heraus; und arbeitete kurz für eine neue, links orientierte Wochenzeitung mit dem Titel *Friday*. Sie hatte in dem reaktionären Klima weder genügend Leser noch Inserenten, um zu überleben.

Dazwischen musste Vater zum Beispiel mit scheusslichen Reproduktionen italienischer Meister im Kleinformat hausieren gehen. Mutter arbeitete eine Zeitlang in der Nachtschicht einer Grossbäckerei für Doughnuts, die amerikanischen Pfannkuchen mit dem Loch in der Mitte, wo bei uns die Marmelade ist. Natürlich begleiteten wir sie hin und holten sie auch wieder ab, was unseren Tagen einen eigenartigen Rhythmus aufzwang.

Bekannte, die sich mit ihrem Geld gerettet hatten, bemitleideten Mutter sehr wegen dieses gesellschaftlichen Abstiegs.

»Wieso?« sagte sie mit einem Lächeln. »Ich freue mich, meine Lieben mit ernähren zu können.« Sie meinte damit nicht nur die Doughnuts, die sie ofenfrisch mit nach Hause brachte.

Trotzdem waren wir alle froh, als sie, die immer für mich ein

Kindermädchen gehabt hatte, jetzt Arbeit als Kindermädchen fand und zu normalen Zeiten arbeiten konnte, auch wenn ihre verwöhnten Zöglinge sie arg auf die Probe stellten.

Eines Tages erhielten wir einen Brief von unserem Gastgeber, dem Millionär Paul Villard. Er hatte den Krieg kommen sehen und sich freiwillig bei der Royal Air Force gemeldet. Also müsse er das Haus *for the duration* schliessen, schrieb er uns. Er hoffe, der Aufenthalt hätte uns gedient und wünsche uns viel Glück. Wir standen auf der Strasse, ärmer als der sprichwörtliche Tellerwäscher. Es war ein auf den Kopf gestellter amerikanischer Traum.

Stuyvesant Park

Wir mussten so schnell wie möglich eine nicht zu teuere Unterkunft finden. Vater und ich gingen auf die Suche. Die Angebote in muffigen Mietshäusern der billigen Gegenden von Upper Manhattan, wo zum Beispiel Graf wohnte, und in anderen Stadtteilen wie Queens, der Bronx oder Brooklyn waren deprimierend. Dort fühlte man sich wirklich arm und in der Fremde.

Unsere liebste Gegend war Greenwich Village. Dort etwas zu finden schien freilich unmöglich. Doch entdeckten wir Straßen, die damals noch nicht vom Renovierungsfieber erfasst worden waren. Die Grenze zwischen »in« und »out« verlief oft zwischen einem Haus und dem nächsten in derselben Strasse.

In vielen Fällen waren beides Brownstones, die für mich mehr als die Wolkenkratzer das Bild der Stadt prägten. Nur war dann eins ein teuerer, ausgehöhlter Umbau, das andere ein in kleine und kleinste Wohnungen zerstückeltes, oft überbelegtes, aber nicht unterzukriegendes Stück Vergangenheit, das auf seine Auferstehung wartete.

Es war ein grosser Glücksfall, als wir im 5. Stock eines solchen Hauses eine helle, freundliche 2-Zimmer-Wohnung mit kleiner Küche und Bad fanden. Sie lag noch dazu an einem kleinen Park zwischen der siebzehnten und fünfzehnten Strasse, beidseitig der zweiten Avenue, nach dem holländischen Vater der Stadt, Peter Stuyvesant, benannt. Der Park war ziemlich verlottert und Treffpunkt für gutmütige Stadtstreicher, hatte aber eine gusseiserne Umzäunung, genau wie die nicht weit entfernten, vornehmen Anlagen.

In unserer nächsten Umgebung war Little Italy mit seinen kleinen Gartenrestaurants; da gab es schwarzgekleidete Frauen mit Busen, welche die auf haushohen Plakaten abgebildeten Filmstars in den Schatten stellten, und Männer mit Zweitagebärten, die den ganzen Tag lang scheinbar nichts taten als Karten zu spielen. Dann gab es Chinatown, bunt, exotisch, geschäftig, einladend, aber noch unnahbarer. Und südlich von uns war eine bekannte jüdische Nachbarschaft mit eigenem, jiddischem Theater, den besten Delikatessenrestaurants und Bäckereien, berühmt für ihr dunkles Roggenbrot, *jewish rye*, und unnachahmliche Bagels.

Leute kamen von fern und nah, um die Backwaren zu kaufen, ebenso wie sie ins deutsche Yorkville fuhren für Wurstwaren und Bier vom Fass, oder in die angrenzende tschechische Gegend für Gänse und Paprikaspeck.

Übrigens hatte Oskar Maria Graf im deutschen Restaurant »Blaue Donau« einen Stammtisch. Da gingen wir manchmal hin und fanden auch den einen oder anderen unserer gemeinsamen Freunde. Aber meist war dort bloß eine Runde kleinbürgerlicher Nostalgiker versammelt, und Oskar spielte für sie, zu meinem Bedauern, mit Lederhosen und einer Mass Bier nach der andren, den bayrischen Falstaff.

Oskar konnte aber auch anders sein, in Gesellschaft seiner Freunde Hein und Resl Kirchmeier in New Jersey zum Beispiel, denen er uns vorstellte. Ich bin ihm ewig dankbar dafür, dass sie auch unsere Freunde wurden. Hein kam vom Chiemsee, aus einer Familie von Fischern, und war gelernter Tischler. Nach dem 1. Weltkrieg nahm er ein Schiff in Richtung Südamerika, das allerdings unvermittelt den Kurs änderte und ihn in New York absetzte. Daraufhin kaufte er eben in den Vereinigten Staaten (in New Jersey) ein Stück unerschlossenes Land und baute mit dem Holz aus dem dazugehörigen Waldbestand ein traumhaftes Haus, mit eingebauten Schränken und Kommoden, die sich noch Jahre später wie auf Seide öffnen und schliessen liessen, und Wänden voller Bücherregale, denn er war ein passionierter Leser. Er zimmerte wunderbare, schwere Bauerntische aus Zedernholz. In seiner Stube sass man um das Original. Es gab üppig zu essen aus Resls Küche und viele gute Gespräche. Hein liess seine Hände dabei über das glatte, duftende Holz gleiten, als ob ihm das hülfe, seine Gedanken zu formulieren.

Aber zurück zum Stuyvesant-Park: Onkel Franz fand eine Stelle in New York und zog in eine 2-Zimmer-Wohnung in einem Brownstone, uns gegenüber, an der fünfzehnten Strasse. So entstand hier eine Art Enklave meiner Familie.

Meinen Onkel – er hatte eine gewisse Ähnlichkeit mit Jacques Tati in dem herrlichen Film *Mon Oncle* – lernte ich eigentlich erst jetzt wirklich kennen. Wir verbrachten schöne Nachmittage oder frühe Abende zusammen, nicht viele, denn wir waren beide beschäftigt. Ich erinnere mich auch kaum mehr an das, was wir taten. Doch! Er hat mich ein paar Mal in ein tschechisches Restaurant eingeladen. Aber das war nicht ausschlaggebend. Ich hatte ihn einfach gern, genoss seine Ruhe, sein verlegenes Lächeln, das mehr über die Stand der Dinge aussagte als Schlagzeilen und Leitartikel.

Kurz vor Kriegsausbruch zog Grossmutter zu ihm, nachdem sie ein Jahr lang mit Onkel Kurt in Stockholm verbracht hatte. Jedes ihrer Kinder kam an die Reihe, die Mutter zu sich zu nehmen, mit Ausnahme von Tante Grete. Aber auch die wohnte bald am Stuyvesant-Park. Sie nahm mit Weiskopf eine Wohnung im Haus nebenan. Damit war beinahe die ganze Familie versammelt. Dazu kam noch Stefan Heym, der erfolgreichste der emigrierten Schriftsteller, mit den Eltern gut befreundet. Er mietete eine grössere Wohnung im ersten Neubau am Park.

Zu unseren Nachbarn gehörte auch ein Ehepaar aus Deutschland, das schon vor uns am Stuyvesant-Park gewohnt hatte. Als der Mann starb, hat die Witwe Onkel Franz geheiratet. Das hat mich sehr gefreut, denn sie machte ihn wirklich glücklich. Zwei Mal war er von reichen Witwen, denen er nicht reich genug war, abgewiesen worden.

Unsere »neue« Tante Erna, eine kluge, belesene Frau, leitete die deutsche Abteilung der Bibliothek, die trotz der Empörung über das Dritte Reich von den Lesern der jüdischen Gemeinde ohne Vorbehalt frequentiert wurde. Sie konnten unterscheiden zwischen Deutschen und Deutschen.

Nur Onkel Kurt liess sich nicht in unserer Umgebung nieder. Mit einem Vertrag in der Tasche für die amerikanische Vertretung des schwedischen Verlags Bonnier, bei dem er in Stockholm gearbeitet hatte, nahmen er und seine Frau Irmi eine anspruchsvollere, repräsentative Wohnung in Morningside Hights, die auch als Büro dienen musste. Es war eine reizlose Gegend, aber mit einer aktiven jüdisch-reformierten Gemeinde. Es war uns nicht bewusst, aber das hat Irmi, die Verwandte in Israel hatte, sehr viel bedeutet.

Um nichts in der Welt hätte ich mit ihnen getauscht. Ein Zimmer mehr in unserer Wohung hätte zwar nicht geschadet. Aber unsere Wohnung, unser Haus, unsere Umgebung waren lebendig. So hoch wie die Decken in Wannsee waren, so niedrig waren sie hier. Das Wohnzimmer schien dadurch grösser zu sein. Mit drei nebeneinander liegenden, mehrscheibigen Flügelfenstern, Südsicht und keinem Gebäude direkt gegenüber war der Raum hell und luftig. Die breiten Fenstersimse gaben ein Gefühl der Geborgenheit. Und unter den Fenstern waren Regale eingebaut, die auf Bücher warteten. Die Wohnung war wie für uns gedacht.

Noch hatten wir allerdings keine Bücher, auch keine Möbel. Aber Bloch überliess uns die seinen, die er mitgebracht hatte, aber nicht aufstellen konnte, weil er mit seiner Frau Karola und seinem kleinen Sohn Jan wieder in geliehenen Wohnungen lebte. Also mussten wir nur noch wenig beschaffen und hatten es unerwartet schön.

Die Miete war fünfzig Dollar im Monat, eine bedenkliche Summe. Konnten sich die Eltern das wirklich leisten? Eigentlich nicht. Ich erinnere mich an einen entmutigenden Abend, und er war sicher nicht der einzige, als wir buchstäblich nur noch einen Dollarschein besassen und keine Aussicht auf den nächsten hatten.

»Ich lade uns zum Essen ein«, gab Vater bekannt. »Auf den einen Dollar kommt es jetzt auch nicht mehr an.«

Tatsächlich gab es in einem romantischen, mit Reben überwachsenen und mit Lichterketten geschmückten Hinterhof in Little Italy für einen Dollar die besten Spaghetti mit frischer Tomatensauce. Wir erkundigten uns natürlich zuerst, und die Wirtsleute begriffen unsere Lage und gaben noch Salat dazu und selbstgemachten Wein *on the house*, in Kaffeetassen, denn sie hatten keine Ausschanklizenz.

Leicht beschwipst, Sorgen los, gingen wir nach Hause. Am Morgen darauf kam ein eingeschriebener Brief von einem Verlag in der Schweiz, der keine Mühe gescheut hatte, um uns zu finden und uns einen Scheck von über hundert Dollar zu schicken, für den Nachdruck eines Textes, an dem der ruhende Malik-Verlag die Rechte besass. Das war, wie es Vater nannte, »des Königs reitender Bote«, und der kam ihm mehrmals im Leben zu Hilfe.

Dafür übernahm Vater ohne Bezahlung die Redaktionsleitung und schrieb auch die Einleitung für die Sonderausgabe *Exiled German Writers* der *non-profit*-Zeitschrift *Direction*. Finanziert und herausgegeben wurde sie von einer mädchenhaften, begeisterungsfähigen, nicht mehr ganz jungen Frau. Sie wohnte ganz allein in einem gespenstischen Haus in Connecticut, war vermutlich die Erbin eines großen Vermögens. Die Räume und Möbel waren so gross und massiv, dass die Erwachsenen klein wie Kinder schienen. Und tatsächlich spielten die Eltern und ich manchmal mit ihr Verstecken, wenn wir dort für eine Besprechung zu Besuch waren.

Die Konferenzen mit den Autoren, deren Beiträge in dem Heft erschienen, darunter Oskar Maria Graf, Ferdinand Bruckner, Bertolt Brecht, Ernst Bloch und Berthold Viertel weihten aber unsere neue Wohnung ein.

Der Hausmeister, dessen Hauptaufgabe es war, zu heizen und die Asche in Metallbehältern vor das Haus zu stellen, und der von Kopf bis Fuss aschgrau war, stand nebenamtlich im Dienst des FBI und berichtete über unser Kommen und Gehen. Das Blatt mit seinem Bericht war eines der ganz wenigen, die mir unter dem *Freedom of Information Act* nicht völlig schwarz übermalt ausgehändigt wurden. Er gab uns einen guten Leumund, behauptete nur, dass unsere Besucher in seinen Augen komisch, aber nicht verdächtig seien.

Berthold Viertel wurde, neben Bloch, Grosz und Graf, ein guter Freund. Er schenkte mir ein kleines, aber empfangsstarkes Radio, einen Würfel aus braunem Bakelit, mit einem roten Auge, das leuchtete, wenn ich es in der Dunkelheit ganz leise einschaltete.

Vater hatte für das neue Medium nichts übrig, aber Viertel widersprach ihm. Es sei der beste Weg, mich mit Amerika vertraut zu machen. Während der Nacht übertrugen die grossen Sendeketten live alle berühmten Bands, Glenn Miller, Tommy und Jimmy Dorsey, Harry James, Duke Ellington, Benny Goodman, Artie Shaw und all die anderen aus den bekanntesten Hotels und Clubs, den Zeitzonen folgend, im Viertelstundentakt, von New York bis nach L.A. Es ging nicht nur um die bezaubernde Musik, sondern auch um die Reise zu den magisch klingenden Orten – *The Apollo Theater, The Starlight Roof, The Pump Room, The Sands …*

Unerlässlich für ein Verständnis meiner neuen Heimat waren die *Comedy shows* (unübersetzbar), allwöchentliche Strassenfeger, die aus den vielen mitgebrachten Kulturen den einen, *amerikanischen* Humor prägten. Sie waren nicht intellektuell, aber nichtsdestoweniger ein Teil der Kultur, oft der Zeit voraus. Unter den erfolgreichsten Serien gab es eine mit einem grosszügigen schwarzen Chauffeur und seinem geizigen weissen Herrn; eine mit einer gemischten Ehe, in der ein sehr gelassener Latino-Ehemann seine wunderbar verrückte Frau aus allen möglichen verfahrenen Situationen befreite; und umgekehrt eine, in der eine leidgeprüfte, sehr selbständige Frau ihren angeberischen Ehemann immer eine Weile zappeln ließ, ehe sie dem Unfug ein Ende setzte.

Das geeignete Personal für so eine Comedy show hätten wir gleich bei uns im Haus finden können: Zwei Brüder, heruntergekommene Alkoholiker, arbeiteten abwechselnd bei uns als Hausmeister. Es stellte sich heraus, dass sie die Arbeit aus Liebe zu einer Frau machten, die im Keller wohnte. Wegen dieser Frau schlugen sie sich regelmässig die Köpfe blutig. Immer landete danach einer von ihnen im Gefängnis. Die Polizei war klug genug, sie nicht beide zugleich einzusperren. Wer hätte sonst die Arbeit gemacht?

Ich war neugierig, wer in dem, wie ich mir vorstellte, dunklen Keller-Verlies das Objekt solcher Eifersucht sein könnte, und ging schließlich zögernd einmal hinunter. Ich traute meinen Augen nicht: In einem orientalisch anmutenden Boudoir lag eine gewaltige Frau in einem Meer von Kissen auf einem riesigen Bett. Sie hatte das Gesicht einer russischen Puppe, zierliche Hände und kleine Füsse. Unvorstellbar, dass sie ihr Gewicht tragen könnten. Eine grosse, halb leere Schachtel Pralinés und ein Berg von Frauenzeitschriften lagen neben ihr auf dem Bett. Aus dem geöffneten Kohlenschacht wehte frische Luft und mischte sich mit dem Aroma von Duftkerzen.

»Sie sind ein Engel«, sagte sie, überrascht, mit einer feinen, zum Gesicht passenden Stimme, die das Sprechen allerdings nicht gewohnt zu sein schien. »Sie sind mein erster Besucher. Ich habe gebetet, dass Sie kommen würden.«

»Niemand konnte sich vorstellen«, erklärte ich, »dass es eine so schöne Frau wie Sie und einen solchen Raum hier unten geben könnte.« Es erinnere mich an das prachtvolle Versteck des Grafen von Monte Christo, im ärmsten Winkel von Soho, sagte ich.

»Das Buch habe ich auch gelesen«, erwiderte sie.

Sie las also nicht nur Illustrierte und sprach auch gut Englisch.

Wo kam sie her? Wieso war sie hier? Ich scheute mich, Fragen zu stellen.

Als ich schliesslich aufbrach, bat sie mich *bitte, bitte* wiederzukommen und ihr vielleicht ein paar Bücher mitzubringen. Das tat ich gerne. Aber ihre Liebhaber liessen als Hauswarte zu wünschen übrig, und so wurde das Trio von einem Tag auf den anderen ersetzt. Wie hat sie es wohl geschafft, mit ihrem ganzen Besitz zu entkommen?

Auf jeden Fall muss ihr Nachfolger, ein wegen Kohlenstaublunge frühpensionierter Bergarbeiter, unten viel umgebaut haben. Denn er wohnte dort mit seiner jungen Frau und zwei Kindern. Er war mit Recht stolz auf seine schöne Familie, die, wenn sie strahlend sauber aus Keller kam, herrschaftlicher war als die sonstigen bunten Bewohner des Hauses.

Im ersten Stock hatte ein Dr. Lewinson seine Praxis. Klein und kahlköpfig, erinnerte er mich nicht nur im Aussehen an die Kinderromanfigur Dr. Doolittle, der die Sprache der Tiere erlernte, die dann alle zu ihm in Behandlung kamen und seine früheren Patienten verdrängten.

Bei Dr. Lewinson waren es die Zigeuner. Nachdem er den ersten von ihnen erfolgreich behandelt hatte, kamen sie alle zu ihm, weil sie grosse Mühe hatten, von anderen Ärzten überhaupt angenommen zu werden. Und es kam jeweils der ganze Clan, auch wenn nur ein Mitglied krank war. Da blieb wenig Platz in seinem Wartezimmer, und es schadete sicher seinem Ruf. Aber er empfand es nicht nur als seine Pflicht, es machte ihm Freude, für sie da zu sein.

Der Doktor wohnte mit seiner Frau Sarah im zweiten Stock. Sie war wie er, kümmerte sich um alles und alle. Sie erkundigte sich jedes Mal, wenn ich vorbeiging, wie es uns gehe und ob sie etwas für uns tun könne, und vor allem: Sie meinte es auch so.

Im nächsten Stock wohnten zwei Frauen. Aus ihrer Wohnung erklang oft am Nachmittag eine grossartige Blues-Gitarre, und ich verharrte lange vor ihrer Tür. Manchmal begleitete sie eine hinreissende Stimme, weich und *tough* zugleich, die aus den Südstaaten stammen musste.

Ich wagte nicht, einfach an die Türe zu klopfen, sondern lauerte den Unbekannten auf. Als die Gitarrenspielerin, die unerwarteterweise schwarz war, aus dem Haus kam, ging ich auf sie zu und stellte mich als neuer Nachbar vor. »Ich habe Sie an Ihrer Gitarre erkannt«, sagte ich. »Ich hab Ihnen schon so oft von der Treppe aus zugehört.«

Daraufhin lud sie mich ein, einfach bei ihr hereinzuschauen, wenn ich sie wieder spielen hörte. Sie und ihre Freundin arbeiteten nachts, also wäre das erst am späten Nachmittag.

Das liess ich mir nicht zweimal sagen. Sie waren noch nicht angezogen beziehungsweise in einem offenen Männerhemd, als ich die Wohnung betrat, aber sie verhielten sich, als wäre nichts dabei. Und das war es auch nicht, denn sie waren, wie gesagt, Freundinnen und (das spürte ich) an Männern nicht interessiert. Es kam unvorbereitet und war verwirrend, dass sich mir gerade dadurch der Frauenkörper ganz ungezwungen offenbarte. Ich versuchte es mir nicht anmerken zu lassen und tat so, als würde ich gar nicht hinsehen.

Karin, so hiess die Gitarristin, war sehr schlank, wie eine Athletin, dunkelhäutig, mit kurzem Haar. Ihre Brüste waren sehr schön, aber klein und fest, so auch die zur Schau gestellte Scheide zwischen den muskulösen Schenkeln und langen Beinen. Sie hatte das Gesicht einer schönen Boxerin, wenn es sie gäbe – um die Augen leicht geschwollen, mit einer feinen, zugleich starken Nase, guten Backenknochen und entschlossenem Mund. Nur ihre Hände und Füsse waren auffallend lang und zart.

Ihre Freundin Lila war echt blond, sehr weiss und recht füllig. Sie hatte einen vollen Busen mit rosa Knospen und ein ganz anderes, sanft einladendes Geschlecht. Sonderbar, dass man es als Scham bezeichnet. Die Schatten um ihre Augen und die Zigarette zwischen den Lippen passten zu ihrer Stimme und zu den Countryliedern von Liebe, Verlust und Heimweh, die ich nicht oft genug hören konnte. Mit deutschen Volksliedern hatten sie wenig gemeinsam.

Ich wurde von den zwei Frauen wie eine Art Maskottchen behandelt, mit Zärtlichkeit in den von ihnen bestimmten Grenzen. Es war mir recht. Ich war nicht von Männerphantasien belastet, sie zu besitzen, zu penetrieren – ein Wort, das von ihnen kam, obwohl wir nicht eigentlich darüber sprachen –, schon gar nicht, sie zu bekehren zu wollen.

Ich versuchte es mir zu erklären, wieso sie etwas gegen den Penis der Männer hatten, wo ich doch ganz zufällig einen Dildo, einen künstlichen, naturgetreuen und überdimensionierten Phallus, bei ihnen herumliegen sah. Vielleicht waren sie nicht gegen den Penis, der am Mann befestigt war, sondern gegen den Mann, der am Penis hing.

Karin versuchte mir auch das Gitarrespielen ein bisschen beizubringen. Noch heute beneide ich alle, die ein Instrument gut spielen, vor allem mit anderen zusammen spielen können.

»Wenn du die Gitarre nur so unverkrampft berühren würdest, wie du es mit einem Frauenkörper kannst …«, sagte sie.

Eines Tages, wir waren ausnahmsweise allein, nahm sie mich bei der Hand und führte mich vor einen hohen Spiegel, der in einer Ecke stand. Sie stellte sich hinter mich und legte ihren Kopf auf meine Schulter, so dass wir im Spiegel ein Wesen mit zwei Köpfen sahen, weiss und schwarz. Dann öffnete ihre Hand meinen Reissverschluss, ruhig und bestimmt. Ich war nur Zuschauer. Sie hat mich nicht verführt. Was sie tat, tat sie für sich, nicht für mich. Mein Glied, verboten prall und glänzend, fremd und schön in ihrer dunklen Hand, gehörte ihr. Sie reizte es, fing an, es zu massieren, während sie mich mit dem anderen Arm an sich, beinahe in sich hineinzog. Plötzlich atmete sie scharf ein und löste den Orgasmus aus.

Wir standen noch minutenlang still, atemlos, sahen uns im Spiegel in die Augen, sahen das Sperma auf ihrer Handfläche. Es war eine Entjungferung. Aber von wem? Wollte sie sich als Mann erleben? War es ein homosexueller Akt? Oder war ich Objekt für sie, Frau? War es ein lesbischer Akt? Oder doch Frau und Mann? Jetzt wollte ich, was sie mir nicht zugestanden und was ich unterdrückt hatte: mit ihr schlafen.

»Du musst gehen«, sagte der zweite Kopf auf meiner Schulter und zog sich zurück. Es war ein einmaliges, nicht zu wiederholendes Erlebnis. Und es war danach unmöglich, zur unverbindlichen, spielerischen »Normalität« zurückzukehren.

Im Stockwerk darüber wohnte Sue, eine alleinerziehende, ganz gut aussehende Frau, Journalistin, mit ihrer Tochter Toby. Sie suchte den Kontakt mit den Eltern, ohne Erfolg. Denn sie war eine Anhängerin und Verteidigerin des umstrittenen Psychoanalytikers Reich und sprach über nichts anderes als seine Orgon-Theorie. Der Begriff *Orgon* war ein Kunstwort, das aus »Orgasmus« und »Hormon« zusammengesetzt war und so etwas wie »Lebensenergie« heißen sollte. Reich verkaufte kleine, mit Aluminiumfolie ausgekleidete Kabinen, in denen man angeblich diese befreienden, erotisierenden Kräfte auf den nackten Körper einwirken lassen konnte.

Er wurde später wegen fragwürdiger medizinischer Methoden vor Gericht gestellt und verurteilt und starb in Haft, aber Sue hatte so eine strandkorbähnliche Kabine in ihrem sonst spärlich möblierten Zimmer und war von seiner Wirkung überzeugt. Was wollte sie uns damit sagen? Wollte sie uns (wen genau?) das Gerät ausprobieren oder gegen Bezahlung benützen lassen? Wollte sie uns eins verkaufen?

Oder… war sie das Angebot? Eine alleinstehende, erwachsene Frau, die sich jeden Abend erotisch befreite. Es war nicht die Person, sondern der Zugang zu einem mir immer noch verschlossenen Reich, was lockte und und zugleich Alarm bei mir auslöste. Ich ging nicht darauf ein. Angst machte eigentlich Toby, die hemmungslos in jedem männlichen Wesen den Vater und Mann für sich und ihre Mutter suchte.

Und dann wohnte noch eine Kinderpsychologin im Haus, eine ältere Dame, mit Doktor- und Professor-Titel, die meine Eltern bat, im Rahmen einer Studie einen Rorschach-Test mit mir machen zu dürfen. Das schien seriös, und sie sagten zu, wenn es mir recht sei. Ich wiederum hatte zwar keine Ahnung, was ein Rorschach-Test war, aber vielleicht, dachte ich, könnte sie mir einem Weg durch die Wirbel des Erwachsenwerdens zeigen.

Was sie mir zeigte, war eine Reihe von Tintenklecksen, die, noch nass, einmal gefaltet wurden, wodurch sich mehr oder weniger symmetrische Muster ergaben. Ich sollte sagen, was mir bei jedem spontan einfiel. Eigentlich nichts. Ich musste mich schon anstrengen, um wenigstens Blüten, Schmetterlinge, ein paar Eidechsen und einen Frosch zu erkennen. Meine Antworten waren nicht, was sie im Sinn hatte.

»Gehst du nie ... mit Mädchen aus?« fragte die Frau Doktor ungeduldig. Das hätte sie auch von Anfang an fragen können.

»Nein. Ich kenne hier eigentlich keine.« Denn Frauen sind keine Mädchen, und ich ging auch nicht mit ihnen aus. »Nur Toby im dritten Stock.«

»Seid ihr befreundet?« Das klang hoffnungsvoll.

»Um Gottes willen. Wieso fragen Sie das?«

»Es ist nur das ... keine der Vorlagen ... hat dich ...« Sie schien Probleme bei der Wortwahl zu haben. »Du hast nie an ... weibliche Ge-ni-ta-lien gedacht.«

Die Frau hatte wirklich Humor. Natürlich dachte ich dauernd an Ge-ni-ta-lien! Aber doch nicht bei Tintenklecksen.

»Weisst du, was ich meine? Wie nennt ihr es ...«

Wer »ihr«? Ich überlegte, ob ich sie mit den Ausdrücken aus den damals noch verbotenen, schmuddligen Pornoheftchen schockieren könnte, die in der Schule wie Drogen gehandelt und konsumiert wurden. Aber die musste sie doch von ihrem Beruf her kennen. Wollte sie so etwas von mir hören? Mir schien, die Kleckse waren ein Vorwand, um mit Jungens über Sexualität zu sprechen, so wie der Silberpapierkasten keine Hilfe, sondern ein Hilferuf nach Befreiung war.

Ich sagte nur: »Tut mir leid. Auf das wäre ich nicht gekommen.«

Schule, Cello und Eis

Um die Ecke von unserer Wohnung war eine der angeblich besten öffentlichen Höheren Schulen für Knaben, die Stuyvesant High School.

Mit Ausnahme einer kleinen Anzahl von Söhnen der vorwiegend italienischen Familien, die schon lange in der Gegend lebten, musste man eine Prüfung bestehen, um in die Schule aufgenommen zu werden. Nach Prag und der École war sie für mich problemlos.

Wichtig bei der Wahl der Schule war schon damals, welche Chancen man nach dem Abschluss hatte, einen Platz oder gar ein Stipendium an einer guten Universität zu erhalten. Die Chancen waren bei privaten *Prepschools* natürlich besser. Aber Stuyvesant hatte unter den öffentlichen Schulen einen guten Ruf. Man musste nur einen Notendurchschnitt erreichen, der oberhalb von 95 % lag.

Ich traute es mir zu, das zu können, besonders, als ich gleich am Anfang im Englischkurs einen Essay-Wettbewerb gewann. Da konnte es in den anderen Fächern nur besser gehen. Das Thema war *»I'm an American«*, und ich schrieb, dass ich, in der Tradition der ersten amerikanischen Einwanderer, soeben als Sohn politisch Verfolgter aus der Alten Welt gekommen sei, voll Hoffnung, in der neuen Welt mein Bestes erreichen und beitragen zu können. Deshalb hätte ich auch keine Scheu zu sagen: *»I'm an American!«* Auch wenn ich noch kein amerikanischer Staatsbürger sei.

Zum Glück wurde die erwähnte politische Verfolgung nicht hinterfragt. Denn die Auszeichnung wurde von den *Daughters of the American Revolution*, einer einflussreichen, trotz ihres Namens erzkonservativen Organisation vergeben. Das wurde mir erst bewusst, als dieselbe Organisation das Weisse Haus zwang, ein angekündigtes Konzert der wunderbaren Sängerin Marion Anderson wegen ihrer Hautfarbe abzusagen. Ich schickte das Zertifikat aus Protest zurück, denn der Aufsatz hatte meiner ehrlichen Hoffnung entsprochen. Ich wollte glauben, dass die Neue Welt eine Chance neuer Freiheit bot, obwohl ich Upton Sinclair, Dos Passos und Jack London auf Deutsch gelesen hatte und Harriet Beecher Stowes *Uncle Tom's Cabin* über den Sklavenhandel, Lafarge's *As long as the grass shall grow* über die gebrochen Verträge mit den Indianern und Henry L. Menken's Buch über die korrupten Reformer zu meiner ersten selbstgewählten englischen Lektüre zählten.

In der Schule wurde uns der Lesestoff, auch harmlose Bestseller, in der Zeitschrift *Reader's Digest* vorgekaut. Das war das frühe »Infotainment«. Außer den amüsanten Anekdoten gab es nur eine Rubrik, die ich schätzte: *Improve your wordpower*, weil sie tatsächlich meinen Wortschatz mit jeder Nummer erweiterte und präzisierte.

Musik spielte in der Schule eine wichtigere Rolle als Literatur. Wir hatten das beste Schulorchester der Stadt. Die musikalische Veranlagung aller neuen Schüler wurde deshalb geprüft, um die Abgänge durch Nachwuchs zu ersetzen. Meine Resultate waren gut, und ich bedauere heute, diese Begabung nie wirklich genutzt zu haben. Es wurde mir Unterricht im Instrument meiner Wahl angeboten. Und zwar während der Unterrichtsstunden, die für Turnen vorgesehen waren.

Von Swing und Jazz begeistert, entschied ich mich sofort für das Saxophon. Das entsprach aber nicht den Bedürfnissen eines Symphonieorchesters, und Ziehharmonika und Gitarre erst recht nicht. Ich hatte von Haus aus wenig Beziehung zu klassischer Musik. Für die Klarinette, die eine Brücke gewesen wäre, gab es zuviele Anwärter.

Geige? Vater hatte mir in Prag eine Kindergeige besorgt, als ich Klavierspielen lernen wollte. Man müsse sein Instrument in der Emigration mit sich tragen können, meinte er. Aber die verkrampfte Haltung beim Geigenspielen entsprach mir nicht. Mit Recht. Alle Violinisten, die ich kenne, leiden an Hals-, Schulter- und Rückenschmerzen.

Das letzte Angebot der Schule war das Cello. Es hat einen schönen Klang. Zum Mittragen eignet es sich nicht besonders, obwohl ich beobachtet habe, dass es viele zarte Mädchen tun. Aber wollte ich es wirklich spielen?

Ich versuchte erst einmal den Turnunterricht. Der war ja zuvor ein Lieblingsfach. Aber nach einer Stunde in der schlecht gelüfteten Turnhalle nahm ich das Angebot der Musikabteilung, nicht gerade aus den besten Motiven, an.

Zuvor kam es allerdings noch zu einem Zusammenstoss mit einem der Angeber aus der Nachbarschaft. Ihre Zulassung ohne Prüfung war für sie und die Schule ein Desaster. Vom Unterricht überfordert, waren Erpressung und der Vertrieb von primitivsten Pornoheftchen ihre Hauptbeschäftigung. Jeder Neue wurde gleich wegen irgendeiner Kleinigkeit angerempelt, um sein Mass zu nehmen. Ich weiss nicht mehr, was der Bursche von mir wollte. Aber ich schlug als Antwort auf seine Drohungen sofort zu, so hart ich konnte, und traf ihn unvorbereitet.

»Das ist nur eine Kostprobe«, prahlte ich, um eine Fortsetzung zu vermeiden »Ich bin in Europa mit ganz anderen Typen fertig geworden.«

Der Bluff funktionierte. Er brachte mir den Namen »Frenchy« ein, die respektvolle Bezeichnung für Europäer, unabhängig von ihrer Herkunft. Eigentlich war ich als Deutscher ein »Kraut«, aber das war ein vom Ersten Weltkrieg übriggebliebenes, ziemlich allgemein verwendetes Schimpfwort.

Das Problem beim Musikstudium war der Mangel an Übungsräumen. Das mit Glas verschalte Treppenhaus, mit zwei Absätzen pro Stockwerk, wurde dafür benutzt. Auf jedem Absatz spielte jemand ein anderes Instrument. Ich musste mir einen Stimmwirbel praktisch ins Ohr stecken, um mich zu hören. Und am Ende der Stunde konnte man sich, den Notenständer und das Instrument nur mit Mühe vor dem Ansturm des Klassenwechsels retten.

Eine Weile lang hielt ich das aus, kam sogar ins Orchester. Ich hatte aber Mühe mit dem Lesen der Noten. Man würde es heute als *Dyslexie* bezeichnen. Ich bin damit durchs Leben gekommen, hatte aber ständig panische Angst davor, irgendwann ein Pausenzeichen zu übersehen und in der Stille noch dazu eine falsche Note zu spielen.

Die vorderen Stühle waren von wirklich begabten Musikern belegt, die privaten Unterricht nahmen. Ich hegte keine Hoffnung, unter den gegebenen Umständen ihr Niveau auch nur annähernd zu erreichen, und meldete mich ab.

Glücklicherweise musste ich aber nicht zum Turnen zurück. Statt dessen durfte ich Schlittschuh laufen. Der New York Eislaufklub hatte mir am Anfang des Schuljahrs ein begrenztes Stipendium gewährt. Das Training beanspruchte viel Zeit und wurde mir als Turnen gutgeschrieben.

Jeden zweiten Tag in der Woche übte ich vor Schulbeginn zwei Stunden lang in der stillen, leeren Eishalle. Es war eine beinahe klösterliche Stimmung. Das einzige Geräusch war der Biss der Kufen in das frische, unberührte Eis.

Öfters kam nach einer Weile ein älterer, ganz sympathischer Herr dazu, mit dem pferdeähnlichen Gesicht und dem Überbiss der etwas dekadenten Nachkommen des Britischen Imperiums. Wortlos nahmen wir einander zur Kenntnis. Ich hoffte, er würde dem Vorstand des Clubs von meinem Einsatz berichten.

Das Gegenteil war der Fall. Obwohl wir weit entfernt voneinander liefen und ich nur einen zwei Meter breiten Streifen quer über das Eis belegte, war ich für ihn ein Eindringling in seine private Domäne. Er war, das fand ich später heraus, von Anfang an gegen das Stipendium für einen Ausländer gewesen.

Es wurde mir auch nur ein Minimum an Privatstunden, und die mit einem österreichischen Trainer zweiter Garnitur, gewährt, obwohl ich schon im November '39 an einem Schaulaufen teilnahm und meine Kür in der Presse besonders gelobt wurde.

Auch in der Schulzeitung erschien ein Artikel über mich. Meine Klassenkameraden waren der Meinung, ich sollte, wenn ich so gut Schlittschuh laufen könne, lieber für die Schule Hockey spielen. Eiskunstlaufen sei bestenfalls etwas für Mädchen.

Ich nahm zwei von den Spöttern mit zu einem Training, um sie vom Gegenteil zu überzeugen. Zwei Stunden lang arbeitete ich an einem der damals neuen Doppelsprünge, den ich in den vorhergehenden Wochen sicher hundertmal probiert hatte. Immer wieder musste ich mit dreissig, vierzig Stundenkilometern Geschwindigkeit abheben, fallen und gegen die Planken sausen, bis er mir an dem Tag das erste Mal gelang. Und ich war noch weit entfernt davon, ihn wirklich zu meistern. Meine zwei Zeugen waren beeindruckt. Es gab keine faulen Sprüche mehr.

Übrigens wurde von den Mädchen in den Sprüngen beinahe dieselbe Leistung erwartet, in Pirouetten wesentlich mehr. Ihr Training war ebenso hart. Da war Gleichstellung selbstverständlich. Ein Mädchen, Sandra, verdient besonders erwähnt zu werden. Ein Läufer schlitterte nach einem Fall mit voller Geschwindigkeit in sie hinein, einer seiner messerscharfen Schlittschuhe schnitt durch einen ihrer Stiefel und durchtrennte die Achillessehne. Die Chancen, dass sie wieder problemlos gehen, geschweige denn Schlittschuhlaufen könne, standen sehr schlecht. Wir waren gute Freunde, und sie bat mich, als ich sie im Spital besuchte, an einem Moccasin in mehreren Schichten eine fünf Zentimeter dicke Sohle befestigen zu lassen. Danach gingen wir Tag für Tag immer längere Strecken spazieren und sie liess eine Schicht nach der anderen entfernen, um die Sehne zu dehnen. In einem Monat war sie wieder auf dem Eis.

Das grösste Manko meines Stipendiums war, dass mir die leere Eisfläche mit bedienter Musikanlage (absolut notwendig, um die einzelnen Elemente in einer Kür zu vereinen) nicht annähernd oft genug zur Verfügung stand. Gerade in der Interpretation der Musik aber lag meine Stärke. Noch gab es keinen Walkman. Ich summte also die Melodie, stellte meine Küren im Kopf zusammen und markierte die Sprünge, Schritte und Pirouetten manchmal im Gehen auf offener Straße. Das muss die Passanten einigermassen verblüfft haben.

Mein Trainer hatte keine Ahnung von Musik oder Choreographie. Er wählte ausgerechnet das Stück *Stumbling*, das heisst so viel wie »Stolpern«, für meine erste Kür. Freud lässt grüssen. Ich wechselte zu Irving Berlins *Strike up the band* und musste die teuere Platte selber kaufen. Ihr Auftakt wirkte selbst bei den Proben wie die Ansage einer Zirkusnummer, da-dada-ta-TAAA! Dann erst fing ich zu laufen an. Oft, wenn ich Musik höre, denke ich noch immer, wie ich dazu laufen würde, wenn ich noch so laufen könnte wie damals.

Am 1. September 1939 erklärten England und Frankreich Hitler den Krieg, nach dem ihm zuvor noch das Memelland, ein vorwiegend deutschsprachiges Gebiet Litauens, und Italien Albanien ohne Einspruch überlassen worden waren.

Anlass für die Kriegserklärung war ausgerechnet Hitlers Angriff auf Polen, bekannt für seinen Antisemitismus, eine Diktatur, die nun als freiheitsliebende Demokratie dargestellt wurde. Hatte Polen nicht, nach dem Verrat von München, ein Stück des tschechischen Rumpfstaats an sich gerissen und Ungarns Ansprüche auf slowakische Gebiete unterstützt?

Wegen des Zusammenbruchs der polnischen Armee stellten sich die Russen, unter dem Vorwand des umstrittenen Pakts, dem Vorstoss der Wehrmacht im Osten entgegen. Sie teilen die Beute, schrieben die Zeitungen. Aber das Ziel war offensichtlich: die Sowjetunion wollte sich gegen den früher oder später unvermeidlichen Angriff der Deutschen eine vorgeschobene Verteidigungslinie sichern.

Ebenso war es mit Finnland. Auch diese Diktatur wurde von den Medien in eine Demokratie verwandelt, als russische Truppen einmarschierten, nachdem General Mannheim gemeinsame vorbeugende Massnahmen gegen einen Angriff von Hitler abgelehnt hatte. Kein Wunder. Er war ein offener Bewunderer des Führers, der ihm auch deutsche »Freiwillige«, Tanks und Flugzeuge gegen die Russen zur Verfügung stellte! Das haben die Zeitungen nicht so ausführlich berichtet.

Ich wurde gebeten, an einem Benefiz-Schaulaufen für das bedrohte arme Land teilzunehmen, sagte aber ab – meine Kür sei für einen solchen Anlass noch nicht gut genug. Bloch lobte es, schmunzelnd, als Sklavensprache.

Weihnachten näherte sich. Unsere Gedanken waren bei den Freunden und Verwandten, von denen wir abgeschnitten waren und denen wir nicht einmal eine kleine Aufmerksamkeit schikken konnten. Eigene Geschenke kamen dieses Jahr nicht in Frage. Es war schon viel verlangt, mit einer traditionellen Gans, einer Flasche Wein und einem kleinen, mit Lottes goldenen Sternen aus Stroh geschmückten Bäumchen zu feiern.

Mutter und ich erfanden das Spiel: »Bitte nicht ...« Wenn wir abends an den verführerischen Schaufenstern vorbeigingen, versprachen wir einander, am nächsten Tag die unmöglichsten der ausgestellten Geschenke zu besorgen. Mutter für mich etwa eine breite, purpurfarbene Krawatte mit giftig grünen Tupfen; ich für sie hohe, goldene Plattformschuhe. Am nächsten Morgen mussten wir uns gegenseitig den Kauf auszureden versuchen, »trotz der Liebe und dem wunderbaren Geschmack«, mit dem die Geschenke ausgewählt worden waren. Es war eine tröstliche Satire auf das kommerzialisierte Fest.

Am Heiligen Abend (so hiess er seit Salzburg) sassen wir etwas bedrückt zusammen, als es unten plötzlich klingelte. Ein livrierter Bote von Saks Fifth Avenue, dem teuersten Kaufhaus der Stadt, kam die fünf Treppen hoch, mit einem grossen, festlich eingepackten, völlig unerwarteten Paket.

Sowie er weg war, rissen wir die Verpackung ab, denn von der Form her konnten zumindest wir den Inhalt nicht erraten: es war eine komplette Golf-Ausrüstung. Ihr Duft füllte den Raum. Der Sack war aus feinstem Leder, die Schläger aus Stahl und edlem Holz, jeder mit eigenem Wildlederhäubchen. Es lag keine Karte dabei. Vater fand das Ganze eine Zumutung, wie die Austern.

»Wir tauschen es sofort um«, beruhigte ich ihn. Ich war schon halbwegs amerikanisiert. »Das gibt für Mutti einen neuen Bademantel, für dich einen Anzug und für mich vielleicht noch einen Pullover zum Schlittschuhlaufen.«

»Und wenn es sich um eine Verwechslung handelt?« wendete Mutter ein. Das war es ja offensichtlich.

»Das ist dann das Problem von Saks«, versicherte ich ihr. »Sowie wir es umgetauscht haben, ziehen wir alles an. Gebrauchte Ware können sie nicht zurücknehmen und verkaufen.«

Aber so weit kam es nicht. Schon klingelte es wieder, und der Page stand atemlos vor der Tür. Er war wütend, dass wir das Paket bereits geöffnet hatten.

»In Amerika wartet man damit bis zum Weihnachtsmorgen«, schimpfte er uns.

»Wir sind halt noch nicht lang genug da«, entschuldigte ich unser Verhalten demütigst.

»Jetzt kann ich den *f***ing* Sack zurück schleppen, ihn *f***ing* wieder einpacken lassen und die Familie *f***ing* warten lassen, weil ich ihn *f***ing* abliefern muss.«

»Sie könnten auch sagen, dass wir nicht zu Hause waren«, schlug ich vor.

»Und meinen *f***ing* job verlieren? *Thanks a million.*«

Er gab uns ein an mich adressiertes Paket. Es war immerhin ein Pullover, ein Geschenk von einem reichen Verwandten aus Grossmutters Familie. Bademantel und Anzug mussten noch warten. Zum Trost spielte ich auf dem Cello Weihnachtslieder.

Der massive Einsatz des meistgebrauchten amerikanischen *Fourletter*-Worts war für meine Eltern, besonders Mutter, schockierend. Mit seinem aggressiven »ck« wurde es damals auch in der Literatur nicht geduldet. Leicht verständlich abgeändert, etwa mit gg, war es hingegen durchaus in Mode – charakteristisch für die eigenartige vorherrschende Doppelmoral.

Mir drohte, zum Beispiel, der Verlust des Stipendiums, weil ich kurz nach Neujahr beim grossen »Eiskarneval« des Skating Clubs als einer der »Lausbuben« in der historischen Nummer *New Amsterdam* in schauspielerischem Übereifer kurz eine »lange Nase« gedreht hatte. Es wurde als »äusserst unpassend« beurteilt.

Viele Läufer sprachen plötzlich kaum noch mit mir. Little Harry, mit dem ich befreundet war, warf eines Tages in der Toilette einen Blick in meine Richtung und fragte zögernd, ob ich wirklich beschnitten sei. Erleichtert stellte er das Gegenteil fest. Das wollte er sogleich seinem Priester mitteilen, der ihm das Redeverbot auferlegt hatte. Von dort blies also der kalte Wind.

Ich hielt Harry allerdings davon ab, solche intimen Einzelheiten über mich zu verbreiten. »Für Leute, die Juden verfolgen, bin ich ein Jude«, erklärte ich ihm. »Aber ich bin ausserdem derselbe, der ich vorher war. Nämlich dein Freund.«

Zu meiner Überraschung kam plötzlich Eddy, ein anderer Läufer, der etwas älter war als ich und dessen Vater mit dem Club verbunden war, auf mich zu. Er schien von meinem Interesse für Kunst zu wissen und bot mir an, mich einem Sammler von russischen Ikonen vorzustellen.

Dieser bewohnte die ganze mehrstöckige, schlossähnliche goldene Kuppel des Gebäudes über dem *Grand Central*-Bahnhof. Ein eigener Aufzug führte dort hinauf. Mein Begleiter kannte den Fahrer und stellte mich ihm vor, für den Fall, dass ich in Zukunft alleine käme.

Oben erwartete uns ein älterer, sehr gepflegt gebräunter Mann, in teuerer, pastellfarbener Freizeitkleidung, seidenem Halstuch und Kaschmir-Strickjacke. Seine Erscheinung stand in auffälligem, mir aber nicht erklärlichem Widerspruch zu seiner erstaunlichen Kunstsammlung und dem strengen Stil der antiken Möbel.

Er war sehr davon angetan, dass ich ihn bat, die Sammlung auch meinem Vater zeigen zu dürfen. Als ich dann mit ihm kam, wurde ich vom Mann am Aufzug freundlich begrüsst. Vater war von den Ikonen sehr beeindruckt. Der Besitzer, ob Sammler oder Händler, müsse unvorstellbar reich sein, so reich wie Paul Getty, sagte er.

Als ich dann das nächste Mal hinging, zeigte mir der Gastgeber auch noch den Rest seiner Wohnung. Höhepunkt der Tour war ein Zimmer, dessen Boden sich auf Knopfdruck nach unten öffnete und uns, wie eine Rutschbahn, sanft in die Kissen eines Raums fallen liess, der wie ein Harem eingerichtet war.

Ich musste lachen, denn ich stellte mir die füllige Schönheit unseres Kellergemachs in dieser Kulisse vor. Aber der freundliche Mann wurde plötzlich sehr aufdringlich, und ich hatte grosse Mühe zu entweichen. Auch über meine plötzliche Flucht schien der Aufzugführer sich nicht zu wundern. Eddy, der Zuhälter, sprach von da an allerdings nicht mehr mit mir.

Der zweite Sommer

Denke ich an die Sommer in New York zurück, dann an die unerträglich feuchtheissen Tage. Und Nächte. Beton und Asphalt speicherten die Hitze. Man bedenke: New York liegt auf dem selben Breitengrad wie Neapel. Nicht einmal dort, nur in New York brach sofort ein Ausschlag auf der Innenseite meiner Handgelenke aus, den ich trotz aller Zurückhaltung blutig kratzte, bis sich der Herbst anbahnte.

Die Menschen schliefen auf den gusseisernen Feuerleitern im Freien, die Kinder tanzten durch die Fontänen illegal aufgedrehter Hydranten. Alle, die sich's leisten konnten, installierten Klimaanlagen zumindest in die Schlafzimmerfenster und verschandelten damit alle Hausfassaden. Wir konnten uns keine leisten, wollten auch nicht. Denn die Fenster liessen sich danach nicht mehr öffnen, um die schale, metallisch riechende, nur eiskalt geniessbare Luft mit frischer zu ersetzen.

Untertags wechselte man andauernd zwischen brütender Hitze und eisiger Kälte in Büros, Restaurants, Geschäften und Kinos. In New York erkältete man sich vorwiegend im Sommer.

Jeder versuchte der glühenden Stadt zu entkommen: an einen der traumhaften Strände von New Jersey, Long Island und Cape Cod, wo Grosz, in Erinnerung an die Ostsee, die Sommer verbrachte und ihn Vater später ein paar Mal besuchte; oder sonst aufs Land, in die sanften Hügel von Bucks County, den Berkshires oder das stellenweise an Europa erinnernde Neuengland.

Auch das konnten wir uns nicht leisten. Glücklicherweise wurden wir von Bloch eingeladen, ihn in New Hampshire zu besuchen. Wir müssten nur das Fahrgeld zahlen.

Er hatte dort als Dauergast eines jungen Bohemiens namens Peter Unterkunft gefunden, auf dem Besitz von dessen Mutter. Leider, so schrieb er uns, war die Natur weitgehend Urwald, mit Mücken und Schlangen, von Giftsumach durchwachsen, der bei leisester Berührung einen syphilisähnlichen Ausschlag verursachte. Vorsichtshalber kauften wir uns also hohe Schnürstiefel in einem *Army Surplus*-Laden, die wir dann am Ende nur einmal anzogen. Immerhin waren sie wenigstens billig gewesen.

Bloch wohnte mit Frau und Kind, zusammen mit uns und anderen Gästen in einer grossen, umgebauten Scheune, die in romantischer Anlehnung an den Wortschatz der ersten Siedler *Square House* genannt wurde. Es war als stille Klause für die emigrierten Intellektuellen gedacht, hatte sich aber rasch zu einem lauten Kinderheim entwickelt.

»Daran habe ich nicht gedacht«, gestand der Besitzer, als ihn Bloch auf den Widerspruch aufmerksam machte. Auch hatte der chaotische Gastgeber sich ein bisschen zuviel vorgenommen, und seine Mutter war nicht bereit, die Projekte zu unterstützen.

Also mussten auch die mittellosen Dauergäste einen Beitrag zu ihrem Unterhalt leisten. Nur Blochs nicht, weil Karola den

Haushalt führte. Als auch damit die Kosten noch nicht annähernd gedeckt werden konnten, entschied man sich, das Einkommen mit zahlenden Gästen aus dem Bekanntenkreis aufzubessern.

Das galt auch für uns, obwohl Bloch eine Vergünstigung erwirkte. Es ging um $1.50 pro Kopf und Tag, einen bescheidenen Betrag, ausser wenn man ihn nicht hat und Gelegenheitseinkünfte ausfallen.

Dann erkrankte Karola, und Ernst fragte an, ob unsere Mutter, gegen eine bescheidene Entschädigung, einspringen könnte. Sie tat es, konnte es und genoss es, sich in der Natur aufzuhalten. Sie ging sogar bei Mondlicht schwimmen!

Vielleicht wäre sie doch mit uns auf den Wannsee rudern gekommen, wenn wir sie nur aufgefordert hätten! Und sie sang, so schrieb Bloch, der sie in die Welt der Musik einführte, schöne Salzburger Lieder. So kannte ich sie gar nicht.

Vater und ich wurden erst im August dort erwartet. Er stand in Verhandlungen wegen eines Ladens für Glückwunschkarten, den er vom Besitzer übernehmen und dann vom Erlös in Raten abstottern wollte. Denn Vater hatte weder das vom *Czech Refugee Committee* in Aussicht gestellte Startgeld noch ein Anfangskapital aus irgendeiner anderen Quelle erhalten, um uns mit einem Buch- und Markenladen zumindest eine bescheidene Existenz verschaffen zu können.

Aber was, wenn sich der Laden nicht rentieren würde? Nach dem Besitzer zu urteilen, war es kein florierendes Unternehmen. Und den Preis müsste Vater früher oder später auf jeden Fall bezahlen. Ich half ihm, das überraschend umfangreiche, aber völlig ungeordnete, verstaubte, in Schuhschachteln verstaute Lager durchzusehen. Die Karten waren zum Glück nicht so vergilbt und geschmacklos wie erwartet. Nur war es unmöglich, eine auch noch so kleine Bestellung einer erwünschten Karte in mehreren Exemplaren auszuführen. Trotzdem beschloss Vater, das Wagnis einzugehen.

Aus Europa kamen furchtbare Nachrichten. Hitler hatte Frankreich besiegt. Ironischerweise wurde die angeblich uneinnehmbare Maginotlinie mit den erbeuteten tschechischen Tanks durchbrochen. Aber es war nicht Zeit für Schadenfreude. Die Wehrmacht besetzte die Hälfte des Landes. Die Regierung des Kollaborateurs Petain fing mit der Verfolgung politischer Gegner und jüdischer Bürger an, noch ehe die Verordnungen der Besatzungsmacht veröffentlicht wurden. Der Grenzwächter in Basel war keine Ausnahme gewesen.

Im unbesetzten Teil des Landes wurden viele gute Freunde in Lager gesteckt und zum Teil an Deutschland ausgeliefert. Wären wir '33 nach Frankreich gegangen, hätte das unser Schicksal sein können. Aus Frankreich zu entkommen war noch schwieriger als aus Prag.

Ein Schiff voll von Flüchtlingen, die Bewilligung hatten, nach Kuba einzureisen, wurde von dem auf korrupte Weise neu gewählten Oberst Batista zurückgewiesen. Auch US-Präsident Roosevelt, ein Hoffnungsträger, der den *New Deal* und die Elektrifizierung der Landwirtschaft eingeführt hatte, verweigerte den Passagieren das Landerecht in Amerika, obwohl sich seine Frau, Eleanor Roosevelt, das Gewissen des Präsidenten, sehr für sie einsetzte. Das Schiff musste nach Deutschland zurückkehren. Die Passagiere fielen den Nazis zum Opfer.

Da erschien ein neuer, unbekannter Mann auf der politischen Bühne, Wendell Willkie. Er war früher ein Anhänger von Roosevelt und seinen Erneuerungen gewesen. Jetzt kritisierte er ihn und England für ihre imperialisitsche Politik mit ungewöhnlicher Offenheit und Schärfe.

Das war ein frischer Wind, ein Wirbelwind. Die vielen Bürger, die aus Enttäuschung der Urne ferngeblieben waren, fühlten sich von ihm angesprochen. Und dann ernannte ihn die konservative Republikanische Partei auch noch zu ihrem Präsidentschaftskandidaten! Ich war begeistert, weil das in diesem Land möglich war. Selbst Vater erkannte, dass die Politik in Amerika nicht in das europäische Schema passte.

Die Entscheidung der Republikaner wiederum zwang Roosevelt, mit dem progressiven, wenn auch farblosen Henry Wallace als Kandidaten für das Amt des Vizepräsidenten anzutreten. Nur so gelang es ihm, seine Wiederwahl sicherzustellen. Vier Jahre später hatte sich der Wind gedreht. Willkie war tot, und Wallace wurde im Rennen um die Präsidentschaft vernichtend geschlagen.

Während der dunkelsten Tage des scheinbar unaufhaltsamen Vormarschs der Wehrmacht schrieb Vater, mit Hilfe von Stefan Heym, ein aufregendes Theaterstück: »Der Anfang vom Ende«. Damit meinte er das Ende von Hitler, an dem er nie zweifelte.

Er arbeitete daran am Abend, und ich leistete ihm Gesellschaft, las deutsche Bücher, um die vernachlässigte Muttersprache aufzufrischen. *»It'll be worth a million«*, versicherte mir Vater auf Englisch und sollte recht damit behalten.

Ehe ich wegen des allmorgendlichen Schlittschuhtrainings zu Bett gehen musste, besprach er mit mir noch die neuen Szenen. Dann schrieb er weiter, bis spät in die Nacht.

Es gab ein paar unfertige Stellen im Stück, die den Drang spüren liessen, mit dem es verfasst wurde. Sie hätte man, wie bei beinahe allen Stücken, während der Proben verbessern können. Aber es wurde von niemandem angenommen.

John Gassner von der *Theater Guild* war beeindruckt. Aber dabei ist es geblieben. Der alte Freund Piscator war auch dieses Mal nicht hilfsbereit. Er kam nicht einmal auf die Idee einer Lesung.

Onkel Franz hatte Mitleid mit mir, weil ich nicht aus der Stadt kam, und schenkte mir ein paar Eintrittskarten für die Weltausstellung. Ich nützte die Besuche voll aus, von früh bis *closing time*. Es war gespenstisch: Alle Aussteller sprachen von Fortschritt und Zukunft, während die Welt am Abgrund stand.

Der grösste Andrang herrschte bei der *General Motors*-Präsentation *World of Tomorrow*. Die Welt bestand aus Wolkenkratzern und Verbindungsrampen dazwischen. Die meisten dienten dem ununterbrochenen Strom von Autos, ein paar den

Fussgängern, die aber nicht etwa flanierten, sondern auf Förderbändern von einem Gebäude zum nächsten geschleust wurden. Grünes und Himmel gab es nur ganz oben, bei den Penthäusern mit ihren Hubschrauber-Landeplätzen.

Das war allen Besuchern durch die ausführlichen, begeisterten Berichte in den Zeitungen und Illustrierten, am Radio und in den Wochenschauen, im voraus bekannt. Trotzdem standen sie zu Hunderten, ja, auch ich, stundenlang an, um diese »Zukunftsvision« mit eigenen Augen zu sehen. Waren wir alle damit einverstanden? Entsprach der Durchbruch des Autos unseren Träumen? Haben sich wirklich alle vorgemacht, sie würden zu den Autobesitzern, wenn nicht gar zu den Bewohnern der wenigen Penthäuser mit ihren Dachgärten gehören?

Hongkong hat dieses Städtebau-Modell weitgehend verwirklicht. Ich war vor der Übernahme durch China noch einmal dort. Es war eine Geldfabrik, und erstaunlicherweise waren die vielen Ausländer, die davon profitierten, von Hongkong begeistert.

Einmal nahm mich der Sohn von Felix Weil zur Weltausstellung mit. Allerdings erst gegen Abend. Wir eilten direkt zu einem grossen Zelt, der »Welt der Zwerge«. Dort schlüpfte der grosse, korpulente junge Mann ohne extra Eintritt zu bezahlen hinein und sammelte den ganzen Abend lang Unterschriften der Liliputaner für Amerikas Eintritt in den Krieg gegen Hitler. Seine Motive respektierte ich sehr, aber es schien doch etwas eigenartig.

Das Schönste an der Weltausstellung war die Begegnung mit Mary. Sie hielt Hof im Rumänischen Pavillon, eine gertenschlanke amerikanische Prinzessin in rumänischer Nationaltracht, umgeben von der traditionellen Tischlerkunst und dem Kunsthandwerk aus der ehemaligen Heimat ihrer Eltern. Sie hatte dunkles, gewelltes Haar und schwarze Augen. Ihrer Brauen waren gespannt wie die Flügel einer Schwalbe und verliehen ihrem Blick etwas Forschendes, Forderndes. Ihre leicht gespitzten Lippen waren skeptisch und verführerisch zugleich.

Es war ihre Aufgabe, die Besucher des Pavillons zu animieren, sich in das Gästebuch, mit weissem Ledereinband und Goldschnitt, für König Carol einzutragen. Es kamen nicht viele Leute, denn ausser dem der Tradition gewidmeten Saal gab es nur noch Fotoreportagen über touristische Attraktionen und die Rohölvorkommen des Landes. Und kaum jemand wusste, dass es einen König Carol überhaupt gab. Tatsächlich musste er fliehen, als General Antonescu mit Hilfe der faschistischen Eisernen Garde die Regierung stürzte. Das hat Mary erstaunlicherweise zuerst von mir erfahren. Es war Teil eines generellen Rechtsrucks in Europa.

Wer weiss, was mit dem Gästebuch geschehen ist. Ich habe mich jedenfalls gleich eingetragen, und es freute sie, sich mit jemandem zu unterhalten. Ich habe sie danach jedes Mal besucht und bewundert, wenn ich, leider nicht oft genug, in die Ausstellung kam. Dann unterschrieb ich mit der linken und rechten Hand mit einer Anzahl von erfundenen Namen, damit sie ihr »Soll« erfüllte und mit mir noch ein Eis essen gehen konnte.

Sie hatte natürlich noch andere Bewunderer, die sie nach Arbeitsschluss belagerten, darunter ein Filmstar, ein bekannter Maler, ein Dichter und ein Marinepilot. Ich fand es nicht fair, dass der Altersunterschied zwischen uns – ich war fünfzehn und sie achtzehn – soviel ausmachte, obwohl er geringer war als zwischen ihr und diesen Männern. Wir waren einander eigentlich viel näher. Dennoch waren die anderen alle eifersüchtig auf mich. Mary machte mir Freude, wenn sie davon erzählte. Und es bestätigte sich, wenn ich ihnen gelegentlich begegnete, weil sie wegen mir auf Mary warten mussten.

Nur einen besitzergreifenden alten Junggesellen, Jesuit und Finanzier, habe ich gehasst. Er machte sich zu ihrem Berater und benützte sie, stellte sich bei besonderen Anlässen mit ihr zur Schau. Dabei gönnte ich ihr die Konzerte, Opern, Premieren und Empfänge, die ich ihr nicht bieten konnte, von Herzen.

Wir gingen in Museen, manchmal ins Kino. Ich erinnere mich an einen schönen Film, *How green was my valley* mit Greer Garson und Walter Pidgeon, weil ich das letzte Wort zu ihrer Belustigung anfangs immer mit deutschem Akzent aussprach und *walley* sagte.

Sie lud mich zum Essen ein, beim Chinesen, ausnahmsweise in das erste Tempura-Restaurant der Stadt. Meistens verbrachten wir ihre freien Tage einfach so. Sie liebte die Poesie. Für mich war das Neuland, besonders in englischer Sprache. Ich stürzte mich auf Gedichtbände, brachte ihr Walt Whitman, T.S. Eliot, Ezra Pound, Gertrude Stein, Carl Sandburg, Robert Frost und Edna St.Vincent Millay, während sie mir aus ihren Heften vorlas, in die sie Gedichte kopiert oder eingeklebt und manchmal selber geschrieben hatte. Über ihre Träume, ihre Ängste vorm Erwachsenwerden und die Konflikte mit ihrer orthodoxen rumänischen Familie, an denen sie schliesslich zerbrach.

Der Verhaltenskodex in Amerika war ja nicht viel weniger streng, aber verlogener und deshalb leichter zu umgehen. Das machte die Beziehung sogar geheimnisvoller, erotischer. Oder schien es mir nur so, weil ich jung war?

Jeder kleine Schritt war mit Hochspannung geladen, von brausendem Swing, stampfendem Jazz, den vieldeutigen Balladen und den pulsierenden Rhythmen Südamerikas begleitet. Wir tanzten auf dem Flachdach der zehnstöckigen Mietskaserne in der Bronx, wo sie mit den Eltern und ihrer Schwester wohnte.

Wir verbrachten lange Tage an den weissen Stränden von Long Island, surften in der Brandung und liessen uns in der Abgeschiedenheit der Dünen nahtlos bräunen, was in Amerika höchst gewagt war. Ich dankte ihr für das Geschenk mit Küssen und zärtlichster Applikation von Sonnenöl.

Ihre Eltern waren als Kinder aus Rumänien gekommen und noch immer mit ihrer Heimat, vor allem mit ihren Landsleuten in der neuen Welt verbunden. Sie hatten einen Schrebergarten. In dem fühlte man sich in eine Ecke eines alten Bauernhofs versetzt. Keine Spur von fein unterteilten Blumen- und Gemüsebeeten. Die Parzelle war mit süssem Zuckermais bepflanzt und durch wuchernde Beerenbüsche von den Nachbarn abgeschirmt. Es fehlten nur eine Ziege oder ein paar freilaufende Hühner.

Marys Vater, ein von Misserfolgen bei einer Reihe kleiner Unternehmen verhärmter, mürrischer Mann mit Bürstenschnitt und Schnurrbart wahrte Abstand. Er sprach kaum Englisch. In seinen Augen sollte ein anständiges, schmuckes Mädchen wie seine Tochter längst unter der Haube sein. Alle anderen Bekanntschaften hielt er bestenfalls für Zeitverschwendung.

Ihre Mutter war eine etwas stämmige Frau, aber um die Augen herum Mary sehr ähnlich. Sie konnte sich natürlich nicht den herkömmlichen Ansichten ihres Gatten widersetzen, spürte aber, dass ich gut für Mary war. Sie nannte mich *little Georgie* und behandelte mich wie den Sohn, den sie nie hatte.

Aber der Druck, endlich zu heiraten, seitens der Verwandtschaft, der ganzen rumänischen Gemeinde, wurde für Mary immer unerträglicher. Ich machte ihr einen Antrag, unrealistisch, aber ernst gemeint, sie zur Frau zu nehmen, ohne sie irgendwie zu binden. Es war absurd, aber fünf Jahre später wäre unser Altersunterschied kaum mehr von Bedeutung gewesen. Noch hätte ich nicht für sie sorgen können, aber ich hatte keinen Zweifel an meiner Zukunft.

Schliesslich gab Mary nach, nicht mir, sondern dem erfolgreichen Maler, einem langweiligen, eingebildeten Menschen mit einem auffällig kleinen Mund. Vor ihrem Gang zum Altar haben wir ein einziges Mal zusammen eine ganze Nacht verbracht, auch wenn das uns unbekannte »Eine« nicht in Frage kam. Mary ging vor und nahm ein Zimmer in einem Hotel, wo jetzt das Lincoln Center steht. Ich kam nach und schlich hinein, obwohl meine Anwesenheit dem Mann am Empfang sicher vollkommen egal war.

Das Zimmer war nicht gross, aber das Bett. Draussen lärmte die Stadt. Wir sassen einander gegenüber und lächelten, wie zwei

Bankräuber nach erfolgreicher Flucht mit ihrer Beute. Bewegungslos, als hätten wir unendlich viel Zeit vor uns, mehr als je zuvor, eine ganze Nacht. Aber jede Hast konnte den Zauber brechen, der Wirklichkeit des nächsten Morgens und der Zukunft Einlass gewähren.

Ich konnte mich nicht an ihr satt sehen. Und es beglückte mich, dass sie mich ebenso mit Gefallen betrachtete. Doch wollte ich auch jede Sekunde nutzen, sehnte mich danach, sie zu berühren, die zarten Entgegnungen ihres Körpers zu spüren, von ihr berührt zu werden, uns heranzutasten an den Rausch des Liebens. Es machte Angst, die Erwartungen könnten zu gross sein. Aber sie erfüllten sich, wieder und wieder. Nicht *all night long*, wie es in den Liedern hiess. Denn wir wurden zwischendrin vom Schlaf überwältigt, zuerst unwillig, dann glücklich, um aufzuwachen und mit Freude zu entdecken, wieviel Zeit wir noch vor uns hatten.

Ihre Ehe dauerte nur vierzehn Tage. Mit Hilfe ihres jesuitischen Beraters wurde sie wegen Verweigerung der ehelichen Pflichten für ungültig erklärt. Er hatte offensichtlich viel Einfluss in Rom. Über das, was passierte, hat Mary nie gesprochen. Die Schuldzuweisung, die sie auf sich nehmen musste, hinterliess aber immer wiederkehrende Depressionen. Sie wurde in eine Klinik eingewiesen und dort mit Elektroschocks behandelt, eine Folter, die ihrem Gedächtnis und ihrer Kreativität nicht wiedergutzumachende Schäden zufügte. Aber wir blieben Freunde, bis heute.

Auch ihre Schwester litt unter dem Leben in zwei Kulturen. In der Geschäftswelt erfolgreich, verfiel sie trotzdem dem Alkohol, mit schweren physischen und psychischen Folgen.

Ich ging früher als Vater nach New Hampshire. Es waren nach einem Wechsel von Besuchern neben meiner Mutter und den Blochs nur drei Dauergäste anwesend: Der Captain, ein Maler und seine Tochter.

Der Captain, so nannte man ihn, war ein engbrüstiger, hochnäsiger Mann mit einem grossen, nach hinten geworfenen Kopf. Er war tatsächlich ein ehemaliger deutscher Marineoffizier. Er war einer jener Deutschen jüdischer Herkunft, die es als ungerecht empfanden, dass ausgerechnet sie von dem Land, dem sie loyal gedient hatten, jetzt verfolgt wurden. Gegen das System an und für sich und die Verfolgung anderer hatten diese Leute nichts einzuwenden. Wieso gerade er hier ein permanenter Gast war und sich anmasste, seinen Rang ernst zu nehmen, war mir unverständlich.

»Willkommen an Bord, Junge«, begrüsste er mich forsch mit seiner kratzenden, lauten Stimme.

»Falls er denkt, ich wäre Teil seiner Besatzung«, sagte ich zu meiner Mutter, als wir alleine waren, »hat er sich geirrt.«

»Sei ein lieber Junge«, bat sie, denn sie war ja in einem, wenn auch noch so idealistisch gefärbten, Angestelltenverhältnis.

Der Maler, ein Sudetendeutscher, der noch vor Hitlers Einmarsch geflüchtet war, ein schüchterner, allergischer Mann, litt wegen der überall wachsenden Goldrute. Aber er war dankbar, mit seiner Tochter eine Unterkunft zu haben.

Ich bewunderte die Kunstfertigkeit seiner Aquarelle. Doch waren sie Kunst? Ich stellte dank meiner Erziehung immer politische Ansprüche an Künstler, jedenfalls an die der Gegenwart. Denen entsprach er überhaupt nicht, trotz seines Schicksals. Seine lustig aussehende 12jährige Tochter, Anna, rothaarig wie er, mit Sommersprossen, aber ohne Allergien, wusste von ihm erstaunlich viel über Licht, Form und Farben, verteidigte seine Bilder und öffnete mir die Augen für ihre ästhetischen Qualitäten.

Die grosse Entdeckung aber war ein Reitpferd, ein vernachlässigtes, traurig aussehendes Tier, wie aus Don Quichotte, das auf einer abgegrasten Koppel im Schatten eines einzelnen Baums stand.

Durfte man es reiten? Wen müsste ich um Erlaubnis fragen? Den Captain sicher nicht. Die Besitzerin des Guts? Sie wohnte im Herrschaftshaus, und man hatte mir gleich befohlen, sie auf keine Weise zu stören, um unseren Aufenthalt nicht zu gefährden.

Grosz in unserer kleinen Wohnung zu Besuch. Meistens waren wir bei ihm eingeladen. An der Wand sein Geburtstagsgeschenk für meinen Vater.

Mein Onkel Franz, der einzige in der Familie, der Hitler Einhalt gebieten konnte.

Mary, die erste atemlose, hoffnungslose Liebe fürs Leben.

Ernst Bloch, der gute Freund und Mutmacher, der uns durch das Exil und meine Eltern nach Deutschland zurückbegleitet hat. Sein Versprechen: Wir bleiben uns erhalten.

Fragen, sagte ich mir, war ja nicht gleich stören. Ich ging also einfach hin zu dem grossen, dunklen Bau mit Erkern und Türmen und klopfte an. Eine Dame in Schwarz kam zur Türe. Noch ehe ich mein Anliegen vortragen konnte, befahl sie mir, in der kühlen, zweistöckigen Eingangshalle zu warten. Sie war nur die Privatsekretärin. Nach ein paar Minuten kam sie zurück und führte mich in den Salon. Die Besitzerin, eine gütig aussehende weisshaarige Lady, nahm gerade Tee in der Gesellschaft eines Geistlichen höheren Rangs, nach seinem farbigen Talar zu urteilen.

Sie war überrascht, dass noch immer ausländische Gäste auf dem Gut wohnten, und schien auch nicht zu wissen, dass es ein Pferd gab.

»Peter hätte es mir sagen sollen«, kritisierte sie indirekt ihre Sekretärin. »Aber ich bin froh, dass er den *Refugees* hilft, da wir England noch immer nicht gegen diesen Hitler unterstützen.«

Der Geistliche räusperte sich unwirsch.

»Hat Peter jemanden beauftragt, sich um das Pferd zu kümmern?«

»Der Gärtner sorgt für Futter«, versicherte die Sekretärin. »Aber er hat momentan sehr viel zu tun.«

»Ihr könntet ihm ja ausnahmsweise helfen«, sagte der Geistliche salbungsvoll zu mir und schaffte es, damit allen Flüchtlingen Faulheit zu unterstellen.

»Gerne«, antwortete ich freudig, als hätte er den Vorschlag gut gemeint. »Darf ich dann auch reiten?«

»Wenn du es kannst …« sagte die Besitzerin. Natürlich konnte ich es. Ich hatte es letztes Jahr im Camp ja ein paarmal versucht und fünfundzwanzig Punkte dabei verdient.

Als ich zurückkam, war der Captain von meinem Besuch schon informiert. Von wem wohl? Der Dame in Schwarz, vermutlich. Sie passten zueinander. Er war wütend und hatte den Maler auf seiner Seite, weil ich dort einfach hineingeplatzt war, ohne vorgestellt worden zu sein.

»Wer hätte mich denn vorstellen sollen?« fragte ich. »Die Besitzerin wusste nicht einmal, dass es uns gibt. Aber das ist jetzt in Ordnung. Ich muss mich nur um das Pferd kümmern. Das wird allerdings Zeit in Anspruch nehmen.«

Tatsächlich verbrachte ich Tage im Gehege, um dem Pferd langsam näherzukommen. Es half, dass ich ihm jetzt das Futter brachte. Der Gärtner zeigte mir, wo es gelagert wurde, auch wo sich Sattel und Zaumzeug befanden. Alles war knochenhart ausgetrocknet, als wäre es schon ewig lange nicht mehr benutzt worden.

»Reitet überhaupt jemand auf dem Pferd?« fragte ich ihn.

»Manchmal der junge Herr. Ohne Sattel. Springt auf wie ein Indianer. Aber nur bis hinüber zum Waldrand und wieder zurück.«

Das gab mir zu denken. Würde das Tier einen Sattel überhaupt dulden? Könnte ich es, nach einem solchen Reiter und so wenig Auslauf, überhaupt unter Kontrolle halten? War sein Gang ganz anders als die der zahmen, alten Gäule im Camp?

Ich ging immer wieder langsam auf das Tier zu und sprach mit ihm. Es wendete seinen Kopf ab und beäugte mich mit einem weit geöffneten Auge, als wittere es Gefahr, und es trabte, sowie ich zu nahe kam, langsam davon. Täuschte ich mich oder wurde der Abstand aber langsam etwas kleiner, wurde der Blick ruhiger?

Manchmal schaute Anna uns zu. Sie brachte eine gelbe Rübe aus der Küche, und das Pferd frass ihr aus der Hand und liess sich die Nüstern streicheln. Bald duldete es, von mir gestriegelt zu werden. Es entpuppte sich als eine schöne Stute, kastanienbraun, mit weisser Stirn und feinen weissen Fesseln. Ich nannte sie Stormy, nach dem Lied *Stormy Weather* von der bezaubernden Lena Horne, das ich im Radio gehört und mir dann die Platte gekauft hatte, lang ehe ich einen Plattenspieler besaß.

Abends bearbeitete ich den Sattel und das Zaumzeug mit einer vorher noch nie geöffneten Sattelseife, um das Leder wieder geschmeidig zu machen. Auch die schwere Satteldecke musste gewaschen werden.

Und dann war alles soweit. Würde mir Stormy ausweichen, oder ausschlagen? Keines von beidem. Geduldig liess sie sich von mir satteln und zäumen. Ich führte sie mehrmals um das Gehege. Dann nahm ich die Zügel in die Hand, setzte den Fuss in den Steigbügel und schwang mich auf ihren Rücken.

Ein leichte Berührung mit der Ferse, und sie setzte sich sofort in Gang, ausgesprochen sanft. Ein Signal, und sie wechselte zum Trab. Ich bewegte mich auf und ab, wie man es mir gezeigt hatte. Ich jauchzte vor Freude und, ja, Dankbarkeit, dass sie mich angenommen hatte und auf ihrem Rücken trug.

Am nächsten Tag ritt ich aus dem Gehege. Ich hatte Mutter zu dem Ereignis eingeladen. Der Captain, der Maler und auch der Gärtner kamen dazu, und ich setzte Anna hinter mich und nahm sie ein Stück weit mit.

Das Gut lag an einer alten, überwachsenen Poststrasse, nun kaum mehr als eine Schneise, die bis hinauf zur kanadischen Grenze verlief, vielleicht noch weiter, und sich mehrmals verästelte. Der folgte ich, folgten wir jeden Tag, stundenlang, durch Feld und Wald. Wir überraschten Füchse, Rehe und Wildschweine, die langsam abdrehten und im Unterholz verschwanden. Es war eine Reise in die Pionierzeit. Das war Amerika.

War der Weg von einem gefallenen Baumstamm versperrt, brachte mir Stormy das Springen bei. Nur dass mein Kopf höher lag als der ihre, das hat sie nicht begriffen. Im Wald musste ich sehr aufpassen, um nicht von einem niedrigen Ast aus dem Sattel gefegt zu werden.

Nur manchmal führte uns der Weg an anderen Anwesen vorbei, in denen Pferde gehalten wurden, und ich kam mit den Besitzern ins Gespräch. Alle bewunderten die Stute. Sie war anscheinend aus irischem Jagdgeblüt. Deshalb war sie so sicher im Gelände. Als ich von dem vernachlässigten Zustand erzählte, in dem ich sie gefunden hatte, zeigten sich einige von ihnen sehr interessiert, sie in ihren Stall aufzunehmen.

Vor meiner Abreise ritt ich zum Herrschaftshaus, um mich bei der Besitzerin zu verabschieden und zu bedanken. Sie sah ihr Pferd und war voll Lob.

»Würden Sie das Angebot eines Ihrer Nachbarn in Betracht ziehen?«

»*Oh dear, yes.* Das wäre ein grosse Entlastung.« Sie bot sogar an, mich am Erlös zu beteiligen.

Die Übergabe fand vor der Ankunft meines Vaters statt. Denn wir hatten nur ein paar Tage zusammen, und ich sehnte mich, endlich wieder einmal mit ihm zu wandern. Die neuen Besitzer brachten mich zum Square House zurück und versicherten mir, dass Stormy mir zur Verfügung stehen würde, wann immer ich zurückkehren würde. Dazu ist es leider nie gekommen.

Früh am nächsten Morgen machten wir uns auf, Vater und ich, um den höchsten Berg in der Gegend zu besteigen, ehe es zu heiss würde. Er war nur etwa so hoch wie der Gaisberg in Salzburg, aber steiler, und wirklich sehr dicht bewachsen. Wir wurden gewarnt, dass Wanderer öfters im Unterholz von den kaum erkennbaren, schlecht markierten Wegen abgekommen waren, dass man tagelang nach ihnen suchen musste und manche sogar zu Tode gestürzt seien. Wir zeigten dem Berg gebührenden Respekt, und der Aufstieg dauerte länger als erwartet.

Auf der Spitze wurden wir dafür mit einer herrlichen Rundsicht belohnt, über die Baumkronen scheinbar endloser Wälder, mit den ersten Anzeichen der Farbenpracht von Neuenglands Indian Summer. Es blieb unser einziger gemeinsamer Ausflug in Amerika.

Im Haus war viel los. Peter kam mit seiner neuen Braut. Dann kamen ihre Eltern, reiche Leute. Die Chancen, dass sie seine Projekte unterstützen würden, standen schlecht. Ich erinnere mich nur, dass die Frau meiner Mutter den guten Rat gab, im Frühling wild wachsenden Löwenzahn für Salat zu pflücken. Mit so kleinen Tricks könne man viel im Haushalt sparen – wenn man nicht gerade in Manhattan wohnte.

Der Seven-Seas Buch- und Briefmarkenladen

Ein grosser Name für einen kleinen Laden. Das ursprüngliche Geschäft, das mein Vater übernommen hatte, ich glaube, an der 57. Strasse, habe ich kaum in Erinnerung. War es zu verkommen oder die Miete zu hoch, oder beides? Auf jeden Fall übersiedelte Vater bald in ein kleines Geschäft von etwa 40 Quadratmetern an der 23. Strasse, Ecke Broadway, der dort nichts vom Zauber des Theaterviertels hat.

Zuvor waren dort billige Krawatten verkauft worden, nachher Schuhe repariert und auf Hochglanz geputzt, damals eine gefragte Dienstleistung. Ohne *shine* war man ein Niemand. Gegenüber stand das bügeleisenförmige *Flatiron*-Gebäude, das wegen der darin untergebrachten, skandalösen *sweatshops* der Textilindustrie verschrien war. Die ausgebeuteten ausländischen Näherinnen hatten kaum Geld für Bücher und Marken. Höchstens eine gelegentliche Glückwunschkarte für die Familie in der Heimat konnte man ihnen verkaufen.

Der Laden zog allerdings, neben dem sich langsam entwickelnden, bescheidenen Kundenkreis, auch andere Besucher an, Freunde und Freunde von Freunden, Bekannte und ihre Bekannten, die meine Eltern sehen wollten. Dazu kamen FBI-Agenten, die dem ganzen Geschäft nicht trauten und es von früh bis spät überwachten. Auch ich wurde in den FBI-Berichten erwähnt, die ich durch den *Freedom of Information Act* einsehen durfte. Die meisten Eintragungen wurden allerdings zuvor unlesbar gemacht.

Ich kam oft in der Mittagspause aus der Schule oder nach dem Training im Laden vorbei. Denn es gab in einer Kneipe um die Ecke wunderbare Pastramibrote, scharfen Senf und saure Gurken, praktisch umsonst, um den Durst zu steigern. Dass die Eltern und ich beim Verzehr der Brote stets nur ein einziges Bier teilten, entsprach nicht dem Zweck der Übung.

Um das Markenangebot konstant erneuern zu können, kaufte Vater kleine Sammlungen oder kiloweise Marken von Firmen mit internationaler Post. Die füllten an manchem Abend nach Ladenschluss zu Hause die Badewanne. Zu dritt lösten wir, er, Mutter und ich, vorsichtig eine Marke nach der anderen von den Kuverts und legten sie sorgfältig zum Trocknen auf gesammelte Zeitungen, die, mit ihren deprimierenden Schlagzeilen über Hitlers Siege in Europa, den ganzen Boden des grossen Zimmers bedeckten.

Nur die Nachrichten von den Widerstandsbewegungen machten uns etwas Mut. Sie erhielten aber, wegen der massgebenden Beteiligung der Kommunisten, wenig Presse. Oder es wurden, wie in Griechenland und Jugoslawien, im Namen des Widerstands alternative Gruppen mobilisiert und hochgespielt.

Nach dem Trocknen mussten die Marken alle sortiert und geschützt aufbewahrt werden. Zu dem Zweck versuchte Vater, unter Verwendung der gerade in Mode gekommenen Frischhaltefolie *Saranwrap* von Dow Chemical, neuartige Markenalben zu »erfinden«. Ein Patent schien ihm die beste Möglichkeit zu bieten, in Amerika Geld zu verdienen.

Im Prinzip hatte er recht, aber es war natürlich überraschend naiv von ihm, der als Verleger so gewitzt war, dass er glaubte, ein Unternehmen wie Dow Chemical hätte nicht alle Anwendungsbereiche von Anfang an selbst geschützt. Fotoalben gab es schon. An den Alben für Marken hätte nicht er, sondern Dow verdient. Glücklicherweise kam es nie auch nur zu einem Kontakt mit der Firma, die, wie sich später herausstellte, ihren Hauptverdienst mit Napalm machte. Da hatte dann auch die Frischhaltefolie keinen Platz in unserem Haushalt mehr.

Das Leben war nicht nur Arbeit. Eine der amerikanischen Freuden, die wir als Familie genossen haben, war der gemeinsame Kinobesuch. Wir hatten es nie zuvor getan. Es war hier auch ganz anders, ein Ereignis, ein Erlebnis, wenn man sich sonst in der tiefen Krise wenig Unterhaltung leisten konnte. Deshalb verdient es, besonders erwähnt zu werden.

Man sah nicht nur einen neuen Film, sondern gleich zwei, und manchmal erstaunlich gute, zum Beispiel die Verfilmung von Steinbecks *Früchte des Zorns* oder Hemingways *Wem die Stunde schlägt*. Dazwischen liefen noch Zeichentrickfilme. Und mit der Eintrittskarte nahm man auch an einer Verlosung teil, meistens von Geschirr, Besteck oder anderen praktischen Gegenständen für den Haushalt, die wir gut gebrauchen konnten. Schliesslich gab es noch ein Bingospiel mit Geldpreisen!

Es kam ein Brief von Guen aus Kalifornien. Wir hatten uns in grossen Abständen geschrieben und lebten mit den verblassenden Erinnerungen an die Überfahrt und Ankunft in New York. Sie berichtete, dass ihre Mutter ein Drehbuch geschrieben habe, das bei Marlene Dietrich sei, und dass sie mich besuchen wolle. Sie habe einen Flug gebucht und käme am Ende des Schulsemesters, das kurz bevorstand.

Das war eine schöne Überraschung. Es freute mich, sie wiederzusehen. Aber Fliegen war ganz neu und noch teuerer als die dreitägige Reise mit dem *20th Century Limited Express*. Das gab dem Besuch besonderes Gewicht. Da klingelten die Alarmglocken. Eine Reise in umgekehrter Richtung wäre für mich nicht in Frage gekommen, ebensowenig wie der Besuch in Quito, Equador, zu dem mich Herr Falk eingeladen hatte.

Ich weiss nicht mehr, wie der Flughafen hiess, auf dem sie ankam, aber er war dem in Genf sehr ähnlich. Man konnte hinter einem Gitter die Passagiere aus der Propellermaschine die Landetreppe herunterkommen sehen. Als erste erschien eine junge Frau, ein Starlet in Weiss, mit grosser Sonnenbrille und einem kleinen weissen Pudel im Arm. So sehr konnte sich Guen nicht verändert haben. Oder doch? Ich hatte mich ja auch verändert. Es folgten zwei Geschäftsleute mit ihren Aktenkoffern. Und dann kam ein Mädchen in langem Rock, mit Sandalen, einem Schal um die Schultern, Sonnenbrille im hochgesteckten Haar, ein Blumenkind, das seiner Zeit um Jahrzehnte voraus war. Das war Guen.

Sie brachte Geschenke, besondere Geschenke mit Vergangenheit. Für mich einen Morgenrock aus Paisley, etwas brüchig, aber noch sehr elegant, der einmal Robert Tailor gehört hatte, als er auf dem Weg zum Ruhm der Freund ihrer Mutter gewesen war. Und für meine Mutter einen Silberring mit einem Lapislazuli, den sie damals auf der Überfahrt bewundert hatte.

Wie konnten wir diese Geschenke annehmen? Wie konnten wir sie ablehnen? »Dankeschöns« waren ungenügend.

Oskar Maria Graf hatte mich schon in Prag gewarnt, »nicht einer der Tüchtigen« zu werden. Hatte ich mich ihnen womöglich bereits genähert? Es gelang mir nicht, mit Guen die alte Vertrautheit wiederzufinden. Dabei spielte das Urteil der Eltern eine Rolle. Meine Mutter fand sie »ungepflegt«, und mein Vater fand sie »exaltiert«. Waren wir wirklich vor lauter Anpassung zu elenden Spiessern geworden?

Wir hatten kein Gästezimmer, und es kam den Eltern nicht in den Sinn, dass Guen mein Bett teilen könnte, auch wenn es noch so unschuldig war. Auch mir schien das voreilig. Also brachten wir sie in einer YWCA-Jugendherberge für Mädchen unter, ganz in der Nähe. Besucher waren dort nicht erlaubt. Das war eine Herausforderung. Ich stieg am ersten Abend die Feuerleiter zu ihr hinauf, nur um ihr einen Kuss zu geben, und es war ein bisschen wie früher, frech und lustig.

Aber nicht wirklich. Wir führten Gespräche, anstatt miteinander zu sprechen. Sie sagte nicht, wozu sie gekommen sei, war zum Schluss dankbar, es nicht gesagt zu haben. Ich ging mit ihr einmal aufs Eis, um ihr vorzulaufen. Es war ihr kalt.

Unsere Abende endeten früh, denn ich musste anschliessend noch bis in die Nacht für meine Abschlussprüfung büffeln. Der Besuch war für uns beide enttäuschend, für sie besonders. Sie konnte es nicht ertragen und brach die Reise ab.

Jahre später kam ich in Verbindung mit einem Arbeitsauftrag nach Los Angeles und fuhr die Pacific Küste hinauf nach San Francisco. Ich machte Halt in Santa Barbara, einer pittoresken kleinen *community*, nicht Stadt, nicht Dorf. Ich versuchte mir wieder einmal vorzustellen, wie es gewesen wäre, wenn …

Ich traf Guens Mutter in ihrer Boutique, und sie empfing mich sehr herzlich. Sie hatte ihrer Tochter von der Reise abgeraten und versuchte mich von dem Schuldgefühl zu befreien, das mich seit Guens Abreise quälte. Guen war verheiratet, hatte Kinder und führte eine Galerie. Ihren Namen wollte mir die Mutter aber nicht verraten.

Ich hätte nach dem künstlichen Skandal mit der »langen Nase« aus dem Schlittschuhklub austreten sollen. Aber ich wollte von meinem Stipendium so lang wie möglich Gebrauch machen. Wo sollte ich mich sonst bewerben? Würde ich woanders nicht auf den gleichen Antisemitismus stossen? Er war (und ist) in Amerika weit verbreitet und tief verankert. Heute noch. Dass Amerika mit Israel verbündet ist, hat mit Geschäft, Macht und Strategie, nicht mit Sympathie zu tun.

Aber es muss im Club auch Stimmen gegeben haben, die für mich eingetreten sind. Ich hoffte, dass meine Leistungen sie bestärken würden. Man lässt doch guten Nachwuchs, meinte ich, nicht einfach gehen.

Ich legte also einen Test nach dem anderen ab, obwohl die Richter meine Spuren buchstäblich mit der Lupe prüften. Nur *eine* Kante des Schlittschuhs durfte jeweils das Eis berühren. Die nur drei Millimeter entfernte andere Kante sollte, selbst in einer Drehung, keine Spur hinterlassen.

Am Ende der Saison ging mein Stipendium zu Ende. Es stand offen, ob es erneuert würde. Ich war für die Junioren-Meisterschaften der Oststaaten bereit. Aber ich musste mindestens ein Jahr im Eislauf-Verband sein, ehe ich antreten durfte. Um in Form zu bleiben, musste ich während des Sommers trainieren. Alle anderen gingen nach Lake Placid zum Training. Dafür gab es keine Stipendien. Man musste Parzellen *(patches)* für die Pflichtübungen und für die Kür stundenweise Zeit auf dem Eis mieten und den Unterricht selber bezahlen. Dazu kamen noch Unterkunft und das Essen. Die Eltern erlaubten mir trotzdem zu gehen.

Onkel Franz und die junge Frau von Felix Weil versprachen, für die Eismiete aufzukommen, sogar Elsa Naumburg hat etwas beigetragen, und Grossmutters reicher Verwandter, Paul H., der mir zum ersten Weihnachten den Pullover geschenkt hatte, bezahlte auch ein paar Stunden. Maud Grosz fuhr mich, mit Mutter zusammen, im Auto hin. Sie brachten mich bei einer netten Familie unter, für $ 8.- die Woche mit Frühstück. Für das Mittagessen in einem kleinen Diner – einem typisch amerikanischen Restaurant in einem umgebauten Eisenbahnwagen – rechnete ich mit 50 Cents. Das Arrangement war rührend, wenn man bedenkt, dass reiche Familien ihre Häuser verpfändeten, um das Training der Kinder zu bezahlen, gegen die ich antreten musste.

Mutter nahm erneut eine Arbeit an, um zu unserem Budget beizutragen, denn im *Seven Seas*-Buchladen war Flaute. Einmal musste sich Vater von Stefan Heym fünfzig Dollar leihen (nicht nur für mich), bei einer anderen Gelegenheit schickte er mir zehn Dollar, anstatt die Telefonrechnung zu begleichen.

Glücklicherweise haben mir ein paar Leute, besonders die Mutter zweier Töchter, Alice und Betty, denen ich bei ihren silbernen Tanz-Prüfungen als Partner diente, auf indirekte Weise geholfen. Sie zahlte die Stunden für das gemeinsame Training, von denen ich auch profitierte, und schenkte mir die schon reservierten Patches, die ihre Töchter nicht brauchten. Dabei habe ich den Test gleich selber bestanden.

Vor einer Einladung in ihr Haus am schönen Saranac-See nahm sie mich beiseite, ehe sie uns alle der Obhut des alten Kindermädchens überliess und zu einer anderen Party fuhr. »Versprich mir, meine Töchter nicht zu vernaschen«, sagte sie geradeheraus, aber durchaus freundlich, ausgerechnet zu mir. Sie hätte sich besser über ein paar andere Anwesende Sorgen machen sollen. Jedenfalls, wenn man deren Prahlereien Glauben schenken konnte. Aber ich war eben der Europäer.

Am Nachmittag trat ein Mädchen auf einen Glassplitter. Das Kindermädchen war natürlich keine Krankenschwester, aber sie klemmte die Blutung ab, so gut sie konnte. Niemand kam auf die Idee, einen Krankenwagen zu rufen.

»Kann einer von euch Auto fahren?« fragte das Kindermädchen.

Ich hatte bei verschiedenen Gelegenheiten Leute am Lenkrad beobachtet und traute es mir zu. Aber mit dem grossen, alten *Station Wagon* in der Garage, noch mit Holzkarosserie, hatte ich nicht gerechnet. Mein Hauptsorge war, rückwärts aus der Garage herauszukommen.

»Autos in Europa haben einen anderen Rückwärtsgang«, behauptete ich, als ich ihn nicht finden konnte, und liess mich herausschieben.

Dann legten wir die Verletzte auf die Ladefläche, alle hockten um sie herum, das alte Kindermädchen setzte sich neben mich. Ich fand den ersten Gang und stotterte los, die enge, kurvenreiche Strasse am See entlang.

»Schalte in den Zweiten!« schrien ein paar Jungens, die sich plötzlich auskannten.

»Lasst ihn in Ruhe«, sagten die Mädchen.

Jedenfalls haben wir's zum Spital geschafft und die Verletzte alle zusammen zur Notaufnahme gebracht. Wie eine Zigeunerfamilie. Die Wunde wurde schnell zugenäht, und ein Polizist fuhr uns in dem *Station Wagon* der Gastgeberin zurück. Sein Partner folgte im Streifenwagen. Kein Wort darüber, dass ich ohne Führerschein gefahren war.

Ich wurde mehrmals aufgefordert, an den wöchentlichen Schaulaufen und, natürlich, beim Karneval mitzumachen. Mein Name, Herzfelde, ohne Zugehörigkeit zu einem Club, hob sich von allen anderen ab. Meine Vorführungen wurden trotzdem immer gut aufgenommen, und bald konnte ich meinen Eltern voller Stolz schreiben, dass ich nach Montreal eingeladen worden sei.

»Um Gottes willen«, antwortete Mutter sofort. Als Ausländer, noch dazu Deutscher, staatenlos und ohne Reisepapiere, durfte ich auf keinen Fall über die Grenze. Man würde mich nicht wieder hereinlassen.

Sie hatte recht. Ich hatte nicht daran gedacht. Hitler hatte Russland angegriffen und war auch dort erschreckend schnell vorangekommen, obwohl der Angriff, Pakt hin oder her, erwartet worden war. Roosevelt hatte ja den nationalen Notstand ausgerufen. Alles mögliche, Fleisch, Kaffee und Zucker wurden rationiert. Sogar für Schlittschuhstiefel wurden Punkte verlangt. Deutschland musste von einem Tag zum anderen seine Konsulate schliessen. Natürlich mussten daraufhin *unsere* Diplomaten – so betrachtete ich die Amerikaner schon – alle Staaten der Achsenmächte und besetzten Gebiete verlassen.

Mein New Yorker Freund Little Harry war übrigens auch in Lake Placid, lustig und freundlich wie eh und je. Wir gingen zusammen schwimmen und rudern. Vater betrachtete es als Hoffnungszeichen, dass der Antisemitismus im Club doch nicht so verwurzelt sei, wie ich behauptet hatte.

Er war im Irrtum. Meine Mitgliedschaft und das Stipendium wurden im Herbst nicht erneuert.

Verzweifelt suchte ich eine Eisbahn, auf der ich zumindest mein Training selbständig fortsetzen könnte, um dem schon Gelernten auch ohne Trainer durch Wiederholung die entscheidende Sicherheit zu verleihen.

Als Notlösung bot sich die kleine Eisbahn vor dem Rockefeller Center an. Links und rechts davon waren zwei Restaurants, und die Gäste konnten das Treiben auf dem Eis durch grosse Scheiben beobachten.

Deshalb bot man mir und ein paar anderen jungen Läufern Gratiseintritt an. In der Früh, mittags und am Abend wurde das Eis neu aufbereitet, und wir konnten kurze Küren zeigen, ehe das breite Publikum zugelassen wurde. Leute aus den Büros standen oben an der Balustrade, assen Hotdogs und schauten uns zu. Manchmal klatschten sie sogar, ehe sie wieder an die Arbeit gingen.

Ein älterer Mann namens Herrmann lief dort täglich. Er hatte einen ganz eigenwilligen Stil, ging bei jedem Schritt tief ins Knie und zog das Spielbein nach. Er gab mir den Anstoss, erste Schritte in kniender Stellung auszuprobieren, die inzwischen Mode geworden sind.

Ich suchte immer noch einen Ort, wo ich ernsthaft üben könnte. Ich hatte Glück und fand ihn, auch wenn er ziemlich abgelegen und düster war. Ich konnte nicht so häufig üben wie zuvor, aber ich war dort meistens allein auf dem Eis und konnte unbehindert arbeiten.

Es gab dort auch einen Lehrer, der allerdings nur Eistanz unterrichtete. Er war nicht sehr bekannt, weil er kein Spitzenpaar betreute. Aber er war genial im Entwerfen neuer Schrittfolgen, die, anstelle des endlosen Anlaufs, unerwartet zu Sprüngen und Pirouetten führten. Er schenkte mir viel Zeit, wenn er nicht besetzt war, denn er war ebenso begierig wie ich, es den mächtigen Verbandsfunktionären einmal richtig zu zeigen.

Am 7. Dezember 1941 wagte es Japan, Pearl Harbour zu bombardieren. Amerika war plötzlich nicht mehr unantastbar. Es erklärte allen Japanern den Krieg, auch jenen im eigenen Land. Sie wurden interniert und ihr Besitz konfisziert, unabhängig davon, wie lange sie schon in Amerika lebten. Wo blieb da die Demokratie?

Deutschland und Italien erklärten Amerika den Krieg vier Tage später. Deutschamerikaner wurden aber nicht verdächtigt, Italo-Amerikaner schon gar nicht, obwohl viele von ihnen Hitler oder den Duce bewunderten. Deutsche Emigranten galten dagegen als *enemy aliens*, potentielle Saboteure, und mussten sich melden.

Mich beschäftigten vor allem die Vorbereitungen auf die Meisterschaften, das war mein Krieg. Ich musste siegen, oder mein Traum war aus. Mein Coach reichte die Anmeldung erst in letzter Minute ein, um eine Absprache der Preisrichter zu verhindern. Die Funktionäre des Clubs waren, als ich auftauchte, ganz schön überrascht, mich zu sehen. Bei der Pflicht gelang es ihnen, mich auf den dritten Platz zu drücken. Während der Einlaufzeit für die Kür zeigte ich nichts, keinen Doppelsprung, keine Pirouette, keine Schrittfolge. Die Trainer der Konkurrenz schauten hämisch zu. Aber dann kam meine Chance. Ich lief den andern einfach davon und erntete so stürmischen Applaus, dass man mir den Sieg nicht absprechen konnte.

Ein Reporter fragte mich, wieso ich denn keinem Club angehöre. Sie müssten sich doch um mich reissen. Er konnte nicht glauben, dass ich ausgeschlossen worden war, und dann doch, als ich den Grund erwähnte. Sein Beitrag erschien aber nicht in der Zeitung, genausowenig wie das Interview meines Vaters bei unserer Ankunft.

Ich wurde zum Schaulaufen in Princeton, später in Yale, eingeladen und königlich behandelt. In einem feinen Restaurant bestellte ich vor dem Auftritt einen Hummer, meinen ersten. Er kam in vollem Panzer auf den Tisch, und ich konnte ihn nicht knacken. Die Zeit war knapp, ich wollte meine Unerfahrenheit verbergen und verliess das Restaurant mit leerem Magen.

Nach der Vorstellung gab es einen Empfang, bei dem aber nur Mini-Kanapees serviert wurden. Ich konnte jeweils nur zwei, drei Happen nehmen, wenn jemand mit einem Tablett vorbeikam, denn ich wurde von Professoren, die erstaunt waren, dass ich auch eine intellektuelle Seite hatte, in Gespräche verwickelt. Ich starb vor Hunger.

Leider war Eiskunstlaufen kein *Varsity Sport*, sonst wäre mir ein Stipendium an einer der Universitäten sicher gewesen. Und ich war nicht darauf vorbereitet, Kontakte zu knüpfen, die mir vielleicht später die Aufnahme in eine dieser Universitäten ermöglicht hätten.

Ich hoffte, dass mein erster Erfolg mir den Weg ebnen würde, eine Amateurkarriere zu beginnen. Ich konnte mich ja immerhin mit einem Läufer messen, der später tatsächlich Weltmeister wurde. Natürlich war es mein Ziel, anschliessend als professioneller Läufer den Eltern zu helfen und meine Ausbildung zu finanzieren. Aber zuerst wollte ich mit weiteren Erfolgen meine Ausgangslage verbessern.

Es ist mir beinahe gelungen. Ich verbrachte noch einen Sommer in Lake Placid. Ich war für Schaulaufen noch mehr gefragt. Unter anderem lief ich in einem Benefizprogramm für die russische Zivilbevölkerung, eine schöne Kür zu einem Walzer von Schostakowitsch, der russische Musik mit einem Hauch von

Jazz verband. Im Programmheft stand ein Zitat von General Douglas MacArthur: »... Die Hoffnung der Zivilisation ruht auf den verdienstvollen Fahnen der mutigen russischen Armee.«

Ich erwähne das nur deshalb, weil zehn Jahre später Senator McCarthy Menschen für eine solche Beteiligung oder ähnliche Aussagen vor sein berüchtigtes Komitee zerrte, sie auf die Schwarze Liste setzte und ihre Existenz zerstörte.

Das grosse Ereignis des Sommers waren die alljährlichen Meisterschaften im Eistanz. Sie waren beinahe so wichtig wie die nationalen Ausscheidungen im Winter. Meine Gönnerin drängte ihre Tochter Alice und mich, in der Junioren-Klasse teilzunehmen. Wir liefen besser als im Jahr zuvor und wurden Erste.

Der Rückstand des zweiten Paars war sehr gering, und viele Leute waren überzeugt, dass dessen Läuferin, Betty Ann, und ich als Paar auf nationaler Ebene sehr gute Chancen hätten.

Alice und ihre Mutter freuten sich über den Sieg und waren mit dem Partnerwechsel einverstanden. Betty Anns Eltern waren in Bezug auf ihre Tochter extrem ehrgeizig und von der Idee eingenommen, obwohl wir in verschiedenen Städten wohnten und meine Mittel begrenzt waren. Sie waren mir nicht sehr sympathisch. Im Gegensatz zu Alice's Mutter liessen sie mich die Rolle des Bittstellers fühlen. Der Vater erklärte sich aber bereit, auf der Grundlage eines bindenden Vertrags die Trainingskosten zu übernehmen. Ich müsste für den Club, in dem Betty Ann Mitglied war, antreten. Aber gerne! Der Sommer schien sich gelohnt zu haben.

Betty Ann und ich kamen einander sehr nah. Sie wurde von den Eltern aber streng bewacht und musste, wenn sie nicht von ihnen abgeholt wurde, spätestens eine Stunde nach dem Training zu Hause sein. So lang dauerte es, wenn sie von anderen Eltern oder älteren Läufern, die schon ein eigenes Auto hatten, im Stossverkehr mitgenommen wurde.

Aber glücklicherweise konnte man auch zu Fuss gehen. Ich entdeckte einen Weg, den keiner der motorisierten Sommergäste kannte, eine Abkürzung, die weniger als eine halbe Stunde beanspruchte. Er führte durch einen sehr schönen kleinen Park, in dem wir einander in völliger Abgeschiedenheit eine halbe Stunde lang umarmen konnten.

Eines Tages kam Betty Ann aber in Tränen zu mir. Der Club in New York hatte sich mit ihren Eltern in Verbindung gesetzt und sie gewarnt: Es sei nicht wahrscheinlich, dass ich so bald wieder eine Meisterschaft gewinnen würde.

Wer je eine Eislaufmeisterschaft verfolgt hat, weiss, wie skandalös die Bewertungen der Richter mit ihren Nummernkarten oft manipuliert werden.

»Hat man ihnen das geschrieben?«

»Natürlich nicht.«

Betty Anns Eltern zogen ihr Angebot sofort zurück. Sie weigerten sich, mit mir zu sprechen, erst recht mir zu helfen, gegen den Club vorzugehen. Sie teilten wahrscheinlich seine Vorurteile. Als Trostpreis schenkten sie Betty Ann einen Pelzmantel. Sie hörte mit dem Laufen auf.

Und ich verabschiedete mich von der Welt der Amateure.

Schulabschluss

Es traf sich eigentlich ganz gut, versuchte ich mich zu trösten. Denn ich befand mich im letzten Semester der Highschool und hatte noch wichtige Abschlussprüfungen vor mir. Die Zeit fürs Training und die Fahrten hin und zurück hätte mir gefehlt.

Der Durchschnitt meiner Noten war gut, wenn auch nicht ganz so brillant wie erhofft. Jetzt zählte jedes Zehntel. Und ich hatte ein ernstes Problem. Ich war in einem Fach, europäische Geschichte der Gegenwart, mit dem Lehrer in Streit geraten.

Er war einer der Deutschamerikaner, die Hitler bewunderten, und er rechtfertigte »ganz objektiv gesehen« die Wiedervereinigung der Deutschen, die durch die sogenannten Friedensabkommen nach dem Ersten Weltkrieg von ihrem Vaterland abgeschnitten worden waren. Er unterstützte auch die Massnahmen gegen die Linken und die »Übermacht des jüdischen Kapitals«, selbst wenn der »Volkszorn« vielleicht hier und dort zu »Exzessen« geführt hätte. Die Pogrome wurden in der Presse auch kaum erwähnt.

Ich konnte diese Beschönigung einer brutalen Diktatur nicht einfach hinnehmen. Zuerst sprach ich mit ihm unter vier Augen. Als das nichts nützte, widerlegte ich seine Behauptungen während des Unterrichts. Viele in der Klasse wechselten zu meiner Seite, vor allem, nachdem ich sie daran erinnerte, dass er die Abschlussprüfung weder überwachen noch benoten würde.

Er erteilte nur die zweite Note, für die Mitarbeit im Unterricht. Es war zu erwarten, dass sie in meinem Fall schlechter ausfallen würde. Aber allzu weit unter dem Resultat der Prüfung dürfte sie doch nicht sein. Ich hatte mich freilich geirrt: Er gab mir die schlechteste mögliche Note (65), ohne mich durchfallen zu lassen. Das war nicht anfechtbar. Und der dadurch verschlechterte Durchschnitt liess mir wenig Hoffnung, ein Stipendium zu bekommen oder an eine gute Universität überhaupt zugelassen zu werden.

»Nun, wie steht's mit Harvard?« fragte der Lehrer spöttisch, als ich ihm eines Tages zufällig in unserem kleinen Park begegnete. Ich wurde mir erst bewusst, dass ich ihn würgte, als sein Körper zusammensackte. Erschreckt, liess ich von ihm ab. Hätte er mich nur verklagt! Ich hätte ihn gerne blossgestellt.

Ich schrieb trotzdem an mehrere Universitäten, war mir allerdings gar nicht sicher, was ich studieren wollte. Als Junge war ich von Biologie fasziniert gewesen, abonnierte Kosmos-Hefte, konsumierte Haeckel und die Bücher von de Kruif über die Erungenschaften der grossen Forscher. Aber ich konnte mir das abgeschiedene Leben als Biologe nicht vorstellen.

Ich überlegte mir auch, Architekt zu werden. Vielleicht weil die Architektur, im Gegensatz zu unserem unruhigen Leben, das Bleibende und Nützliche mit Kreativität vereint. Nur waren die Eigenschaften, die ich schätzte, Geborgenheit, menschliche Proportionen, Wärme und Gemeinschaftssinn, das Gegenteil von dem, was gefragt war, was in Ayne Rand's Büchern verherrlicht wurde und was ich zu bauen gezwungen sein würde.

Ich ging zu einer Berufsberatung. Dort sah man meine Begabung in der Städteplanung, weil ich bei einem Test empfohlen hatte, die Trinkwasseraufbereitung einer Gemeinde flussaufwärts, die Abwasserverarbeitung flussabwärts zu plazieren. Wo denn sonst? Ich fand die Empfehlung nicht sonderlich glaubwürdig.

Eigentlich standen einer Entscheidung emotionale Hindernisse im Weg: Jedes neue Land, in das wir emigrierten, schien mir irgendwie besetzt und verschlossen. Ich hegte Zweifel an der Bereitschaft der Erwachsenen, auch der Lehrer, das wirklich Wichtige preiszugeben (falls sie es wussten). Ich würde es durch praktische Erfahrung selbst entdecken müssen, beschloss ich.

Andererseits fehlten mir auch die Voraussetzungen, um langfristig auf ein Ziel hinzuarbeiten. Ich war mir ja nicht einmal meiner Zukunft in Amerika sicher, und die Eltern brauchten meine Hilfe jetzt und nicht in fünf Jahren.

Ich bewarb mich also bei verschiedenen Eis-Revuen, um Geld zu verdienen, auch wenn ich keine grossen Angebote erwarten durfte. Die *Ice-Capades* und *Ice-Follies*, die durchs Land reisten und in den Sportarenen mit grossen Eisflächen auftraten, kamen dem, was ich mir wünschte, am nächsten.

Schliesslich entschied ich mich aber für *Sonja Henie's Stars On Ice*, eine permanente Produktion im *Center Theater* des Rockefeller Centers, der die berühmte norwegische Olympiasiegerin und Weltmeisterin von 1927–36 allerdings leider nur ihren Namen lieh.

Daneben schrieb ich mich für ein paar Einführungskurse des Erwachsenenprogramms an der Columbia-Universität ein, auch wenn das meiner Vorstellung eines Studiums nicht entsprach.

Das *Center Theater* war ein regelrechtes Theater mit Vorhang, Orchestergraben und Zuschauerraum, Parkett und Balkon. Nur war die ganze Bühne eine einzige Eisfläche. Sie war kleiner als jene in den Stadien, ein langes Rechteck, und setzte eine ganz andere Art des Laufens voraus. Mehr Show als Sport.

Wie es sich gehört, hatte das Theater auch einen Bühneneingang und die ganze Welt hinter der Bühne. Worauf hatte ich mich da eingelassen? Ich war mir plötzlich nicht mehr sicher, ob ich die richtige Entscheidung gefällt hatte, als ich mich, nach einer unruhigen Nacht, viel zu früh zur ersten Probe meldete.

Der Pförtner war sprachlos, besonders als er meinen Namen auf der Liste neuer Komparsen gar nicht finden konnte. Natürlich! Ich hatte vergessen, mich mit meinem erst kürzlich gewählten Künstlernamen vorzustellen: George Eden. Den Nachnamen hatte ich aus einem Buch von Jack London, das ich gerade las.

Kopfschüttelnd gab mir der Pförtner die Nummer des mir zugewiesenen Umkleideraums und Schminktischs. Ein Schminktisch? Für einen Neuling wie mich befand er sich ganz oben im dritten Stock. Weitere Anweisungen würde ich in ein paar Stunden über die Lautsprecheranlage zu hören bekommen.

Da sass ich also, ganz allein, und schaute mich um. Auf den anderen Schminktischen, alle mit grossen Spiegeln, stand eine Vielfalt von Dosen, Schachteln und Tuben, Pinseln und Bürsten. Würde ich die auch alle brauchen? Was kam sonst noch auf mich zu? Verschiedene Kostüme hingen an langen Stangen. Sie rochen nach Puder und Schweiss.

Bedächtig zog ich die Schlittschuhe an, ein Ritual, wie das eines Boxers oder Stierkämpfers, um auf alles vorbereitet zu sein. Endlich kam die Ansage, laut und blechern: »Alle neuen Mitglieder des Ensembles aufs Eis!« Man nannte uns *line skaters*, was so viel bedeutet, dass wir in Reih und Glied liefen. Dazu gehörte ich jetzt, trotz all meinen Auszeichnungen, trotz all der Stunden mühevoller Arbeit, trotz des Erfolgs meiner Kürläufe. Daran gab es nichts zu rütteln.

Ich fröstelte, als wir alle acht auf dem Eis standen und auf den nächsten Befehl warteten – eine junge Engländerin meines Alters mit dem schönen Namen Daphne, zwei junge Frauen und vier Männer.

»Alle im Kreis laufen, im Uhrzeigersinn«, ertönte es aus dem Lautsprecher.

Was sollte das? War es nicht selbstverständlich, dass wir im Kreis laufen konnten? Oder vielleicht doch nicht. Man musste sich an die Breite und mangelnde Tiefe der Bühne anpassen. Ich beobachtete die anderen. Wie sie liefen, war überraschend enthüllend, nicht nur über ihre Grundkenntnisse, sondern auch über ihre Haltung und Ausstrahlung.

»In entgegengesetzter Richtung!«

Im dunklen Parkett sah ich eine kleine Gruppe sitzen. Eine Frau hatte das Mikrofon. Sie war die Choreographin. Neue Befehle folgten in immer kürzeren Abständen.

»Schneller. Stop. Vorwärts zum Bühnenrand. Nach hinten. Nicht zurückschauen. Nach links, von euch aus links. Schlange bilden …«

Es war gar nicht so einfach, den Befehlen zu folgen, denn jedes Mal, wenn jemand zu langsam reagierte oder einen Fehler machte, entstand sofort Chaos.

»Okay, Stop. Take five.« Endlich gab es eine kurze Pause.

Ich versuchte ein paar Schritte und Sprünge, um zu zeigen, dass ich mehr zu bieten hatte. Die anderen Läufer standen erschöpft da und sahen entgeistert zu, anstatt mir aus dem Weg zu gehen.

»Könnten wir das Springen bitte unterlassen«, wies mich die Stimme zurecht. Sie wollte keine Unfälle.

Am Nachmittag fingen die Proben an. Hauptsächlich, um uns die Nummern beizubringen, bei denen wir einspringen mussten. Die ganze *Chorus-Line* war jetzt da. Die Alten betrachteten uns Neuankömmlinge kritisch, gelangweilt, wir die Alten gespannt. Es war wie Schulanfang. Man rief uns auch *boys* und *girls*.

Die Choreographin schien es auf mich abgesehen zu haben. Sie setzte mich, ohne dass ich es mir bewusst war, in ein paar Schlüsselpositionen ein. Wenn ein Manöver nicht funktionierte, kritisierte sie mich schonungslos. »Nicht vergessen, du bist jetzt Teil des Ensembles, auch wenn du es für unter deiner Würde hältst.«

Aber sie berücksichtigte mich auch, wenn es zu einer kleinen, etwas anspruchsvolleren Einlage kam. Es war weit weniger, als ich konnte, aber zumindest ein Anfang. Es brachte mir keine Freunde ein, verbesserte aber meinen Status – und die Gage.

Vater hatte beschlossen, gemeinsam mit elf bedeutenden deutschen und österreichischen Schriftstellern – darunter Ernst Bloch, Bertolt Brecht, Ferdinand Bruckner, Alfred Döblin, Lion Feuchtwanger, Oskar Maria Graf, Heinrich Mann und Berthold Viertel – einen amerikanischen Exilverlag zu gründen. Und es freute mich, endlich etwas zum Haushalt und zu seiner Arbeit beitragen zu können.

Zuallererst kaufte ich ihm einen neuen Anzug, Mutter den lang ersehnten flauschigen Bademantel, den sie, duftend vom Bad, am Morgen trug und der auf unsere Beziehung einen leicht ödipalen Einfluss hatte.

Onkel Franz schenkte ich eine Armbanduhr. Nach ein paar Wochen fragte er, ob ich sie zurückgeben könnte.

Gefiel sie ihm nicht?

»Sie ist sehr schön«, versicherte er mir, »aber ich brauche einfach keine Uhr. Zu Hause habe ich einen Radiowecker. Auf dem Weg zur Arbeit kann ich von allen Richtungen die vier Uhren am Turm des Edison-Gebäudes sehen. Und im Büro hängt eine grosse Uhr an der Wand. Nur am Abend, wenn ich die *Times* holen gehe, gibt es auf dem Weg keine beleuchtete Uhr. Ist auch nicht wichtig. Denn ich frage den Mann am Kiosk, wie spät es ist, und so kommen wir ins Gespräch. Das ginge nicht, wenn ich eine Uhr tragen würde.«

So einen Mann musste man lieb haben. Ich legte das Rückgeld beiseite und kaufte bei nächster Gelegenheit ein doppelt so teueres Geschenk, einen Plattenspieler, denn Onkel Franz liebte klassische Musik.

»Der ist wunderschön«, sagte er und schien echte Freude zu haben. »Aber sei mir nicht böse. Ich brauche ihn wirklich nicht. Der FM-Sender WQXR spielt die beste Musik vierundzwanzig Stunden am Tag. Ehe ich da eine Platte kaufe, gehe ich lieber in ein Konzert.«

Jetzt wusste ich zumindest, was ich ihm zu Weihnachten schenken würde: Gutscheine für Konzertkarten.

Von Bloch kam die Nachricht, dass sie jetzt endlich eine eigene Wohnung beziehen würden: in Cambridge in der Nähe von Boston. Es wurden ihnen vom Sozialamt sechs Zimmer zugewiesen, mit der Auflage, drei davon möbliert zu vermieten – an neu eingetroffene Arbeiter in der rasant wachsenden Rüstungsindustrie.

Damit war zumindest ihre Miete gedeckt. Aber sie brauchten all die schönen Möbel, Bücher und Teppiche, Spiegel und Bilder, die sie bei uns deponiert und an die wir uns so gewöhnt hatten. Glücklicherweise konnte ich die notwendigsten Stücke, wenn auch mit weniger edlen, ersetzen.

Um den Lebensunterhalt zu bestreiten, bewarb sich Bloch um die Stelle eines Heizers. »Immerhin in einem Universitätsgebäude«, sagte er philosophisch. Aber er hat die Stelle nicht bekommen.

Schliesslich fanden er und Karola Arbeit »bei einem Verlag«. Das hörte sich ja gut an. Nur war es in der Spedition eines Boulevardblattes.

Zu allem Überfluss, schrieb uns Karola frustriert, sei eines der Betten verwanzt. Es hörte sich wie ein Vorwurf an, aber es muss woanders gelagert gewesen sein, denn wir hatten seit langem kein Ungeziefer mehr. Als wir einzogen, ja, da gab es Wanzen in einer gebrauchten Matratze, von der wir uns aber blitzartig trennten.

Hartnäckiger war die Plage der Küchenschaben. Die gibt es

überall in New York, in den besten Häusern und Hotels. Aber das war kein Trost für den Alptraum der ersten Wochen. Untertags waren sie nicht zu sehen. Sie kamen erst in der Dunkelheit. Mehrmals in der Nacht wachte ich auf, wenn eine über mich krabbelte. Dann knipste ich das Licht an: Die Wände waren voll von ihnen.

Ich erinnerte mich an *La cucaracha,* das revolutionäre Lied der schönen Sängerin in Prag, schlug aber trotzdem so viele wie möglich mit einer zusammengerollten Zeitung tot, ehe sie alle sekundenschnell verschwanden. In der nächsten Nacht kamen sie wieder, mit Verstärkung. Wir mussten schliesslich die Wohnung ausräuchern lassen.

Kurz vor den Feiertagen erschien am Schwarzen Brett des Theaters eine Bekanntmachung: zwischen Weihnachten und Neujahr werde es jeden Tag eine Matinee und nur am Weihnachtsabend keine Vorstellung geben. Das waren beinahe doppelt so viele wie im Vertrag vereinbart. Und kein Wort von einer zusätzlichen Gage.

Alle schimpften, aber als ich vorschlug, dass wir uns beschweren sollten, war niemand dazu bereit. Alle fürchteten um irgendwelche kleinen Privilegien. Läufer, die leicht bevorzugt wurden, wollten mit den anderen nicht gemeinsam handeln. Schon gar nicht mit mir, ihrem neuesten Konkurrenten. Der Rest des Ensembles hing zu sehr am Job.

Mr. Burke, der Mann fürs Grobe im Personalbereich, setzte Unerwünschte schnell auf die Strasse. Den Hut im Nacken, eine kalte Zigarre zwischen den Zähnen, kam er auf das Opfer zu und sagte: »Ich höre, dass du uns verlässt.«

Da half kein Verneinen: »Wer behauptet denn so etwas ...«

»Ich.« Damit war die Kündigung dann endgültig.

Trotzdem versuchte ich den Läufern Mut zu machen. »Wenn wir zusammenhalten, kann er niemand entlassen.«

Aber würden sie zusammenhalten? Am Abend besprach ich die Lage mit meinem Vater.

»Wenn ich von der Geschäftsleitung eine Zulage verlange, kann sie doch höchstens Nein sagen?«

»Das werden sie auch tun. Und dich als Unruhestifter abstempeln.«

»Also soll ich's vergessen?«

»Oder ihr müsst euch organisieren.« Er hatte Gefallen an meiner kämpferischen Einstellung, obwohl wir uns den Verlust meines Einkommens schlecht leisten konnten.

Ich entschied mich, es zu wagen, und war überrascht, als ich in der Gruppe plötzlich auf immer mehr Unterstützung stiess. Meine Bitte um ein Gespräch wurde von der Direktion abgelehnt. Aber man gab mir zu verstehen, dass mich wegen meiner guten Arbeit ein Bonus erwarte und ich als Ersatz beim Ausfall eines Sololäufers in Betracht gezogen und sicher mehrmals auftreten würde. Es wäre schade, wenn ich wegen ein paar Extra-Vorstellungen weiterhin Schwierigkeiten machen würde. Marge, die Choreographin, schien es ehrlich zu bedauern.

Noch waren wir nicht richtig organisiert, da geriet das Gerücht eines geplanten Streiks an die Presse. Ich hatte damit nichts zu tun, es wurde auch nichts veröffentlicht, aber es goss Öl aufs Feuer.

Mein Nachbar im Umkleideraum, ein kräftiger Jugoslawe, bot mir an, mein *bodyguard* zu sein, weil es jemandem einfallen könnte, mich mit Gewalt einschüchtern zu wollen. »Ich nicht mich auskennen mit verhandeln,« gestand er. »Ich weiss aber, wen vertrauen.«

Die Idee, eine Gewerkschaft zu gründen, nahm Form an. Das einzige Hindernis war, dass ich einen Beitrag von hundert Dollar von jedem für unseren Streikfonds verlangte, ein Betrag, der im Fall eines Austritts nicht rückerstattet würde. Wir brauchten das Geld, aber es sollte auch als minimales Druckmittel dienen, um ein Auseinanderbrechen der kleinen Gewerkschaft zu verhindern.

Das wiederum brachte die Direktion auf eine Idee. Sie gab vor, eine Gewerkschaft sehr zu begrüssen, allerdings nicht unsere, sondern eine etablierte (der man übrigens angehören musste, um in den meisten anderen Eis- und Varietéproduktionen arbeiten zu dürfen). In Anerkennung der zusätzlichen Vorführungen würde sie sogar die hohen Beitrittsgebühren bezahlen.

Das war immerhin etwas. Alle waren zufrieden. Die Auflösung des Streikfonds winkte. Da erhielt ich einen Anruf.

»Versuchst du das *Center Theater* zu organisieren?« fragte ein mir unbekannter, der Stimme nach älterer Mann.

»Das habe ich versucht.«

»Hat man euch angeboten, den Beitritt in eine andere Gewerkschaft zu bezahlen?

»Das ist vereinbart.«

»Und verboten. Wisst ihr das? Ihr könnt vors Gericht gehen.«

»Ach ja? Und wer sind Sie?«

Er gab mir seinen Namen. »Ich arbeite – noch – für die andere Gewerkschaft. Aber nicht mehr lange. Bin ihr beigetreten, als sie den Namen Gewerkschaft verdiente. Aber sie ist zu einem Schwindel- und Erpressungsunternehmen geworden. Ich hab' die Nase voll und werde euch helfen, wenn ihr wollt.«

Wir verabredeten uns auf ein Bier, in einer kleinen, abseits gelegenen Bar. Er passte genau dort hin: etwas verkommen, mit schütterem Haar, Tränensäcken, geöffnetem Hemdkragen und verrutschter Krawatte. Aber seine Nägel waren manikürt, er trug eine teuere Uhr und einen Siegelring und hielt eine Zigarette zwischen Daumen und Zeigefinger. Es fiel schwer, sich ihn als idealistischen Gewerkschafter vorzustellen. Aber sein Blick war schelmisch, kämpferisch, als wir zu sprechen anfingen. Er war *tough*, hatte eine Art von unheroischer Zivilcourage, die ich bei bestimmten Amerikanern besonders schätze.

»Und was geschieht in dem Fall mit Ihnen?« Ich sagte natürlich *»you«*, aber mit einer Note von Distanz und Respekt.

»Mach dir keine Sorgen. Ich habe Geld auf die hohe Kante gelegt und ein Hütte in den Berkshires. Du bist eingeladen, bis du was Neues findest. Bei der Henie sehe ich für dich so oder so keine grosse Zukunft.«

Ich sagte zu, »wenn sich die anderen bereit erklären, den Spatz in der Hand für eine Taube auf dem Dach zu tauschen«.

Sie waren es, denn die Unterlagen, die unser Mann lieferte, waren überzeugend. Und er beschaffte uns einen versierten Anwalt, der den Fall gewann, als ich schon längst ein neues Engagement hatte.

Es kam nämlich in den Nachtclubs führender Hotels eine neue Mode auf: Neben den grossen Orchestern zeigten sie Revues auf einer etwa zehn Quadratmeter grossen Eisfläche. Sie lag unter der Plattform für das Orchester versteckt und wurde für jede Vorstellung hervorgezogen, meist auf den Tanzboden. Man musste auf dieser briefmarkengroßen Eisfläche schwungvoll Sprünge und Pirouetten zeigen und zugleich mit den Gästen an den Tischen rundum Kontakt herstellen und flirten. Junge, gute Läufer waren gesucht. Das war nicht mehr Sport, sondern Showbusiness pur.

In New York meldeten sich gleich zwei Hotels, das Biltmore und das St. Regis. Ich wollte aber zuerst ausserhalb Erfahrung sammeln und entschied mich daher für das Hotel Book Cadillac in Detroit.

Auf jeden Fall erwartete ich, an jedem Ort nur ein paar Monate zu bleiben. Das Studium musste ich also eine Weile zurückstellen. Ich vereinbarte mit den Eltern, meine Gagen direkt auf ein Sparkonto überweisen zu lassen und nur bestimmte Beträge für sie und mich abzuheben. Den Rest würde ich für die weitere Ausbildung aufheben.

Als einer der Stars der Show hatte ich mein eigenes Zimmer und die besten Absichten zu lesen, zu lernen und auf einer kleinen Hermes-Schreibmaschine, die ich extra dafür kaufte, erste Schreibversuche zu machen. Aber das war nur ein frommer Wunsch, denn das ganze Ensemble wohnte auf derselben Etage mit einem gemeinsamen Korridor, und das sorgte für ständige Unruhe und Ablenkung.

Peggy, eine kleine rothaarige irische Hexe, hatte ihren Spass daran, mich mit ihrem schönen Körper von meinen literarischen

Versuchen abzulenken, ohne deshalb bereit zu sein, mit mir ins Bett zu gehen. Sie war das, was man in Amerika *a tease* nennt. Da half kein Bitten, mich in Ruhe zu lassen, keine Drohung, sie zu vergewaltigen, wenn sie damit nicht aufhöre. Eines Tages warf ich sie mir schliesslich über die Schulter und trug sie in ihr Zimmer, als wäre ich zu einer Gewalttat entschlossen. Sie vereitelte meinen Plan, ernst gemeint oder nicht, mit hellem Gelächter, den ganzen Korridor entlang. Ich musste an die Skulpturen im Mirabellgarten denken und fing auch zu lachen an. Erschöpft liessen wir uns beide auf ihr Bett fallen, und alles blieb beim alten.

Dramatisch war das Erlebnis mit einer anderen Irin, Hannah, mit schwerem, schwarzem Gemüt, einer Adeptin von C. G. Jung. Sie passte gar nicht zu ihrem gutaussehenden, erfolgreichen, charmanten und sehr blonden jungen Ehemann, der sie vergötterte.

Die beiden gehörten zu den Stammgästen des Restaurants, und wir wurden engere Freunde, als man in so kurzer Zeit erwarten durfte. Er war, man hätte es nie vermutet, Leichenbestatter. Und ich glaube, sie versuchte ihm zu assistieren. Aber über ihre Arbeit sprachen wir nie.

Eines Morgens, es war noch dunkel, klopfte es an meiner Türe, ungeduldig, weil ich, aus dem Schlaf geweckt, langsam reagierte. Ich öffnete, und draußen fand ich Hannah. Sie verlangte, forderte vielmehr, geliebt, nein, gerettet zu werden. Es war wie der Hilferuf einer Ertrinkenden und drohte mich in ihre Tiefe hinabzuziehen. Wie sollte ich mich als ihr Freund und der Freund ihres Mannes verhalten? Es gab nichts zwischen uns. Ich wollte sie beschwichtigen, trösten. Aber sie suchte keine Worte – nur so viel, ehe sie ging: »Ich werde es ihm sagen. Er wird es verstehen.«

Das tat sie auch. Er kam am selben Abend ins Hotel. Allein. Ich fühlte mich schuldig, weil ich ihre Not ausgenützt hatte, die sie zu mir gebracht hatte.

Um so überraschender war es, als er mich für sie um Entschuldigung bat. »Sie fürchtet den Tod. Und manchmal bin das ich, mein Beruf. Dann klammert sie sich an das Leben. Sie will dich nicht wieder damit belasten, und wir wollen beide deine Freundschaft nicht verlieren.«

Ein anderer häufiger Gast sass meistens alleine und schien sehr einsam. Er sprach mich an, als ich mir an der Bar einen *nightcap* genehmigte. Wegen seiner auffälligen Kleidung hielt ich ihn zunächst für einen Autoverkäufer von der West Coast. Aber es stellte sich heraus, dass er für eine bekannte Filmgesellschaft arbeitete. Und er wollte mich zu Probeaufnahmen für die Verfilmung von Oscar Wildes *The Picture of Dorian Gray* vorschlagen. Er gab mir das Buch zu lesen, eine eigenartig homoerotische Geschichte von einem Mann, der jung bleibt, weil sein Portrait altert.

Ich war skeptisch, als er auf das Angebot zu sprechen kam. Er konnte sich aber legitimieren, und er versuchte mich zu überzeugen, dass ich im Aussehen und Wesen die perfekte Besetzung für die Rolle wäre. Dabei kam mir der Verdacht, dass er sich zu mir hingezogen fühlte. Das bestätigte sich, als ich mich daraufhin zurückzog. Er verfolgte mich Tag und Nacht, wie ein Mann eine Frau verfolgt.

Es wurde mir bewusst, wie unangenehm es ist und für Frauen sein muss, bewundert, beschenkt und bedrängt zu werden, wenn sie das Gefühl nicht erwidern.

So kam er, als ich bei einem Juwelier meine Uhr zur Reparatur brachte, »zufällig« herein und liess sich in einer anderen Ecke teure Ringe zeigen. Als ich ging, rief er mich herüber und bat um mein Urteil über einen grossen Solitär an seiner Hand.

»Er steht Ihnen nicht«, sagte ich ihm ehrlich.

»Ich hatte ihn für dich gedacht.«

»Mir gefallen prinzipiell Ringe an Männern nicht.« Und ich musste es klar und deutlich machen: »Ich könnte von Ihnen auch kein Geschenk annehmen.«

Um gerecht zu sein: Ich glaube nicht, dass die Probeaufnahmen von einer Beziehung abhängig gewesen wären. Aber ich wollte ihn nicht gleichzeitig abweisen und ausnützen. Doch ich hätte gerne den Dorian Gray gespielt. Die Geschichte hat mich lange fasziniert.

Eines Tages kam die wirkliche Sonja Henie mit ihrer eigenen Show nach Detroit und besuchte dabei auch eine unserer Matinees. Anschliessend sassen mehrere Männer, unter anderem Mr. Burke vom *Center Theater*, an ihrem Tisch. Er kam nach der Vorstellung, um mich zu ihr zu holen. »Hier ist deine grosse Chance, Boy! Ihr Partner muss in die Armee. Du könntest ihn ersetzen. Das hast du mir zu verdanken. Ich hab' über unsere kleinen Differenzen kein Wort verloren.«

»Ich würde es ihr gern erzählen.«

»Glaubst du, sie würde dich dann noch nehmen?«

»Ich werde in ein paar Wochen selber eingezogen.« Es war ein Genuss, ihn zappeln zu lassen.

»Verdammt, Boy! Ich soll dich zu ihr bringen. Nur für ein paar Minuten.«

»Dann sagen Sie einfach ›bitte‹ und nennen Sie mich nicht ›boy‹. Mein Name steht auf dem Plakat am Eingang. Ganz oben.«

Sonja Henie war sehr freundlich. Wir haben uns gut unterhalten. »Ich kenne Herrn Burke vom Center Theater«, erwähnte ich so nebenbei und sah ihn erbleichen. »Er hat Ihnen vielleicht davon erzählt.«

»Hat er nicht. Aber Marge hat Sie sehr empfohlen. Und zu Recht. Würden Sie zu einer Probe kommen, auch auf das Risiko hin, dass Uncle Sam Sie wegschnappen wird?« Marge, das war die Choreographin vom *Center Theater*.

»Mit Vergnügen.«

Und es war wirklich unbeschreiblich schön, wieder einmal auf einer grossen Eisfläche zu laufen. Auch beängstigend, denn es ging nicht so wie früher. Doch die Versuche mit Sonja Henie liefen gut. Sie hatte einen zweiten, sehr kräftigen Partner, für Hebefiguren, denn sie war nicht ganz leicht. In der Nummer, die wir probierten, ging es um Eleganz, und es war erstaunlich, wie mädchenhaft graziös sie wirkte.

Meine Musterung fand im Zeughaus der Bürgerwehr statt, der *Armory of the National Guard*, einer grossen, zugigen Halle, zusammen mit Tausenden von armen Weissen und Schwarzen, die nach Detroit gekommen waren, um in der Rüstungsindustrie endlich wieder Arbeit zu finden. Wir mussten uns alle ausziehen, unsere Kleider deponieren und mit einer Handvoll Fragebögen splitternackt Schlange stehen, um durch eine Untersuchung nach der anderen geschleust zu werden.

Ich war mehr als bereit, mit der amerikanischen Armee gegen Hitler ins Feld zu ziehen, obwohl die Eröffnung einer zweiten Front zur Unterstützung der Sowjetunion immer wieder hinausgeschoben wurde.

Aber mir widerstrebte die verächtliche Art und Weise, wie man mit uns umging. Wir waren Kanonenfutter. Die Anstekkung mit Fusspilz zum Beispiel wurde einfach in Kauf genommen, auch wenn er mich nicht nur als Eisläufer, sondern auch als Rekruten ausser Gefecht setzen würde. Die ungesunden weissen Körper mit Pickeln, die mich umgaben, liessen Schlimmes befürchten. Dagegen wirkten die schwarzen wie angezogen.

Auch die Untersuchung wegen Geschlechtskrankheiten schien weniger der Kontrolle als der Verbreitung zu dienen. Als der Assistenzarzt, wenn es denn einer war, nach mir griff, schlug ich ihm mit den zusammengerollten Papieren auf die Hände. Er solle sie sich gefälligst waschen, ehe er mich anfasste. »Wo kämen wir da hin, jedesmal waschen. Sie sind jetzt in der Armee, Muttersöhnchen«, schrie er mich an.

»Noch nicht«, antwortete ich. »Aber Sie sind morgen in der Zeitung, wenn Sie nicht aufpassen.«

Im Nu war ich in einem kleinen Büro bei einem Psychiater.

»Setzen Sie sich«, sagte er freundlich.

»Nein, danke. Ich bin Hypochonder.«

Er lachte. »Haben Sie etwas gegen den Militärdienst?«

»Nein. Aber gegen Infektionskrankheiten.«

Die nächste Station galt dem Herzen. Ich hatte meinen Herzfehler gemeldet, mit der Bemerkung, dass er mir keine Beschwerden verursache.

Ein junger Arzt hörte mich ab. Sein besorgter Ausdruck erinnerte mich an die Ärzte, zu denen mich Mutter geschleppt hatte, als ich noch klein war. Er bat mich um Erlaubnis, ein paar Kollegen hinzuziehen zu dürfen. Sie waren sich alle einig: Ich war dienstuntauglich.

Im Hotel wurde ich schon wie ein künftiger Kriegsheld empfangen. Als sie hörten, dass ich gar nicht zum Militärdienst gehen würde, waren sie ziemlich verblüfft. Wir feierten trotzdem, in einer kleinen Spelunke, die für ihr Chili con carne bekannt war. Dass ich der Show nicht von einem Tag zum anderen abhanden kommen würde, war den anderen auch recht. Allerdings hatte mich mein Agent, falls ich abgelehnt würde, bereits in das Hotel Netherland Plaza in Cincinnati, gebucht. Ich war Mangelware.

Dass ich von der Armee abgelehnt worden war, passte mir überhaupt nicht. Ich wollte gegen Hitler kämpfen, und da ich Land und Sprache kannte, hielt ich mich auch für fähig. Auch wenn ein Einsatz mit der Waffe nicht in Betracht kam.

Ich bewarb mich bei verschiedenen Stellen, wollte mich freiwillig melden, scheiterte aber jedesmal, weil mich wegen des Herzfehlers keine Versicherung akzeptiert hätte. Im Falle von Invalidität hätte ich keinen Anspruch auf Behandlung oder Untersützung gehabt. Selbst das Stipendium, auf das jeder GI nach dem Dienst Anspruch hatte, wäre mir nicht gewährt worden. Da musste ich schliesslich passen. Ich hatte den Eindruck, dass der Krieg irgendwie ein Geschäft sei.

Es tat mir wirklich leid, die Freunde in Detroit zu verlassen. Zu ihnen gehörte auch noch Ululani Holt, die nicht mehr junge, aber exotische Enkelin der Kaiserin einer der Inseln von Hawaii. Sie konnte mir viel erzählen und Gedichte und Lieder vortragen. Ihr Freund, ein ehemaliger amerikanischer Agent im Pazifik, führte uns zum Abschied in ein Restaurant, das sich seiner

Meinung nach mit den besten im Fernen Osten messen konnte. Es befand sich in einem alten Holzschuppen im verruchtesten Teil der Stadt. Aber innen war es strahlend weiss, mit offener Küche und blitzenden Kupferpfannen. Und das Essen war wirklich wunderbar.

Plötzlich kam ein junger Mann im Trenchcoat herein, mit Bürstenschnitt, setzte sich ohne zu warten an den nächsten Tisch und bestellte laut ein Steak, *rare*. Das gab es nun wirklich überall in der Stadt, nur hier nicht. Er wurde ziemlich ausfällig, als ihm das der herbeieilende Kellner erklärte.

Er wandte sich zu uns. »Wie können es diese Schlitzaugen wagen, kein anständiges *American food* zu servieren?«

Ululanis Freund wollte ihm schon die Meinung sagen, da kam einer der Riesen, die es im Norden von China gibt, aus der Küche und bat ihn leise, aber bestimmt *sofolt das Lestaulant zu vallassen*. Erleichtert konnten wir lachen. Wie hatte der Idiot nur hierher gefunden?

Cincinnati fing nicht erfreulich an. Es gab einen ziemlich grossen Wechsel in der Besetzung, so dass die Teilnehmer des laufenden Programms und wir, die das nächste probten, zu viele Zimmer in Anspruch nahmen. Gleichzeitig war das Hotel wegen einer Tagung überbelegt. Die Direktion verlangte deshalb, dass ich mein Zimmer mit dem Partner eines Paares teile, während seine Partnerin bis zum Ende ihres Engagements bei einer der Läuferinnen einzog. Daran war trotz Vertrag nicht zu rütteln.

Er war ein wilder, starker Russe. Und weil ich, um eine Erkältung loszuwerden, früh schlafen gehen wollte, bat ich ihn, mich nicht zu wecken, wenn er spät zu Bett kommen würde.

Er versprach es, hatte aber zuviel Bier getrunken, um sich daran zu erinnern. Er platzte ins Zimmer und knallte die Türe mit einem Fusstritt hinter sich zu. Er trug ein Dutzend Flaschen, ein paar fielen zu Boden. Mit einem Fluch riss er das Fenster auf und warf die leeren in den Innenhof. Ein eisiger Wind blies herein.

Ich war wütend. »Verdammt! Du hast versprochen, mich schlafen zu lassen!«

»Du hast geschlafen. Jetzt Zeit für Aufstehen.« Er schüttelte sein Bier und spritzte mein Bett an. »Aufstehen!«

Ich sah mich schon im Spital mit doppelter Lungenentzündung und schlug ihm das nasse Kopfkissen um die Ohren.

»Du sehen, es geht dir gut«, lachte er. »Du willst spielen?«

Er nahm einen gepolsterten Sessel mit einer Hand und warf ihn in meine Richtung. Er landete knapp neben mir auf meinem Bett und knickte die vorderen Beine ein.

Mühsam warf ich den Sessel zurück. Jetzt war sein Bett auch kaputt. »Ich will nicht spielen. Ich bin krank. Verstehst du? Krank. Und du hast mein Bett nass gemacht mit deinem blöden Bier. Du bist ein Idiot!«

»Kein Idiot. Tut mir leid.« Er fing beinahe zu weinen an. »Du nehmen mein Bett. Ich machen Ordnung.«

Am nächsten Morgen kam das Zimmermädchen. Alles war halbwegs aufgeräumt. Erst nach einer Minute bemerkte sie, dass die Möbel ohne Beine zwanzig Zentimeter tiefer waren als gewohnt. *»Oh, my God«*, rief sie fassungslos und rannte hinaus.

Mir war übel, aber ich ging trotzdem hinunter zu den Proben. Der Hausdetektiv kam auf mich zu. »Ich muss während der Vorstellung dein Zimmer durchsuchen. Du kannst noch schnell hinaufgehen und alles verschwinden lassen.«

»Was soll ich verschwinden lassen?«

»Du weisst doch. *Hash, coke* usw.«

»Sie meinen Drogen?« Die waren generell im Kommen, in manchen Kreisen allerdings schon länger verbreitet. Besonders die Musiker nahmen sie häufig. Auf dem Eis brachten Drogen aber nichts.

»Nach dem Zustand des Zimmers hat die Direktion den Verdacht …«

Ich unterbrach ihn. »Die Erklärung für den Zustand ist, dass ich gezwungen wurde, mein Zimmer mit einem Wahnsinnigen zu teilen. Finden Sie ein anderes Zimmer für ihn. Oder ich lass mich ins Spital einliefern.«

Der Ärger schlug sich auf meine Arbeit nieder. Wegen irgendeiner Bemerkung beleidigte ich den überempfindlichen Choreographen und seinen Freund, den Ansager und Sänger des Orchesters. Aber zumindest mit einem herzigen, jungverheirateten Paar, Gerry and Genny, und den vier Mädchen im Chorus verstand ich mich gut. Die vier teilten eine Suite und baten mich eines Abends um Hilfe. Ein Arzt, der sich in die Gruppe eingeschmeichelt hatte, indem er kleine Beschwerden gratis behandelte und Muster von Medikamenten verteilte, war in ihre Suite gekommen und wollte dort übernachten. Nur das. Er hatte zuviel getrunken und konnte nicht mehr Auto fahren. Ich bot an, ihn nach Hause zu bringen.

»Ich habe einen neuen Chrysler mit Fluid-Drive-Automatik. Kannst du Fluid-Drive fahren?«

»Kann ich«, behauptete ich. Und anstatt den Doktor einfach in ein Taxi zu setzen, stieg ich mit ihm in sein riesiges Auto, das vor dem Eingang stand. Alles war funkelnagelneu. Das Kupplungspedal fehlte. Logisch, aber es verwirrte die Füsse. Auf einer Anzeige konnte man ablesen, in welchem Gang man war, wenn man sich nicht gerade auf die Strassen in der fremden Stadt konzentrierte. »P« war für Parking. Mit »D« für Drive war das System wirklich ein Kinderspiel. Aber ich fing, wie gewohnt, mit einem unteren Gang an und schaltete nie ganz nach oben.

Der Doktor konnte es hören und sagte, ich müsse das Gaspedal durchtreten, um hochzuschalten. So funktionierte es in »D«, aber ich fuhr einfach immer schneller im unteren Gang. Er hatte kaum Zeit, mich zu lotsen. Er wohnte sehr abgelegen, am Ende eines Feldwegs, in einem Haus bei der Sternwarte.

Er hätte mich einladen können, dort zu übernachten, aber dafür war er zu blau. Also machte ich mich auf den Heimweg. Zuerst musste ich das Schiff wenden. Dann nahm ich mir etwas Zeit, um das Bordbuch und den Stadtplan zu studieren. Auf diese Weise fand ich mit gedrosselter Geschwindigkeit früh am Morgen auf »D« zum Hotel zurück.

Als ich aufwachte, rief ich ihn an und fragte, wann und wo er das Auto zurückhaben wolle. Er hätte es eigentlich selber abholen können.

»Keine Eile«, sagte er. »Ich hatte eine frühe Verabredung und hab mir einen kleinen Leihwagen bestellt. Bring das Auto irgendwann zur Praxis, wenn du Zeit hast.« Der Portier hatte den Wagen in eine mehrstöckige Garage stellen lassen. Der Wagen war zu lang, um in einem Zug auf die steile, enge Ausfahrtrampe zu drehen. Ich bremste also kurz vor der Mauer, schaltete in den Rückwärtsgang und gab kräftig Gas. Nur war ich über das »R« hinausgeraten und fuhr mit voller Wucht nach vorne.

»Macht nichts«, sagte der Doktor tröstend.

»Sie sind versichert.« Ich war erlöst.

»Leider nicht, wenn jemand anderes fährt. Ich meinte nur, ich komme mit dem kleinen Mietwagen aus, bis die Reparatur gemacht ist. Das kommt dich dann nicht zu teuer.«

Grossartig. Reparatur, Miete und keine Versicherung. Und dabei war der Doktor stadtbekannt dafür, gelegentlich bei irgendwelchen Feten Silberdollars unter die Leute zu streuen, damit sie sich seinen Namen einprägten.

Wo sollte ich das Geld hernehmen? Vom Sparkonto? Das war gegen die Abmachung mit den Eltern und besonders ungünstig, weil ich mir bald selbst ein Auto kaufen wollte und wegen des Unfalls und den Kosten mit ihrem Widerstand rechnen müsste.

Ich sah nur eine andere Möglichkeit. Im Nachbarstaat Kentucky lag das Las Vegas des Mittleren Westens. Die grossen Spielkasinos boten Unterhaltung bis in den frühen Morgen. Wir fuhren manchmal hin, um uns nach unserer letzten Vorstellung ein bisschen zu entspannen.

Ich freundete mich mit einem der Besitzer an, sofern man das mit einem Mitglied der Mafia kann und soll. Wenn ich auftauchte, liess er an der Bar gleich sechs Glas Whisky, vom feinsten, in einer Reihe für mich aufstellen. Als ich mich beschwerte, dass ich nicht trinken könne, ohne etwas im Magen zu haben, bestellte er eine Platte der besten *fried shrimps* dazu. Beides teilte ich gerne mit meinen Begleitern.

Aber jetzt hatte ich einen besonderen Wunsch. Ich wollte so schnell wie möglich das Geld für die Reparatur verdienen. Vielleicht als Sänger oder als Conférencier?

Es war eine Schnapsidee, und er schlug vor, dass ich statt dessen das Geld an einem Black-Jack-Tisch gewinnen könnte.

»Ich glaube nicht, dass man in deinem Kasino so schnell Geld gewinnen kann. Ich bin auch kein Spieler.«

»Es ist Glückssache.« Er gab mir eine Hunderternote. »Versuch's mit meinem Geld. Verlierst du, krieg ich's vom Tisch zurück. Gewinnst du, gibst du mir's wieder. Bei diesem Angebot gibt es keinen Verlierer.«

»Ohne Verpflichtung?«

»Ja. Komm.« Er begleitete mich zu einem Tisch.

»Ich habe hier einen Anfänger«, sagte er zum Dealer. »Er will sein Glück versuchen. Pass auf, dass er mit seinem Glück nicht die Bank ausräumt. Mehr als ein Tausender ist nicht drin.«

Das Haus war dafür berüchtigt, dass es grossen Gewinnern das Geld auf dem Weg zurück nach Cincinnati wieder abnehmen ließ.

Mein Glück kam und ging, und ich hatte den Eindruck, dass ich mein Spiel in der Hand hatte. Andere Spieler kamen dazu. Mit einem eigenen Hunderter wäre ich mehrmals ausgestiegen. Als ich nach neunhundert wieder bei dreihundert landete, zum Beispiel. Zum Schluss hatte ich die Tausend und etwas mehr. Das Etwas gab ich dem Dealer für seinen wertvollen Unterricht. Und meinem Gönner gab ich mit Dank den Hunderter zurück. Er hat mich fürs Leben gegen Glücksspiele gefeit.

Es kamen schlechte Nachrichten für das junge Paar, mit dem ich mich angefreundet hatte. Gerry wurde eingezogen. Genny konnte so schnell keinen neuen Partner finden. Er bat mich zu überlegen, ob ich neben meinen Soli mit ihr laufen und ihre Stelle bis zum Ende der Produktion retten könnte.

Das Hotel war bereit, das Programm anzupassen. Aber war ich im Stande, Gerrys Hebe-Figuren auszuführen, ohne Genny fallen zu lassen? Ich war kein Schwächling, aber auch kein Muskelpaket. Vor allem konnte ich meine Arme nicht nach oben durchdrücken und die Muskeln dadurch entlasten.

Drei Tage lang probten wir im Korridor, ohne Schlittschuhe, mit Schlittschuhen. Gerry und alle anderen folgten mir auf den Fersen, um Genny, wenn nötig, aufzufangen. Das passierte am Anfang mehrmals. Dann versuchten wir es auf dem Eis, um Mitternacht, nachdem das Restaurant geschlossen hatte. Es ging sogar gut, denn wir ersetzten einige Figuren durch neue Tricks wie die viel gezeigte sogenannte Todesspirale, die gefährlich aussah und für mich ein leichtes war.

Eine auffällig intelligent aussehende junge Frau, eine Afro-Amerikanerin, wie es jetzt heisst, die, während wir probten, die Tische abräumte, unterbrach ihre Arbeit, um uns zuzuschauen. Ihre Erscheinung trog nicht. Sie studierte an einer schwarzen Universität, musste aber zwischendurch Geld verdienen. Nur die niedrigste Arbeit stand ihr hier offen. Ihr Fach war schwarze Literatur. Sie war erfreut, dass ich Richard Wrights *Native Son* gelesen hatte und etwas über Fredrick Douglas wusste. Ich habe viel von ihr gelernt. Bei ihren Schicksalsgenossen war das reiche kulturelle Erbe, das bis ins frühe achtzehnte Jahrhundert zurückreichte, praktisch unbekannt. Darüber wollte sie schreiben und unterrichten.

Wir haben uns oft unterhalten. Aber die Möglichkeiten, tagsüber, wenn wir beide frei hatten, etwas zu unternehmen, waren damals sehr begrenzt. In der Stadt gab es grosse Rassenprobleme. Bei ihren Freunden und Verwandten musste sie gestehen, wäre unser Zusammensein auf mindestens genausoviel Ablehnung gestossen wie bei den Weissen. Wäre ich nicht praktisch auf Durchreise gewesen, hätten wir vielleicht den Mut gehabt, uns dem zu widersetzen.

Ich genoss es, wieder bei den Eltern in meinem kleinen Zimmer zu sein. Es wurde besonders von Bloch während meiner Abwesenheit als Gästezimmer geehrt, nach den unzähligen Sitzungen, welche zur Gründung eines gemeinsamen Verlags von elf exilierten deutschen Schriftstellern führte. Er ging hervor aus ihrer Arbeitsgemeinschaft »Die Tribüne«, die Autoren und Künstlern seit Jahren mit Veranstaltungen und Lesungen in Amerika Gehör zu verschaffen versuchte. Als ich zurück kam, waren gerade Abende für Heinrich Mann und Karl Zuckmayer angesagt.

Schon der Name des Verlags stand lange zur Diskussion, obwohl Vater der Meinung war, dass das Verlagsprogramm dem Namen seinen Klang verleihen würde. Man einigte sich schliesslich auf »Aurora«, ein Vorschlag von Brecht. Unabhängig davon entwarf Vater ein Signet, ein kleines Boot, bestehend aus fünf chinesisch anmutenden Pinselstrichen, das sich nur entfernt mit dem Namen in Verbindung bringen liess. Es entstand in seinem Seven Seas Book Shop, der dem Verlag auch als Büro diente.

Die Proben im Hotel – es war das Biltmore, und gehörte zu den traditionellen noblen Häusern – waren schon im Gange. Ich hatte deshalb auf meine Nummern weniger Einfluss als ich es mir gewünscht hätte. Ich lief auch zum ersten Mal mit Kontaktlinsen, den harten. Das verlieh mir mehr Sicherheit, denn ich trug trotz starker Kurzsichtigkeit beim Laufen sonst keine Brille. Aber die Linsen irritierten die Augen und brachen das Scheinwerferlicht, so dass es schmerzte.

Es waren nicht ideale Voraussetzungen, um mich bei der Premiere all meinen Lieben vorzustellen. Die Eltern kamen, Franz und Erna, und Mary, mit der ich brieflich und über die Eltern in Kontakt geblieben war. Und es schien ihnen gut zu gefallen.

Einen Einwand hatte Vater gegen mein Leben, und das war der Alkoholkonsum, besonders von Whiskey, der ihm völlig fremd war. Deshalb war seine Sorge auch übertrieben. Aber ich versprach ihm, eine Pause zu machen und auch danach weniger zu trinken. Ich war überzeugt, dass es mir leichtfallen würde, denn ich war nicht wirklich abhängig. Zu Hause gab es sowieso keine harten Getränke, Wein nur zu festlichen Anlässen, und hin und wieder zu einem passenden Essen ein Glas Bier.

Nur ein einziges Mal kam es zu einem Absturz. Ursache war indirekt Mary, meine rumänische Freundin. Sie arbeitete als Mannequin in einem sogenannten Modehaus an der Siebten Avenue, dem Zentrum der Bekleidungsindustrie. Ich fand den Schuppen unter ihrem Niveau und wollte versuchen, sie bei einem führenden Pelzhaus unterzubringen. Ich kannte den Besitzer nur flüchtig, aber er lud mich zu einer *after-theater-party* ein, um mit mir über ihre Anstellung zu sprechen.

Als ich, etwas verspätet, ankam, war er nicht zu finden. Und die Gäste waren schon ziemlich benebelt und bestaunten einen 50 Jahre alten Scotch, der wie ein Kultobjekt auf einer Konsole stand. Tallulah Bankhead, das enfant terrible vom Broadway, sagte, so etwas Rares dürfe nur als Parfüm benutzt werden. Verärgert nahm ich ein Wasserglas, brach das Siegel, öffnete die Flasche und trank sie, vor entsetzten Augen, ohne Schirm und Mantel abzulegen, halb leer. Dann machte ich kehrt und ging unverrichteter Dinge und mit schlechtem Gewissen nach Hause.

Es war der 23. November 1943. Ich werde das Datum nie vergessen. Vater sass am Tisch und las die *New York Times.* »Komm, schau dir das an«, rief er. »Die Rote Armee hat Kiew zurückerobert!«

Ich hörte ihm zu, solang ich konnte. Aber dann musste ich mich ganz plötzlich entschuldigen und auf die Toilette rennen, um mich zu übergeben.

Am nächsten Morgen fragte ich Vater ganz beiläufig, ob er etwas bemerkt hätte ...

»Als du zur Türe hereinkamst, hattest du eine Fahne, die mich umgehauen hat«, sagte er. Sein Vortrag war auch eine Lektion gewesen.

Das letzte Hotel, das sich für eine Eisrevue entschied, war das *New Yorker*. Es versprach ein Höhepunkt zu werden, denn nur die besten Orchester spielten dort. Im Auftakt war Benny Goodman vorgesehen. Ich bat meinen Agenten, mich dafür sofort vorzuschlagen. Aber der Choreograph, den ich in Cincinnati beleidigt hatte, war für die Produktion verantwortlich und lehnte mich ab. Mir wurde bewusst, dass die Branche weniger Zukunft bot, als ich ursprünglich erwartet hatte.

West Huntsville

Schließlich nahm ich das Angebot eines Nachtclubs in West Huntsville, einer kleinen Ortschaft in Neuengland an. Er hieß *The T-Bone* und war angeblich der Treffpunkt der superreichen Grossgrundbesitzer in der weiteren Umgebung. Der Besitzer war ein Grieche, Nick Andopolus, und seine Steaks waren vom Besten, was am schwarzen Markt zu haben war. Und zudem bot er seinen Kunden das Neueste an Unterhaltung, eben eine Eisrevue, damit sie dafür nicht nach Boston fahren mussten.

Als sich das Hotel *New Yorker* dann doch noch meldete, war mein Vertrag schon unterschrieben. Zum Trost zahlte Nick besser als die Hotels. Und er stellte in Aussicht, dass eine Reihe ähnlicher Lokale seine Produktion übernehmen würde.

Ich hatte den berechtigten Verdacht, dass es sich bei dem angeblichen »Nachtclub« in Wirklichkeit um eine Kette von illegalen Wettbüros handelte. Jedenfalls passte dazu Speedy Sam, ein spindeldünner Pensionär, der jedesmal herbeieilte, wenn jemand eine Wette plazieren wollte. Eine schöne Geschichte, in die mich mein Agent da verwickelt hatte.

Die sogenannte Choreographin, eine aufgedunsene alte Kleinstadt-Tanzlehrerin, hatte vom Eislaufen keine Ahnung, behauptete aber, das Copyright jeder Bewegung, die wir erarbeiteten, sei ihr geistiges Eigentum, als wäre sie Balanchine. Ihr runzliger kleiner Mann gab ihr seine volle Unterstützung und war bedacht, ihr immer den besten Platz zu verschaffen: *»Sit here ... sit there ...«* Da er falsche Zähne hatte, sprach er »s« allerdings wie »sh« aus. Das hörte sich ziemlich komisch an, und wir konnten nicht immer unser Lachen unterdrücken.

Meine Auftritt kam gut an, und ich überzeugte Nick, er könnte viel sparen, wenn ich für eine kleine Extra-Gage die Regie der künftigen Produktionen selbst übernehmen würde. Es reizte mich, die Auftritte zu kleinen Geschichten mit einer richtigen Handlung zu machen und die Pantomime auf dem Eis mit Worten und bekannten Liedern zu unterstützen. Es war ein grosser Erfolg. Dabei waren die verfügbaren Mittel äußerst bescheiden. Für die Musik sorgte ein Trio anstelle eines Orchester und das Können der Mädchen im Chorus war ziemlich rudimentär, aber sie waren lebhaft und hübsch.

Eins von ihnen, die Geliebte des Manns am Kontrabass, war sogar ausgesprochen schön. Nur war alles an ihr, ausser ihrer Ausstrahlung und ihrem Humor, künstlich – die Haarteile, die Wimpern, die Nägel, die gemalten Augenbrauen und Lippen, das strahlend weisse Zelluloid-Gebiss und die Polster an Stelle von Brüsten und Hüften. Während sie sich nach der Vorstellung von den Hilfsmitteln, eins nach dem anderen, befreite, las sie uns zur allgemeinen Unterhaltung gelegentlich die *billets doux* irregeführter Bewunderer vor, die sie mit ihrem strahlenden Lächeln ... ihren einladenden Lippen ... ihrem sinnlichen Blick usw. verzaubert hatte.

Die meisten Gäste waren allerdings mehr blasiert, ein Klüngel, der sich hier gewohnheitsmässig zusammenfand. Sie kamen auch untertags, würfelten oder spielten Karten. Ein Mann – ich kannte ihn nur bei seinem Vornamen Don, und er fuhr eine Corvette – fragte mich eines Tages, ob ich vorhätte, das ganze Leben Schlittschuh zu laufen oder einmal wirklich Geld verdienen wolle. Er könne mich nämlich brauchen, beim Pferderennen, bei dem man in einer Woche *easy* aus einem Dollar hundert machen kann.

»Das müssten Sie mir erst beweisen«, sagte ich, ohne sein Angebot ernst zu nehmen. Soviel hatte ich in Kentucky gelernt. »Also wetten wir. Hundert Dollar.«

Aus Spass gab ich ihm den einen Dollarschein.

Während der folgenden Woche berichtete Speedy Sam, wie sich, wenn ich es glauben durfte, der Dollar vermehrte. Und da wir am Sonntag keine Vorstellung hatten, fuhr ich nach New York und feierte mit Freunden beiden Geschlechts, werdenden Schauspielern, Künstlern, Cineasten und Schriftstellern ein kleines Fest. Sie waren alle knapp bei Kasse. Nur ich hatte mich verkauft. Ich gab buchstäblich meinen letzten Cent für kalifornischen Wein in Gallonenflaschen – so trank man ihn, ehe er *chic* wurde –, Oliven und Cheddarkäse aus.

Am nächsten Morgen stand ich am Thruway, um per Autostop nach West Huntsville zurückzukehren. Die Wagen rasten vorbei. Endlich machte ein Fahrer halt, zwanzig Meter vor mir, um sich im Rückspiegel zu vergewissern, dass ich vertrauenswürdig aussah und nicht als Lockvogel für vier weitere Tramper diente, die mit ihren Rucksäcken aus dem Gebüsch auftauchen würden. Das konnte ich verstehen, denn das Auto war ein weisses Cadillac Cabriolet, *top down*, und eine Frau war am Lenkrad. Sie schien nicht gerade jung, sah aber auf Distanz doch gut genug aus, um vorsichtig sein zu müssen.

»Wo wollen Sie hin?« fragte sie, während sie mich durch ihre Sonnenbrille musterte, was ich eigentlich gar nicht leiden konnte.

»Massachusetts. West Huntsville, Massachusetts.«

»Das darf nicht wahr sein.« Sie war nicht überrascht, sondern skeptisch.

»Und warum nicht?«

»Weil ich dort lebe.«

»Dann hab ich Glück. Ich arbeite dort. Im *T-Bone*.«

Jetzt hob sie die Sonnenbrille, um mich genauer anzusehen. Sie hatte müde Augen. »Sind Sie … der junge Mann in Nicks neuer Eisshow?«

»Derselbe. Haben Sie mich gesehen?«

»Nein. Nur ein Foto. Also, steigen Sie ein. Ich vermeide den Schuppen, seit die sogenannte Choreographin der letzten Produktion mit meinem Mann abgehauen ist.«

»Die alte, aufgedunsene Kleinstadt-Tanzlehrerin?«

»Nein. Eine kleine hennarote Schlampe.«

»Tut mir leid.«

»Muss nicht. Sie passen zueinander. Er war nur hinter meiner Erbschaft her.«

Sie schnappte sich eine Zigarette, hielt mir das Päckchen hin. Ich lehnte ab.

»Das Foto schmeichelt Ihnen nicht.«

»Das ist wegen all der Pomade im Haar«, antwortete ich verlegen. »Vor ein paar Tagen habe ich bei einem Sprung damit die Decke gestreift und einen Fettfleck dabei hinterlassen.«

»Geschieht dem Griechen recht«.

»Nick ist ja stolz darauf. Es ist eine Art Rekord. Er sagt, er wird ihn nie übermalen lassen.«

Sie hatte ein nettes Lachen, sah Jahre jünger aus. »Wie kommen Sie überhaupt zurecht auf dem kleinen Eis? Für mich wäre das wie ein Käfig.«

»Haben Sie früher... ich meine ...«

»Sagen Sie's ruhig: als ich jung war? Ja, ich liebte Eislaufen, aber ohne die Kunststückchen. Wir machten richtige Ausflüge, wenn die Seen zugefroren waren.«

»Ich auch. Mit meinem Vater.«

»Zahlt Nick wenigstens anständig? Ich meine, weil Sie Autostop machen?«

»Er zahlt okay. Aber ich lege viel auf die Seite fürs College und helfe zu Hause. Und gestern gab's ein Fest für meine Freunde. Da hab' ich alles ausgegeben, was ich bei mir hatte. Jeden Cent.«

»Und was war der Anlass?«

»Es braucht keinen Anlass. Aber Don... Ich kenne seinen Nachnamen nicht...«

»Don Schuster? Der hat meinem Mann mit Wetten ein kleines Vermögen abgeknöpft.«

»Mit mir hat er am Freitag hundert Dollar gewettet, dass er bis heute bei den Rennen einen Dollar in hundert verwandeln könnte. Also hab ich ihm den Dollar gegeben.«

»Verstehe ich Sie recht? Wenn er gewinnt, müssen Sie ihm ja die hundert geben.«

»Verdammt. Ich glaube, ich hatte ein Glas zuviel. Und wenn er verloren hat ...?«

»Wie wollen Sie das überprüfen? Er hat Sie aufs Kreuz gelegt. Sie sind nicht der erste.«

»Ich dachte, er wolle mich einfach damit beeindrucken, wieviel mehr ich verdienen könnte, wenn ich für ihn arbeiten würde.«

»Für ihn arbeiten! Tun Sie das ja nicht!«

»Ich hatte es nicht vor.«

»Gut. Ich heisse übrigens Alexandra Smyth.«

»Alexandra. Ein schöner Name.«

»Aber man nennt mich Alex.«

»Ich bleibe lieber bei Alexandra, wenn ich darf.«

»Wie du willst. Und du heisst ..?«

»George. In Deutschland hat man Georg gesagt, in Österreich Schorschi, in der Tschechoslowakei Jiři, in Frankreich Georges. Sie haben die Wahl.«

»Hast du da überall gelebt?«

»Wir mussten wegen Hitler weg aus Deutschland, wo ich geboren wurde. Dann sind wir von einem Land ins andere emigriert.«

»Seid ihr jüdisch?«

»Es war nicht deshalb.«

»George ist doch ein englischer Name.«

»Ich wurde nach dem besten Freund meines Vaters so genannt. Dem Maler George Grosz.«

»Ein Amerikaner?« Sie schien sich in der Kunstwelt auszukennen, doch von Grosz hatte sie noch nicht gehört.

»Er ist Deutscher. War dort sehr bekannt. Aber er liebt Amerika und hat seinen Namen, noch ehe er hierher kam, amerikanisiert.«

»In Russland würdest du Gregory heissen.«

Was, in Gottes Namen, brachte sie auf Russland?

»Wie Gregory Peck. Das passt gut zu dir.«

»Bist du russisch?«

»Meine Mutter war Russin. Wir sind vor den Bolschewiki geflohen.«

Eine Antwort darauf fiel mir nicht leicht. »Mein Vater ist so etwas wie ein Bolschewik, ein Kommunist.« Das hatte ich noch nie jemandem anvertraut. Würde sie mich jetzt auf die Strasse setzen? »Deshalb mussten wir aus Deutschland flüchten.«

Sie lächelte ob meiner Befangenheit. »Dann haben wir ja das Flüchten gemeinsam.«

Oh, Gott, war das ein zauberhafter Satz.

»Um ehrlich zu sein, wenn uns die Emigration nach Russland verschlagen hätte, wären wir zum Schluss wahrscheinlich auch von dort geflüchtet.«

»Und wir aus Deutschland. Meine Mutter war Jüdin. Hast du einen Führerschein? Kannst du fahren?«

»Ja.«

Sie hielt an, und wir tauschten Plätze.

Ich hatte für Cadillacs nicht viel übrig. Eines meiner Vorurteile, denn ich hatte noch nie einen gefahren. Und es war purer Genuss, Kontrolle über soviel samtweiche Kraft zu spüren.

»Was willst du studieren?« Ihre Stimme weckte mich aus meiner Trance.

»Weiss noch nicht. Literaturwissenschaft. Mein Vater war, ist ein Verleger. Ich wollte auch Verleger werden. Vielleicht klappt es, nach dem Krieg.«

»Bücher sind meine Rettung. Sie helfen mir, aus West Huntsville zu entkommen. Noch schöner wäre es, dem Kaff wirklich den Rücken zu kehren. Aber dazu fehlt mir der Mut. Ich bin an den Besitz des Smyth-Clans gekettet. Es tröstet mich, dass mein abhanden gekommener Mann, wenn ich gestorben bin, erfahren wird, dass ihn die Familie enterbt hat. Weil er ausser Haus zu beschäftigt war, um Nachwuchs zu produzieren. Und ich werde ihm keine Zeit lassen, die Neue zu heiraten und zu schwängern.« Sie lachte maliziös. »Aber dir steht alles offen. Hör' nicht auf die Nicks und Dons dieser Welt. Auch auf deine Agenten und deinen Vater nicht.«

Schon verliessen wir die Autobahn und tauchten in das bilderbuchhafte Neuengland ein, mit seinen romantischen Landstrassen, gedeckten Holzbrücken, gepflegten Höfen und schmucken Städtchen. Daneben gab es unglaublich vernachlässigte Strekken, mit zerfallenden Häusern, vor sich hin rostenden alten Autos und Eiskästen, ausgedienten Sofas, was sich so ansammelt.

Sie bat mich, zuerst bei ihr vorbeizufahren, über sehr privat anmutende Strassen, durch ein scheinbar unbesiedeltes Gebiet. Es erinnerte an New Hampshire, und ich erzählte ihr von dem schönen Sommer zu Pferd, für das ich am Ende ein neues Zuhause fand.

»Und warst du wieder einmal dort?«

»Nein. Es kam immer etwas dazwischen.«

»Das ist eine Ausrede.«

»Kann sein.«

»Ich halte ein paar Pferde. Du tätest mir einen Gefallen, wenn du sie bewegen würdest.«

»Reitest du sie nicht?«

»Leider nicht. Ich hatte einen Autounfall ... Jetzt gleich kommt die Einfahrt rechts.«

Von scheinbar unberührter Natur bogen wir in eine gepflegte, von Bäumen gesäumte Allee ein, die zum Herrschaftshaus führte.

»Das ist mein kleines Heim.«

Sie wurde von einem stattlichen Mann herzlich empfangen. Er hatte den Kopf eines Römers, graublondes Haar, stahlblaue Augen und sprach mit einem skandinavischen Akzent.

»Das ist Sven«, sagte Alexandra mit offensichtlicher Zuneigung. »Und das ist ... Gregory.«

Er hatte grosse, starke Hände, aber einen sanften Griff.

»An ihn musst du dich halten, wenn du reiten willst. Und ich lass' dir den Wagen. Es stehen genug andere Autos in der Garage. Das *T-Bone* ist ein ganzes Stück Wegs von hier.«

Sie steckte mir einen gefalteten Hundert-Dollar-Schein in die Hemdtasche. Ich wehrte ab.

»Tu mir den Gefallen. Damit du zu essen hast und Don's Geld nicht brauchst – falls er dich reingelegt hat. Du kannst es mir zurückgeben, wenn wir kommen, um dir zuzuschauen.«

An der Bar erwartete mich die Nachricht, Don Schuster sei am Tag zuvor auf einer Rennbahn einem Herzschlag erlegen. Also keine hundert Dollar, keine Karriere. Obwohl Speedy Sam, schon für jemand anderen, unverändert weitermachte.

Sie kamen oft, Sven und Alexandra. Ihre angestauten Gedanken und Gefühle ergossen sich in langen Gesprächen. Sie war sehr belesen, war beeindruckt, dass mein Vater russische Autoren in Deutschland bekannt gemacht und ich sie schon als Junge verschlungen hatte. Und sie gab mir Faulkner zu lesen.

Sven sagte wenig, aber beobachtete sie mit Sorge und Liebe. Sie rauchte und trank vor allem zuviel. Nie über ihre Grenze hinaus, aber ich hatte den Verdacht, dass sie zu Hause weitermachte.

Eines Abends hatte ich gute Nachrichten, für mich gute Nachrichten: »Die Show wird als Ganzes vom *Steel Pier* in Atlantic City übernommen!«

Alexandra zuckte zusammen, hatte sich aber gleich wieder im Griff. »Das freut mich für dich.«

Ich wusste von *Variety*, dem Fachblatt des Showgeschäfts, das ich abonniert hatte, wie viele Vorstellungen dort täglich liefen, und verhandelte deshalb etwas energischer als sonst. Ich wollte nicht schon wieder eine Gewerkschaft gründen müssen. Deshalb hatte ich Nick auf ein paar Drinks eingeladen. Er hatte versucht, den Unterschied in der Anzahl der Vorstellungen herunterzuspielen. Vielleicht war er ihm selber nicht genau bekannt. Jedenfalls konnte er nicht gut nein sagen, als ich ihm vorschlug, meine Gage durch die Anzahl der Vorstellungen in seiner Bar zu teilen und mir in Atlantic City einfach denselben Betrag pro Auftritt zu bezahlen wie im *T-Bone*.

»Es steht alles auf einer Papierserviette mit seiner Unterschrift«, erzählte ich Alexandra und Sven. »Ich werde ein reicher Mann!«

Sven fing an zu lachen, bis ihm die Tränen kamen, weil ich den Griechen überlistet hatte. So hatte ich den kühlen Nordländer noch nie erlebt.

Alexandra dagegen lächelte traurig. »So wird es bald zwei Orte geben, wo Pferde vergeblich auf ihren Reiter warten.«

Danach kamen sie weniger oft und blieben auch nicht mehr so lange, so als ob sie sich auf die Trennung vorbereiten würden. Als ich eines Morgens wieder einmal zu ihnen fuhr, um auszureiten, stand ein Polizeiwagen vor dem Haus. Ich wurde von einem Mann in teurer Sportbekleidung, mit Rolex-Uhr und Menjou-Bärtchen unwirsch in Empfang genommen. »Was bringt Sie hierher?«

»Ich wollte ausreiten. Es war mit Sven vereinbart.«

»Sven ist nicht mehr hier. Ist das Ihr Auto?«

»Sehe ich so aus? Nein, Alexandra hat es mir geliehen.«

»Alexandra«, wiederholte er spöttisch. »Und was noch? Sie hatte Nerven, mir Vorwürfe zu machen. Steigen Sie aus.«

»Wo ist sie?«

»Sie hat sich gestern Nacht das Leben genommen, wenn Sie's genau wissen wollen.«

Es traf mich wie ein Schlag.

»Ich habe es schon immer vorausgesagt.«

Das war also ihr Mann. Ein Sheriff trat zu uns. Hatte er ihn so schnell benachrichtigt?

»Kennen Sie den Burschen?«

»Ja. Er ist in der Eisshow«, sagte der Sheriff herablassend. Dann zu mir, mit dem drohenden Unterton seines Berufs: »Sie sollten jetzt besser gehen.«

Ich erinnerte mich an Alexandras Worte: *Es tröstet mich, dass wenn ich gestorben bin, mein Mann erfahren wird, dass ihn die Familie enterbt hat.* Zwischen des Säulen des Eingangs stand die Choreographin mit den hennaroten Haaren und blickte herüber. *Ich werde ihm keine Zeit lassen, um die Neue zu heiraten und zu schwängern.*

Langsam ging ich zurück nach Hause und trauerte um diese

wunderbare Frau, die den schönen Morgen nicht mehr erlebte. Der Sherriff raste vorbei und liess eine Staubwolke hinter sich zurück.

Der Tod kam noch einmal nach West Huntsville, ehe ich nach Atlantic City fuhr. Ein selten gesehener, aber offensichtlich hoch geschätzter Gast kam ins *T-Bone*, um mit Familie seinen fünfundsiebzigsten Geburtstag zu feiern. Er sah zäh aus, kahl geschoren, mit stechendem Blick und der unerwartet hohen Stimme eines Tenors. Seine Frau hatte weisses Haar. Es betonte ihr jugendliches, vom Golf gebräuntes Gesicht, die blendenden Zähne und Lachfalten. Sie waren in Gesellschaft eines jungen Paars, das ihnen sehr ähnlich sah. Waren es Tochter mit Schwiegersohn, Sohn mit Schwiegertochter oder ein Geschwisterpaar?

Zusammen entsprachen die Ericksons, so hiessen sie, der idealen amerikanischen Familie und waren, am besten Tisch vorne, ein dankbares Publikum. Nach der Vorstellung baten sie mich, mitzufeiern. Der Jubilar wollte von mir unbedingt Schlittschuhunterricht nehmen, am liebsten sofort, wenn ich für ihn Schlittschuhe hätte und ihn nicht für zu alt hielte.

»Ganz im Gegenteil«, versicherte ich ihm. Das wollte er ja hören.

»Ich werde sie alle überleben«, sagte er kämpferisch. »Roosevelts New Dealers, die an ihren Stühlen kleben.«

Er lud mich ein, mit nach Hause zu kommen, und die ganze Familie unterstützte seinen Vorschlag mit der sprichwörtlichen amerikanischen Herzlichkeit.

Im Auto, einem grossen Buick, kam er auf sein Lieblingsthema zurück. »Dieser Distrikt ist Republican Country. Ohne uns läuft nichts. Aber die Grossstädte, die Gewerkschaften, Universitäten, Hollywood, alle sind von Kommunisten unterwandert. Kommunisten und Juden. Und Homos.«

Ich wäre am liebsten ausgestiegen, aber er fuhr in rasendem Tempo durch die Nacht, bis er vor einem grossen Haus im Kolonial-Stil halt machte. Nur der von Säulen gerahmte Eingang war beleuchtet.

»Genug jetzt von der Politik«, bat ihn seine Frau. »Willkommen in unserer Homestead! Das ist eigentlich nur das Gästehaus. Aber das Hauptgebäude haben wir geschlossen, bis wieder anständige Hilfskräfte zu haben sind. Jetzt ist es einfach zu gross.«

»Komm, ich zeig's dir. Spring auf!« befahl der Gastgeber und schwang sich in einen bereitstehenden Jeep. »Macht inzwischen ein Feuer im Kamin!«

Er fuhr wie ein Wilder, nur schluckte der Jeep die Unebenheiten nicht wie der Buick. »Jetzt zeige ich dir, was ein Mann in Amerika aus eigener Kraft auf die Beine stellen kann. Du bist doch Ausländer, habe ich recht?«

»Ich werde Amerikaner.«

»Ich meine von Geburt. Ich hab's gleich herausgehört. Aber du hast unsere Sprache verdammt gut gelernt. Das lobe ich mir. Solche wie dich können wir gebrauchen. Nur nicht das *f***ing* Gesindel, das erwartet, alles geschenkt zu kriegen.«

Wir kamen zum Herrschaftshaus, einem wahren Monstrum, im Dunkeln nur durch seine weisse Farbe undeutlich erkennbar.

»Zwanzig Zimmer, Salon, Speisesaal und Kellerbar nicht mitgerechnet, sechs Badezimmer, zwei mit Jacuzzi, ein heizbarer Pool und ein getrennter Flügel für das Personal, wenn's wieder welches gibt, über den Garagen für unsere zehn Wagen, die nur darauf warten, dass das Benzin entrationiert wird. Was sagst du dazu?«

»Wie haben Sie das nur geschafft?« Für Ironie hatte er kein Gehör.

»Mit harter Arbeit, Junge. Tag und Nacht. Jahrein, jahraus.«

»Und Ihr Privatleben, Ihre Familie ...«

»Das *ist* mein Privatleben, und die Familie kann sich nicht beklagen. Sie genoss alle Vorteile meines Erfolgs. Und ich kam auch nicht schlecht weg. Jetzt zurück, für einen Schlummertrunk!«

Er brauste wieder los, und kurz vor dem ersten Haus fuhr er mit voller Kraft in ein Schlagloch und wurde aus dem Jeep geschleudert. Ich konnte gerade noch die Zündung abstellen und das Lenkrad halten. Ich holte die Familie. Sie wollten den Ohnmächtigen gleich ins Haus schleppen. Ich gab ihnen den Rat, zumindest ein Bügelbrett als eine Art Bahre zu verwenden, um ihn vorsichtig ins Bett zu bringen.

Dort kam er wieder zu sich. Offensichtlich unter Schock, denn er empfand keinen Schmerz. Ich versuchte, ihn bei Laune zu halten. »Wenn Sie nicht etwas vorsichtiger fahren, wird es nichts mit den Schlittschuhstunden.«

Er lachte. »O.k. Ich verspreche es.«

Inzwischen wurde ein Arzt geholt, ein Tierarzt, dem Aussehen nach. Mit einem jovialen: »Was haben wir denn hier?« schlug er seine grossen Hände zusammen. In dem Moment schloss der Patient seine Augen und war tot.

Unter den Hinterbliebenen brach beinahe sofort ein Streit aus. Ich konnte ihm nicht ganz folgen. Aber es schien, dass der Tote mit der Frau in zweiter Ehe verheiratet war, sein Sohn aus erster Ehe sofort das eigene Interesse und das seiner Mutter vertrat und dass die aus erster Ehe der zweiten Frau stammende Tochter mit dem Sohn lebte, ohne verheiratet zu sein, und deshalb keinen Erbanspruch hatte. Wie gesagt: eine ideale amerikanische Familie.

Der Sohn spielte jetzt den Hausherrn, schob mir so halb die Schuld für den Unfall zu und wies mir die Türe. Ich müsse verstehen, er könne mich in einem solchen Moment weder beherbergen noch die Frauen alleine lassen.

»Das hätten Sie mir sagen können, als ich noch den Arzt bitten konnte, mich ein Stück mitzunehmen.«

Die Witwe bot mir eine Taschenlampe an.

»Das kannst du nicht machen«, entschied der Sohn. »Was, wenn wir einen Stromausfall haben. Ausserdem gehört jetzt alles zur Erbmasse.«

Viele Jahre später machte ich mal einen Umweg, um bei Nick's Steak House vorbeizuschauen. Es hatte Besitzer, Namen und Status gewechselt. Die Decke war zu verraucht, um zu erkennen, ob die Spur meines rekordverdächtigen Sprungs noch existierte. In der Nähe gab es ein sehr elegantes Etablissement, das zu den Nachbarn, oder ihren Erben, besser passte.

Das Engagement im *Atlantic City Steel Pier* war der Höhepunkt und Schlusspunkt meiner Eislaufkarriere. Mein Name war überall auf Plakaten und in riesigen Lettern auf der von weither sichtbaren Lichtreklame zu lesen. Hysterische Mädchen warteten am Bühneneingang auf ein Autogramm und mehr. Und ich hatte genug verdient, um nach zwei Jahren eine Pause zu machen und zu überlegen, ob ich vielleicht etwas Neues versuchen sollte.

Der Krieg in Europa war zu Ende. Der 8. Mai 1945 war VE-Day gewesen. Ich telefonierte mit den Eltern. Die Freude war gedämpft. Ein neuer Krieg lag in der Luft.

Aus England kam ein Brief von Heartfield, von dem wir seit Kriegsausbruch nichts mehr gehört hatten. Er entschuldigte sich, beschwor seine unveränderte Liebe zu seinem Bruder, vermochte sein Schweigen aber nicht zu erklären. Seine monatelange Internierung als *enemy alien* dürfte ihn eingeschüchtert haben. Sie hatte auch, zusammen mit dem Blitz-Bombardement, bleibende gesundheitliche Folgen. Sein Augenlicht war bedroht. Aber es ging ihm jetzt besser. Er hoffte, dass er meinen Vater bald wiedersehen würde und sie wieder zusammen arbeiten könnten.

Vater berichtete ihm von der schweren Geburt des Aurora-Verlags vor drei Jahren, und dass erst jetzt, am Tag nach dem Ende des Kriegs, das erste Buch erschien. Aber das sollte sich ändern. »Ich stehe im Begriff, mit einer kapitalkräftigen Firma einen Finanzierungsplan betreffend Aurora abzuschliessen, der uns aus schwindsüchtigen Anfängen binnen weniger Tage in blühende Aktivität versetzen soll.« Ein Band über das Werk von George Grosz, ein Buch über Heartfield und die Veröffentlichung der eigenen Erzählungen standen in Aussicht. »Dieselben Leute«, schrieb Vater weiter, »interessieren sich aber auch dafür, den alten Verlag wieder in Gang zu bringen. Dann kann ich hier eine Filiale etablieren, und natürlich nicht nur hier, sondern wo immer es ratsam und durchführbar erscheint.«

Deshalb bat er Heartfield, den Status des Malik-Verlags in England zu untersuchen. War das Firmenschild noch an Ort und Stelle? Würden ihm die Besitzer des englischen Verlags weiterhin Gastrecht einräumen? War die Eintragung beim Home Office noch gültig? Oder sollte vielleicht New York der Hauptsitz von Malik werden, mit Filialen in allen deutschsprachigen Ländern? Auch in Prag und Paris?

Was bedeutete all das für mich? Teilte ich im Innersten die Haltung meines Vaters, dass der Untergang des Dritten Reichs, an den er auch in den dunkelsten Tagen fest glaubte, das Ende unseres Exils bedeuten würde? Er hatte vom ersten Tag an betont, dass wir Emigranten seien, nicht Immigranten. Hatte er mich deshalb ermutigt, wieder Deutsch zu lernen? Ergaben sich daraus meine engen Beziehungen zu seinen besten Freunden?

Der Kinderwunsch, einmal mit meinem Vater im Verlag zu arbeiten, regte sich wieder. Ich glaube, dass er es sich auch wünschte. Hatte er mir nicht seine Erzählungen und sogar einige Gedichte geschickt und um mein Urteil und englische Übersetzungen gebeten?

Das Theater mit dem Theater

Ich war zurück in New York, als im August von Amerika nicht nur eine, sondern zwei Atombomben abgeworfen wurden. Hiroshima und Nagasaki wurden ausgelöscht. Das hatte mehr als nur Japans Kapitulation zum Ziel. Truman hüpfte auf und ab, wie man es zuvor bei Hitler gesehen hatte.

Wir hörten endlich wieder von Freunden und Verwandten aus dem zerstörten Europa. Sie brauchten alle dringend Hilfe. Mutter wurde Spezialistin für günstige Einkaufsquellen in einer jüdischen Nachbarschaft, einem Stetl an der Südspitze von Manhattan, und den wechselnden Einfuhrbestimmungen der verschiedenen Länder und der Zonen, in die Deutschland unterteilt war.

Eines der ersten Pakete ging an meine liebe Lene Rado, die mit den Söhnen in Paris schwere Jahre des Kriegs durchgemacht hatte. Das zweite an Frosch (Margaret Buchholz, die erste Frau meines Vaters) und Jan. Diese tapfere, loyale Frau hatte das Tagebuch aus Vaters Jugend gerettet und den Malik-Verlag für alle Fälle in seinem Namen bei den Militärbehörden im Sowjet-Sektor von Berlin angemeldet.

Johannes R. Becher, der inzwischen von Moskau nach Berlin zurückgekehrt war, entschied gegen die Zulassung. Frosch sei unfähig, den Verlag zu leiten. Das war eine plumpe Ausrede. Sie hatte den Anspruch nie gestellt.

»Warten wir, bis du hier bist«, schrieb Becher meinem Vater, aber man spürte, dass für ihn eine Neugründung dieses unabhängigen Verlags nie in Frage kam.

Ich war von Vater sehr enttäuscht, weil er Frosch nicht verteidigte und so tat, als wäre es schon entschieden, dass er in die Sowjetzone, die spätere DDR, zurückkehren würde.

Der Traum, den Verlag von New York oder London aus zu führen, zerbröckelte. Die Wiederbelebung des deutschsprachigen Buchmarkts verlief stockend. Deutschland und Österreich konnten vorerst von Amerika aus überhaupt nicht beliefert werden. Die Verteilung der für Kriegsgefangene konzipierten Anthologie ›Morgenröte‹ wurde abgelehnt, denn die interne Organisation der amerikanischen Kriegsgefangenenlager hatte man den alten Nazi-Offizieren überlassen.

Ganz unerwartet zogen sich die Geldgeber aus dem Aurora-Verlag und dem geplanten Neustart des Malik-Verlags zurück. Mein Vater, der ohne Gegenleistung die ganze Aufbauarbeit übernommen hatte, stand mit den Schulden allein da. Er musste sie, dazu noch offene Steuerverpflichtungen begleichen, ehe ihm das Finanzamt erlauben würde, das gelobte Land zu verlassen. Der Ausfall meines Einkommens kam leider denkbar ungelegen.

Vater konnte nicht einmal reisen, um für den Malik-Verlag

andere Verbindungen zu knüpfen oder finanzielle Quellen aufzutreiben. Das war immer seine grosse Stärke. Aber er hatte weder genügend Geld noch einen Pass. Die tschechischen Papiere, die wir zur Einreise in die USA verwendet hatten, waren längst abgelaufen.

Ich weiss nicht, warum die Eltern keine neuen deutschen Pässe verlangten. War es, weil das Land in vier Zonen aufgeteilt war und unter militärischer Kontrolle der Alliierten stand? Weil eine Wiedereinbürgerung unter der mit Nazis besetzten Adenauer-Regierung mehr als fraglich schien? War es eine Prinzipienfrage, weshalb die Eltern auch nie einen Antrag auf Wiedergutmachung stellten?

Jedenfalls wartete mein Vater zu lange, bis 1946, mit dem Antrag für die amerikanische Staatsbürgerschaft, um einen Pass zu bekommen. Als er keine Antwort erhielt, versuchte er die Bearbeitung persönlich zu beschleunigen. Bloch hatte man ja den Pass, allerdings erst vier Jahre nach dem Antrag, gegeben.

Der zuständige Beamte blätterte den dicken Ordner mit Vaters Unterlagen durch. »Mit *den* Papieren«, lachte er, »haben Sie bessere Chancen, vor einen Parlamentsausschuss gerufen als eingebürgert zu werden.«

Diese Gefahr hing tatsächlich über Vaters Kopf. Die Verfolgung von Linken, besonders von Gewerkschaftsführern, aber auch von Künstlern und Intellektuellen, besonders Ausländern, durch die »Komitees für (sic) unamerikanische Aktivitäten« waren im vollen Gange.

Brecht wurde vorgeladen. Wir sassen gespannt ums Radio und hörten zu, wie er seine Befrager höflich irreführte. Gerhart Eisler, tatsächlich ein Funktionär, weigerte sich, die Namen von Kontakten oder Bekannten zu nennen, und wurde dafür zu einem Jahr Gefängnis verurteilt.

Vater blieb schliesslich keine andere Wahl, als einen Antrag zu stellen, nach Deutschland, in die sowjetisch besetzte Zone, zurückkehren zu dürfen. Zu dürfen. Man hat ihn nicht gerufen.

Weiskopf, der Mann von Tante Grete, der inzwischen als Erster Legationsrat des tschechischen Konsulats in Washington stationiert war, beschaffte ihm neue Interimspässe, die nur für diese Reise gültig waren. Hin, nicht zurück. Sie hatte sich zu einer Pflicht verwandelt. Vater schrieb seinem Bruder John: »Nicht immer führte ich ein so heiteres Leben ohne Ärger (Zeitungslektüre beiseite) wie jetzt. Mit Trude und George besteht grösste Eintracht ... Wenn das einmal Vergangenheit ist, werden wir es sehr vermissen. Aber es wäre Illusion zu glauben, das werde und dürfte so weitergehen.«

Heartfield liebte London ebenso wie wir New York. Aber er schloss sich, wie schon immer, der Meinung seines Bruders an, dass sie zum Aufbau des Sozialismus beitragen müssten. Trotzdem graute es ihm davor, wie auch meiner Mutter, unter Menschen zu leben, die sie bis vor kurzem wegen ihrer religiösen oder politischen Zugehörigkeit verfolgt hatten und vermutlich ohne weiteres vernichtet hätten, wenn sie ihrer habhaft geworden wären.

Vater hatte dafür Verständnis. Er stellte nur die Frage, ob sich andere Völker, bei ähnlichen Voraussetzungen, besser verhalten hätten. Aber von welchen Voraussetzungen war da die Rede? Hatten das deutsche Volk und seine Vertreter sie nicht selbst geschaffen?

Die ernüchternden Erfahrungen im Exil mit jenen Menschen, teils alten Freunden, die in der Maschinerie der neuen Gesellschaft zur Macht gelangt waren, belasteten Mutter nicht weniger. Die Prozesse waren nicht vergessen.

Ich teilte ihre Bedenken. So gerne ich mit dem Vater in Europa für den Malik-Verlag gearbeitet hätte, so wenig wollte ich in das Deutschland gehen, das ihn erwartete.

Er wurde, nach längerer Wartezeit, wie auch Bloch, an die Universität Leipzig berufen. Das war für den Philosophen angemessen. Aber für meinen Vater, einen ausgesprochenen Autodidakten, der seine Erfahrung und sein Können für den neuen

Staat einsetzen wollte, war es ein Abstellgleis. Der unbequeme Verleger war nicht erwünscht, auch wenn ihm Brecht schrieb: »Die brauchen dich«.

Mein Vater machte sich etwas vor, wenn er meinte, das würde sich an Ort und Stelle ändern lassen. Ebenso mit seiner Hoffnung, dass ich folgen würde, nachdem er sich einmal eingelebt hätte. Er sah voraus, dass sich in Amerika die wirtschaftlichen und politischen Bedingungen verschärfen würden, und meinte, dass mir schliesslich ein im Aufbau befindliches sozialistisches Deutschland eine interessantere Zukunft bieten könnte. Aber nur weil sich eine Gesellschaft sozialistisch nannte, war sie es noch lange nicht. Sonst wäre ich mitgekommen, um mich an der Verwirklichung der Idee zu beteiligen, von der ich nach wie vor überzeugt war.

Es ist bezeichnend für unserer Beziehung, dass er meine Weigerung, mich zu verstellen oder zu verstecken und von seinem Namen zu profitieren, respektierte. Auch dass ich, als ich 1946 eingebürgert wurde, meinen Namen amerikanisierte. Onkel John hatte schon die Übersetzung des Familiennamens Herzfeld in Heartfield belegt. Mir blieb immer noch Vaters Vorname. Aus Wieland wurde Wyland. Als ich anfing, über die Vergangenheit zu schreiben, ging ich auf den Vorschlag eines Verlegers ein, meinen Geburtsnamen wieder hinzuzufügen. Daher George Wyland-Herzfelde.

Ich versicherte meiner Mutter, dass es ihr offen stand, in New York zu bleiben. Ich würde für sie sorgen – »und zwar gut«, ein Versprechen, das ich den Eltern schon als kleiner Junge gemacht hatte. Aber ich war gespalten. Sie zu ermutigen, sich von Vater zu trennen, wäre vergleichbar gewesen mit seiner Drohung in Prag, uns zu verlassen. Ihre festen Prinzipien führten Mutter auch zu dem Entschluss, mit ihm zurückzukehren, obwohl es eine lange Trennung bedeuten würde, von ihrer Mutter, ihren zwei Brüdern, und von mir. Vielleicht für immer.

Das bedeutete es für mich auch. In absehbarer Zeit würde ich auf meinen eigenen Füssen stehen müssen. Nachdem ich in Atlantic City aufgehört hatte, war ich zu spät dran, um die Kurse an der Columbia-Universität fortzusetzen. Mehrere Leute hatten mir geraten, meine Stimme ausbilden zu lassen. Ich versuchte es bei einer Bekannten meiner Eltern, einer früheren Sängerin. Sie war von meinen Kopftönen begeistert, ich nicht. Ich besuchte ein paarmal den Kurs eines anderen Bekannten, der das unterrichtete, was man in Deutschland einmal für Jazztanz hielt. Es war alles nicht das richtige.

Einmal ging ich sogar zu Hanns Eisler, in der Hoffnung, das Komponieren zu lernen. Allerdings fand das Gespräch unter denkbar ungünstigen Vorzeichen statt. Nach der Verurteilung seines Bruders erwartete auch Eisler selbst zum Verhör beim Komitee für unamerikanische Aktivitäten gerufen zu werden. Er sass in einem dunklen Arbeitsraum und erklärte mir, was eine Terz sei. Dann gab er mir auf, bis zum nächsten Mal auf Notenpapier zehn Beispiele zu notieren. Ich hielt das für eine Absage.

Der Erfolg der Einlagen von Wort und Lied in meinen Inszenierungen im *T-Bone* brachten mich auf die Idee, einen Schauspielkurs zu besuchen. Aber welchen?

Piscator unterrichtete an der *New School of Social Research*. Im Berlin der dreissiger Jahre hatte sein Stil das Theater geprägt. In New York wurde er, wie die Musik von Eisler, zur Manier.

Von Lee Strassberg, auch Europäer und Gründer des *Actors Studio*, kamen die guten neuen Schauspieler. Es gelang ihm, Stanislawsky mit der amerikanischen Vorliebe für Psychoanalyse zu vermischen. Das war mir von Haus aus leider fremd.

Es blieb die *Academy of Dramatic Arts*, die ehrenwerte alte Dame der Schauspielschulen, die man fälschlich mit der *Royal Academy* in London und den wunderbaren Darstellern, die aus ihr hervorgegangen sind, in Verbindung brachte. Dort fing gerade eine Klasse an, und ich wurde nach kurzem Vorsprechen mit Handkuss aufgenommen.

Der Kurs war enttäuschend. Die Lehrer waren liebenswürdige Fossilien, die uns weder anregen noch ein zeitgemässes

Handwerk beibringen konnten. Leider waren unter uns keine grossen Talente, die den Rest mitgerissen hätten.

Am produktivsten waren die Lesungen, die wir selbst auf die Beine stellten, um mit verteilten und ausgetauschten Rollen Stücke kennenzulernen und zu analysieren. Gerade dadurch, dass passende Besetzungen gar nicht möglich waren, ergaben sich manchmal ganz unerwartete Erkenntnisse.

Um meine Chancen im Theater zu erweitern, versuchte ich, ein Stück zu schreiben, während Vater am anderen Ende des Tischs die letzten Geschichten für die Erinnerungen an seine Kindheit und Jugend zusammenstellte, die später unter dem Titel »Immergrün« veröffentlicht wurden. Das Stück handelte von der Rückkehr der Soldaten in die zivile Gesellschaft, von den beidseitigen Erlebnissen, Bindungen, Enttäuschungen, Geheimnissen, Belastungen, Ängsten und vor allem Schuldzuweisungen, die ich in meinem Umkreis miterlebte.

Das Stück wurde eine Woche lang in einem *Summer Theater* aufgeführt, das zum kulturellen Angebot jedes besseren amerikanischen Ferienorts gehört. Diese Häuser haben oft eine lange Tradition und einen guten Namen für die Entdeckung neuer Schauspieler und Dramatiker. Jedes Jahr schaffen ein oder zwei Stücke den Sprung zum Broadway. Mein Stück wurde sehr gut aufgenommen und besprochen, aber den Sprung hat es nicht geschafft.

Die einzige unvorhergesehene Herausforderung der Akademie ergab sich beim Einstudieren einer Szene aus Thornton Wilder's *Our Town*, die einige von uns für die Abschlussprüfung gewählt hatten. Eine Lehrerin der Fortgeschrittenenklasse sollte Regie führen. Sie war eine furchtbar nervöse Frau in den Wechseljahren. Nichts, was wir versuchten, konnte sie befriedigen. Besonders auf die hübscheren, besser angezogenen Elevinnen hatte sie es abgesehen.

»Wo befinden wir uns? Wo?« schrie sie und lief rot an. »Doch nicht in Sutton Place! Hast du das Stück überhaupt verstanden?

Bist du schon einmal in einer ganz normalen amerikanischen Kleinstadt gewesen?« Sie legte immer noch eins drauf, bis sie das Mädchen in Tränen hatte.

»Glaubst du, dein *pretty face* genügt, um Schauspielerin zu werden? Das Theater ist eine heilige Mission, nicht ein Marktplatz der Eitelkeit.«

So kamen wir nicht weiter. Eins der Mädchen, Joyce, wehrte sich schliesslich. »Wir können nichts dafür, dass Sie nicht mehr zwanzig und mit sich nicht zufrieden sind.«

»Eine Frechheit. Seht selber, wo ihr bleibt!« Die Frau rannte aus dem Saal und verweigerte jede weitere Zusammenarbeit.

Auch die Direktion liess nichts von sich hören. Also waren wir auf uns selbst angewiesen. Unsere Erfahrung mit den Lesungen half uns dabei. Wir setzten uns mit einer Kleinstadt auseinander, die viele von uns wirklich nicht kannten, tauschten Rollen aus, versuchten über das Offensichtliche hinauszugehen. Das waren aufregende, für mich wertvolle und lange Tage. Das Ergebnis: ein Erfolg.

»Es scheint, ihr habt endlich etwas mitbekommen«, sagte die Abwesende nach der Vorführung. Sie machte sich vor, es sei der Verdienst ihrer Methode.

»Boy, du hast doch keine reichen Eltern?« fragte mich der Direktor der Akademie, in dem darauf folgenden Beurteilungsgespräch.

»Nein«, antwortete ich abwesend, denn meine Aufmerksamkeit richtete sich auf seine hasenähnlichen, weit hervorstehenden Zähne und die nach innen gezogene Unterlippe. Ich hatte Mühe, es nicht andeutungsweise nachzumachen. Solche Details konnten bei der Erarbeitung einer Rolle für die Bühne, aber auch beim Schreiben sehr hilfreich sein. Ich kopierte oft den Gang von jemandem vor mir und löste damit mir fremde Gefühle aus, wenn auch nicht unbedingt die des Vorbilds.

»Kein GI-Stipendium als Veteran«, ersah er aus meinen Papieren. Er genehmigte sich einen kleinen Witz: »Ausgehalten wirst du auch nicht?«

»Nein.«

»Dann gebe ich dir einen guten Rat: Vergiss das zweite Jahr. Such dir ein Engagement. Irgendeins. Da lernst du mehr und sparst dein Geld.«

War das nur eine freundliche Absage? Ich ja wollte eigentlich mit der Schule aufhören, wollte aber zugleich zu den Ausgewählten gehören, die weitermachen und abschliessen durften.

Es war ihm ernst. »Eure Vorstellung war prima. Ich wurde natürlich über euren Krach ausführlich informiert und hatte so meine Bedenken. Aber wie sich herausgestellt hat, war es das Beste, was euch passieren konnte. Und ich weiss, was dein Beitrag war. Du wirst es schaffen. Viel Glück.«

Um einen Anfang zu machen, versuchte ich mein Glück bei einem Lokalradio, das gegen den Strom mit Schauspielern, die nicht der Gewerkschaft angehörten, eigene Sendungen produzierte. Man gab mir meistens die Rolle eines Ausländers. Mit den Akzenten hat man es nicht so genau genommen.

Für die deutsche Abteilung des amerikanischen Kurzwellenprograms, die hauptsächlich Bearbeitungen der von Hitler verfolgten deutschen Literatur ausstrahlte, war mein Deutsch nicht rein genug, und ich wurde nur für vereinzelte amerikanische Rollen in Betracht gezogen. Aber von all dem konnte ich nicht leben.

Die Suche nach einer Broadway-Rolle, auch dem kleinsten Auftritt in einem Theaterstück war ein Teufelskreis: ohne Erfahrung kein Engagement, und ohne Engagement keine Erfahrung.

Kleine Off-Broadway-Bühnen boten zu Hungerlöhnen die Möglichkeit, entdeckt zu werden. Aber von wem? Nur ein paar kleine, exklusive Bühnen zogen wirklich Talentsucher an, die Academy nicht. Wir setzten die Lesungen fort, aber wir trafen uns nur noch selten. Die meisten von uns mussten arbeiten, um sich über Wasser zu halten. Ein Mädchen schrieb für den Nachrichtensender der Boulevardzeitung *Daily News*. Dort wurden noch Mitarbeiter gesucht, und sie meinte, das wäre doch etwas für mich. Ich kenne mich im Weltgeschehen besser aus als sie, und der Sender sei neutral, nicht so sensations-süchtig wie die Zeitung.

Als ich mich vorstellte, gingen gerade die Bergarbeiter in Streik. Das Klima, mit Roosevelts Nachfolger Truman an der Macht, war gewerkschaftsfeindlich. Auf der ganzen ersten Seite der Zeitung stand die schwarze Schlagzeile: »Lewis legt das Land lahm«, denn er war der Führer der Gewerkschaft.

»Wären Sie einverstanden«, fragte ich, »es am Radio mit dem etwas neutraleren ›Tarifverhandlungen abgebrochen. Bergarbeiter treten in Streik‹ bekanntzugeben?«

Das ginge nicht. Wegen des Synergieverlusts. Ich hatte es mir gedacht.

Dann bewarb ich mich beim *Life*-Magazin. Es gab ein Programm für Praktikanten ohne Universitätsabschluss. Der Mann, mit dem ich sprach, kam mir vor wie der Trainer einer Fussballmannschaft. Ich würde mich im Team nicht wohlfühlen, meinte er, weil die anderen Kandidaten alle aus reichen Familien kämen und ich bei der geringen Bezahlung mit ihnen nicht mithalten könnte. Sie gäben ihr Gehalt für ein Mittagessen aus. Vielleicht gab es auch andere Gründe für sein Nein.

Auf ein Inserat hin meldete ich mich bei einer Modelagentur. Falls man angenommen wurde, versprach sie ein gutes Einkommen. Ein paar Beispiele bestätigten es. Nur entsprachen sie nicht der Regel, sondern waren die Ausnahmen. Ich fiel darauf herein, bezahlte Probeaufnahmen und Kopien, an denen die Agentur verdiente, und verteilte sie an hundert Fotografen.

Mir wurde der Schwindel bewusst, und ich verlangte mein Geld zurück. Der Besitzer wollte keinen Krach, der andere Leichtgläubige abschrecken könnte, und versicherte mir, ein Auftrag sei nur eine Frage der Zeit. Und siehe da, ein paar Tage später wurde ich für Katalogaufnahmen eine Woche lang gebucht. Jetzt würden sich meine Freunde über meine Eitelkeit nicht mehr lustig machen können.

Anziehen. Aufnahme. Umziehen. Aufnahme. Umziehen. Aufnahme. Es war Schwerarbeit. Die Kleider passten nicht, sie mussten mit Nadeln zurechtgesteckt werden. Sie waren billig und geschmacklos. Ich konnte nur hoffen, dass niemand den Katalog je zu sehen bekäme. Darüber hätte ich mir keine Sorgen machen müssen. Die Aufnahmen wurden an der Gürtellinie abgeschnitten, man sah nur die Hosen.

Meine erste Chance, tatsächlich als Schauspieler für eine Rolle in Betracht gezogen zu werden, verdankte ich Brecht. Elisabeth Bergner, die berühmte deutsche Darstellerin, die ebenfalls nach Amerika geflüchtet war, gab bekannt, dass sie in seiner neuer Bearbeitung des elisabethanischen Dramas »Die Herzogin von Malfi« auftreten werde.

In diesem blutigen Melodrama gibt es einen Sohn, der am Anfang des Stücks zusammen mit seinem Bruder einem Wildhüter übergeben wird, der den Auftrag hat, die beiden Knaben zu töten. In der Originalfassung sind zum Schluss, wenn der Vorhang fällt, alle Personen tot. Bei Brecht entgeht ein Junge dem Tod, kehrt zum Elternhaus zurück und spricht ein Schlusswort zur Sinnlosigkeit der blutigen Ereignisse.

Ich fragte Brecht, für den ich ein Stück übersetzt hatte, ob er mich für diese kurze, aber wichtige Rolle empfehlen würde. Er liess mich kommen und verlangte, dass ich die Ansage eines Schiedsrichters vor einem Boxkampf und eines Schaubudenbesitzers vor seinem Zelt improvisiere. Die erste sprach ich laut und gedehnt, mit steigender Modulation, um über dem Lärm der aufgewühlten Menge gehört zu werden. So hatte ich es in Bars bei Übertragungen auf den grossen Bildschirmen gesehen. Noch gab es Fernsehen selten in der guten Stube.

Für die zweite Ansage erinnerte ich mich an einen Jahrmarkt in der Nähe von West Huntsville. Vor einer geilen Meute junger Burschen pries ein schwächlicher älterer Mann seine junge Frau an, die frierend in einem Negligé, traurig und verwundbar, neben ihm stand. Im Zelt, versprach er, würde sie »alles« zeigen. Was könnte er alleine tun, fragte ich mich damals, wenn sie die Bühne stürmen und sich alles nehmen würden, was sie zu zeigen hatte?

Brecht gefiel der Ansatz, und er versprach, mich für die Rolle vorzuschlagen.

Nach der ersten Lesung rief die Bergner bei Brecht an, sehr zufrieden mit seiner Fassung. Nur: die Rückkehr des Sohns, jeglicher Auftritt nach ihrem Bühnentod käme nicht in Frage. So kam ich um einen ehrenvollen Auftakt meiner Schauspielerkarriere. Ein schwacher Trost: Das Stück kam nicht auf die Bühne, jedenfalls nicht in New York.

Inzwischen musste ich wirklich etwas Geld verdienen, um die Eltern nicht zu belasten: ich verkaufte von Haus zu Haus Gefriertruhen und dazugehörende Lebensmittellieferungen, Enzyklopädien, Versicherungspolicen und dergleichen. Das war nicht einmal uninteressant.

Im ersten Fall arbeitete ich einer Art Stosstrupp. Wir fuhren in irgendeine einfache Nachbarschaft. Jedem wurde ein Strassenzug zugeteilt, den hat man abgegrast. Meistens waren nur Frauen zu Hause. Es ging darum, Verträge mit einer Anzahlung abzuschliessen. Sie hatten ja ein Rücktrittsrecht. Es war die Aufgabe von Einheizern in der Zentrale, Rücktritte zu vereiteln, andernfalls die Rückgabe der Anzahlung, auf Grund einer versteckten Klausel, zu verweigern.

Von dieser versteckten Klausel erfuhr ich erst, als mir »meine Hälfte« von einem Depotverfall gutgeschrieben wurde. Diese grosszügige Teilung sollte das schlechte Gewissen der Vertreter beruhigen. Ich aber legte noch einmal den gleichen Betrag dazu, gab der Frau die volle Summe zurück und liess mich bei den Tiefkühlleuten nicht mehr sehen.

Ähnlich lief es mit den Enzyklopädien, obwohl die Verkaufsbesuche auf eingegangenen Coupons eines Inserats beruhten, das den Eltern ins Gewissen redete, ihren Kindern in der Schule und im Leben eine bessere Chance zu geben. Manche von ihnen hatten noch nie ein Buch im Haus gehabt.

Tatsächlich war das Angebot nicht schlecht, wenn sich die Eltern die Ratenzahlungen leisten konnten und mit ihren Kindern von den *Books of Knowledge*, wie sie hiessen, auch Gebrauch machten. Wenn nicht, wurden die Bände zurückgefordert, und wiederum kassierte der Verlag den schon bezahlten Betrag.

Das Angebot von Versicherungen schien mir zu komplex, um es Gelegenheitsverkäufern zu überlassen. Aber ich irrte mich. Alles, was wir wissen mussten, stand in einem simplen Handbuch. Eine Präsentationsmappe führte uns durch das Verkaufsgespräch, das nicht länger als eine halbe Stunde dauern sollte.

War jemand interessiert und wollte mehr Information, verwiesen wir ihn an einen Vizepräsidenten und Spezialisten in der Zentrale. Das machte den Eindruck grosser Seriosität und bevorzugter Behandlung, obwohl dann einfach ein anderer, erfahrener Agent am Telefon den Abschluss machte und die halbe Provision erhielt.

Solche Vertreter begleiteten uns auch zu unseren ersten Gesprächen, um uns von der Qualität des Angebots zu überzeugen. Es klappte immer, und es ist gut möglich, dass es gestellte Besuche waren, die unser Selbstvertrauen stärken sollten.

Die drei erfolgreichsten *Producer*, wie man sie nannte, waren ein sehr witziger, ein sehr pedantischer und ein scheinbar sehr pessimistischer Mann. Jeder verkörperte seinen Typus in Reinkultur. Hätte einer versucht, auch nur etwas vom Rezept eines anderen zu übernehmen, wäre es das Ende seines Erfolgs gewesen. Diese Erkenntnis hat mit später im Leben sehr geholfen.

Man verdiente gar nicht schlecht, sogar gut, wenn man keine Skrupel hatte und sich wirklich einsetzte. Beides war bei mir nicht der Fall. Diese Beschäftigungen hatten nur den Vorteil, dass ich meine Arbeitszeiten selbst bestimmen und mir genügend Zeit nehmen konnte, um einer Rolle nachzujagen. Man kann es nicht anders bezeichnen.

Zu Beginn jeder Woche wurde ein *Casting Guide* veröffentlicht, eine Liste von Stücken in Vorbereitung, mit kurzen Zusammenfassungen der gesuchten Darsteller. Wirklich gute Produktionen und Rollen wurden natürlich mit Hilfe von Agenten besetzt. Aber bis man einen hatte, der auch wirklich gut war, musste man auch den entferntesten Angeboten nachgehen, wenn sie in irgendeiner Weise den eigenen Qualifikationen entsprachen. Man nannte das *cattle calls.*

Da wurde zum Beispiel ein fünfundvierzigjähriger Arzt mit französischem Akzent gesucht, für *Young Man's Fancy*, ein Stück, das in einem Sommer-Camp spielte. Also eilte ich zum angegebenen Büro des Produzenten. Ich war zwar nicht so alt wie verlangt, hatte aber Ferienlager-Erfahrung und einen europäischen Akzent. Das Wartezimmer war gestopft voll. Ein hektischer Assistent verteilte Anmeldeformulare, um die Leute so schnell wie möglich los zu werden. Als er zu mir kam, bat ich mit französischem Akzent, ob er mir mit dem Ausfüllen behilflich sein könnte. *»Isch 'abe gekommen aus Frankereisch räsent-li ...«*

Es funktionierte! Er nahm mich beim Arm und führte mich durch die staunende Menge direkt in das Büro des Produzenten. Ich wurde mit jedem Schritt mehr Franzose.

»Ich habe euch einen echten Franzosen gefunden!« sagte er, als hätte er in der ganzen Welt nach mir gesucht.

Der Produzent, eigentlich Besitzer eines Konfektionsunternehmens, sagte: »Gratuliere, Sonny«. Der Assistent war sein Neffe.

Die beiden Autoren, eigentlich Börsenmakler, als man in dem Beruf noch Nebeneinkommen brauchen konnte, sagten: »Er ist doch viel zu jung für die Rolle.«

»Dann ändert die Rolle«, befahl der Produzent. »Charles Boyer ist schon vergeben. Etwas jugendlicher *love interest* könnte dem Stück gar nicht schaden.«

Er schüttelte meine Hand. »Aber Sie kön-nen ein bies-chen Amerikan-isch spre-schen?« fragte er, mit Betonung auf der letzten Silbe, damit ich ihn besser verstand.

»Ah, oui«, antwortete ich. Damit hatte ich meine erste Rolle, einen Monat nachdem ich die Akademie verlassen hatte.

Von dem Moment an sprach ich nicht nur, sondern kleidete und bewegte mich auch wie die Amerikaner es von einem Franzosen erwarteten, mit einem Foulard, weissen Wildlederschuhen und einer Zigarette im Mundwinkel, obwohl ich eigentlich Pfeife rauchte.

Die anderen Darsteller, hauptsächlich Kinder und ihre Mütter, waren begeistert, einen echten Franzosen in der Besetzung zu haben. Eine der Frauen wollte ihr Schulfranzösisch mit mir auffrischen. Aber ich erklärte ihr, dass *isch meine Englisch* verbessern müsse.

Franzose zu sein half auch mit dem *love interest*, nicht nur auf der Bühne. Es passte ins Bild, dass ich Liebe von meiner sehr schönen Partnerin, einer kleinen Person mit langen Beinen, wollte. Sie war auch willig, was zu der Zeit keine Selbstverständlichkeit war. Aber sie wollte es erst *out-of-town*. Ich konnte das nicht verstehen, sie konnte es nicht erklären und gab schliesslich an einem Wochenende nach.

Am Montag darauf war die Probebühne dunkel und am Anschlagbrett war eine Notiz, dass die Proben bis auf weiteres eingestellt seien. Ein wichtiger Geldgeber hatte der Produktion seinen Anteil – und seine Freundin – entzogen. Der *doorman* am Sutton Place hatte uns verraten.

Erstaunlicherweise war mir niemand böse. Ich war eben Franzose. Der Produzent fand einen neuen Investor und eine neue Besetzung. Er bat mich um Zurückhaltung, und das war bei meiner neuen Partnerin auch nicht schwer.

Unsere Premiere war in Boston. Produzent und Regisseur wohnten im *Copley Plaza*. Das Ensemble, darunter wie gesagt viele Kinder und ihre Mütter, hatte der brave Assistent im Hotel *Shamrock* untergebracht. Der Fahrer an der Spitze unserer Kolonne von Taxis war erstaunt, als er die Adresse hörte. Es war ein Stundenhotel über einer Bar. Die Kinder stellten es natürlich auf den Kopf, gingen überall ein und aus und legten das Unternehmen still.

Das Stück war ein Erfolg. Ein unglaublicher Erfolg in Anbetracht der banalen Handlung, auf die ich nicht weiter eingehen möchte. Es gab eine grosse Feier im *Copley Plaza*, während wir auf die Besprechungen warteten. Sie waren voll von Lob. Ich verstand die Welt nicht mehr.

In den frühen Morgenstunden sass ich noch alleine mit dem Regisseur zusammen. »Du kannst jetzt den Akzent fallenlassen«, sagte er und ersparte es mir, den Unschuldigen zu spielen. »Es gab ein, zwei kleine Ausrutscher, und dann hab ich genau hingehört ...«

»Und warum haben Sie mich dann nicht überführt?«

»Wozu? Du warst grossartig für die Stimmung. Und ein Glücksfall für das Stück. Du bist ein guter Schauspieler.«

»Wäre es fair, jetzt plötzlich damit aufzuhören?«

»Das überlasse ich dir.«

Darauf haben wir angestossen. Dann hatte ich noch eine Frage. »Ich habe das letzte Stück gesehen, bei dem Sie Regie geführt haben. Ein Meisterwerk. Wieso haben Sie dann dieses triviale Stück angenommen?«

Er zuckte nur mit den Schultern.

»Ich hätte jedes Stück als Anfang akzeptiert«, fuhr ich fort. »Dass Sie Regie geführt haben, war ein Geschenk. Aber das nächste Stück muss besser sein. Das nächste immer noch besser. Ich weiss nicht, ob ich gut genug bin. Aber ich bin mir zu gut, um Schund zu spielen.«

Ein tiefer Seufzer war die Antwort. »Ein Erfolg ist nie Schund. Und Meisterwerke gibt es nur selten. Davon kann ich nicht leben. Dieses Stück wird mir weit mehr Angebote bringen, vielleicht auch wieder einmal ein Meisterwerk.«

In New York war das Stück ein Renner, über alle Erwartungen. Auch meine Eltern kamen zu einer Vorstellung. Sie waren beeindruckt, dass ich so schnell eine Rolle gefunden hatte. Vater lobte meine Stimme, über das Stück enthielten sie sich gnädigerweise des Urteils.

Wir hätten ewig verlängern können, aber das Theater war bereits für das nächste Stück reserviert, und alle anderen Häuser waren belegt. Wir mussten schliessen. Da kam die gute Nachricht, dass die *Theater Guild* ein Repertoire-Theater gründen wolle. Es gab keins in New York. Alle Schauspieler durften sich melden. Wenn sie sich in einem kurzen Gespräch qualifizierten, kamen sie in die engere Auswahl.

Joyce, das entschlossenste Mädchen unserer Gruppe, war bereit, sich mit mir zusammen zu beteiligen. Wir wählten eine Szene aus *Liliom* und wiederholten sie immer wieder, an den verschiedensten Orten, unter verschiedenen Bedingungen, bis sie aus dem Leben gegriffen schien. Wir überraschten einander und mussten neu reagieren. Daher war die Szene jedes Mal anders und bei jedem Vorsprechen frisch.

Natürlich schieden die meisten Teilnehmer schnell aus. Aber dann ging es Runde um Runde, mit bedeutenden Persönlichkeiten wie Helen Hayes oder Burges Meredith in den Jurys, um eine immer engere Auswahl zu treffen. Zum Schluss waren Joyce und ich unter den Finalisten.

Viele Monate und viele Gerüchte später klingelte mein Telefon. »Sind Sie unter ein Meter sechzig oder über ein Meter neunzig?«

»Was soll das? Ich bin Schauspieler. Und Sie haben meine Masse in Ihrer Kartei.«

»Es tut mir sehr leid«, sagte die Anruferin mit echtem Bedauern. »Aber es handelt sich um ein allegorisches Stück. Der Grössenunterschied zwischen gross und klein ist wichtig. Und die Kartei ist nicht auffindbar.«

Das Repertoiretheater kam nie zustande, das Stück wurde auch nie produziert.

Man schrieb das Jahr 1946. Weihnachten näherte sich, und ich nahm bei dem berühmten Warenhaus Macy's eine temporäre Stelle an, als Schlittschuhspezialist in der Sportabteilung. Ich wurde gut bezahlt, und ich konnte für die ganze Familie Geschenke mit Rabatt besorgen.

Man durfte jetzt auch Pakete nach Österreich schicken. Wolfgang, der Sohn von Vaters Schwester Hertha, war aus der Wehrmacht desertiert, hatte sich dem österreichischen Widerstand angeschlossen und durfte deshalb seine Mutter aus dem zerstörten Deutschland zu Lotte nach Salzburg holen. Jetzt wohnten die drei zusammen, mit Frau Varnschein – ihr Mann war gestorben – und waren praktisch mittellos.

Mein Vorgesetzter bei Macy's war ein echter Brooklynite, wie der Komiker mit der grossen Nase, Jimmy Durante, der als *The Snoz* bekannt und beliebt war. Er hatte volles Verständnis dafür, dass ich als arbeitsloser Schauspieler manchmal auch während der Geschäftszeit zu einem Bewerbungsgespräch gehen musste, und bot an, wenn nötig, an der Stechuhr meine Zeitkarte für mich zu stempeln. Nur meine Verkaufszahlen müssten stimmen.

Das war kein Problem. Es gab zwei Angebote von vertretbarer Qualität bei den Hockeyschlittschuhen für Jungens und Kunstlaufschlittschuhen für Mädchen. Die billigeren Modelle konnte ich aus eigener Erfahrung nicht mit gutem Gewissen empfehlen. Wenn Kunden sie trotzdem kaufen wollten, schickte ich sie zu einem der anderen Verkäufer und musste keine Zeit verschwenden. Mit den guten Angeboten liess sich mein Tagesumsatz schnell erreichen.

Eines Morgens hatte ich einen Anruf von einem Agenten, der mich auf der Bühne gesehen hatte und mich eventuell vertreten wollte. Wie geht der Witz? Einem Club, der Leute wie mich aufnehmen würde, trete ich auf keinen Fall bei. Trotzdem eilte ich, auf sein Geheiss, in das Büro eines bekannten Produzenten an der 57. Strasse. Dort würde ich alles weitere erfahren.

Ich wurde erwartet und gleich in sein Büro geführt. Es waren drei Leute anwesend. Der Produzent stand gelangweilt am Fenster und blickte auf die Strasse. Eine strenge Assistentin war vertieft in irgendwelche Unterlagen auf seinem Schreibtisch. Und ein Veteran der Prohibition las ein Rennblatt.

Ich sagte: »*Good morning.* Sie wollten mich dringend sehen?«

Niemand antwortete oder schaute auch nur zu mir herüber. Dann fragte die Assistentin, ohne aufzublicken, wie gross ich sei.

»Eins dreiundachtzig«, sagte ich (natürlich in Fuss und Inches).

»Glaube ich nicht. Danke. Sie können gehen.«

»Ach, wenn er schon hier ist, lass ihn lesen«, sagte der Produzent.

»Wie du meinst.« Sie holte ein Manuskript hervor. Es war mit speziellen Schrauben so fest zwischen zwei harte Deckel geklemmt, dass man es nur mit Mühe aufschlagen konnte. Die Zeilenanfänge verschwanden sämtlich im Bund.

Auf der Seite, die ich lesen sollte, stand ein Dialog zwischen einem Mann und einer Frau, offenbar im Streit.

»Können Sie mir etwas über die Szene sagen?« fragte ich.

»Das ist nicht notwendig«, schnappte die Assistentin. »Wir wissen, was wir suchen.«

Es war nicht wahrscheinlich, auch nicht wünschenswert, dass jemand die Frauenrolle übernahm. Also las ich beide Rollen. Dann sagte ich danke und ging so gemessen, wie ich nur konnte, aus dem Büro.

Aber dann stürmte ich in das Büro des Agenten und schrie ihn an: »Wie konnten Sie mich dahin schicken?«

»Warum regst du dich auf?« Er spielte den Überraschten. »Ist doch alles gut gelaufen.«

Da sagte ich, vielmehr hörte ich mich sagen: »Bedeutet das, dass ich die Rolle habe?«

Im gleichen Moment sagte ich zu mir selbst: Was bist du für ein Mensch? Wie kannst du auch nur daran denken, für solche Leute zu arbeiten? Was ist das für ein Beruf?

Wie durch einen Nebel hörte ich den Agenten: »Sie suchen jemanden, der einspringen könnte, falls der Ersatz für den Hauptdarsteller ausfallen sollte. Du hättest eine gute Chance, ihn zu ersetzen. Er hat Alkoholprobleme.«

»Dann lass sie weiter suchen«, war meine Antwort. »Ich höre auf. *For good.* Ich bin die längste Zeit Schauspieler gewesen.« Es blieb dabei. Ich bewundere die Männer und Frauen, die sich im Theater und Film durchsetzen und beneidenswerte Leistungen erbringen. Ich konnte es nicht.

War alles verlorene Zeit? Waren meine Pläne zu unrealistisch gewesen? Meine Geduld zu kurz, unsere Umstände zu zwingend? Aber es gibt ja eine gewisse Logik beim Wechsel von einem Beruf in den anderen; jedem Schritt gingen erste Ansätze voraus.

In West Huntsville hatte ich für einen Gast, der im Steak House verkehrte und bei *Sperry Gyroscope* arbeitete, mit seiner 8-mm-Kamera sicher einen der ersten experimentellen Werbefilme gedreht, bei dem ich eine Folge von Pirouetten laufen musste, während im Off die Funktion des Kreisels in den Sperry-Produkten erklärt wurde. War Werbung meine nächste Station?

Da ich in New York war, musste ich wieder einmal bei der jährlichen Weihnachtsfeier von Grossmutters reichem Verwandten in Erscheinung treten und einen stark geschönten Rechenschaftsbericht über meinen in seinen Augen nicht gerade seriösen Lebenswandel geben. Er war extrem konservativ. Wenn es Wahlen gab, so erzählte man, liess er seine alte Mutter von seinem Chauffeur den ganzen Tag lang aufs Land fahren, bis die Wahllokale geschlossen waren, um zu verhindern, dass sie womöglich für die Demokraten stimmte. Und der Chauffeur vielleicht auch.

Als ich meine ersten Versuche fürs Fernsehen erwähnte, zeigte er Interesse. Das hätte Zukunft. Ich solle nach den Feiertagen seine Sekretärin anrufen.

Die Werbung ruft

Das führte dazu, dass ich von einer führenden Werbeagentur als »einer der wenigen Experten mit praktischer Erfahrung« zum Assistenten des Direktors einer neu gegründeten Abteilung für Radio und Fernsehen ernannt wurde. Tatsächlich hatte ich zumindest mehr Erfahrung als mein Vorgesetzter.

Wie ich es verstand, hatte die Stelle mit Theater und Unterhaltung zu tun, denn in den Anfangsjahren des Fernsehens waren noch die Werbeagenturen für die Auswahl und Überwachung der Programme ihrer Kunden verantwortlich, die zum Prestige der Sponsoren beitragen sollten.

Es war der 1. April 1947, als ich mich bei einer sehr gediegenen, liebenswürdigen älteren Dame im grossen, eleganten Empfang meldete, um meine Stelle anzutreten. In ihrer Agenda war ich allerdings nicht vorgemerkt. Als ich sagte, das Gespräch sei direkt mit dem Besitzer der Agentur vereinbart worden, musste sie mich leider informieren, dass er mit dem ebenfalls neu ernannten Direktor meiner Abteilung im 20th-Century-Express nach Kalifornien unterwegs sei, um in Hollywood zwei Wochen lang sogenannte Pilot-Programme zu besichtigen. War alles nur ein Aprilscherz?

Sie bat mich, kurz zu warten. Sie würde mich bei der Personalchefin anmelden, und es würde sicher alles in Ordnung gehen.

Mir schlagen solche Geschichten auf den Magen. Es war mir peinlich, aber ich musste sie fragen, ob es irgendwo einen *bath room* gäbe. Blöde Frage. Es war ein königliches Gemach.

Als ich mir die Hände wusch, kamen zwei junge Männer herein. Sie lachten unbändig und fragten mich, ob ich das Toilettenpapier normalerweise »rolle oder falte«. Sie waren neu in der Marktforschung und machten sich lustig über ihre zukünftige Aufgabe, mit solchen Untersuchungen der Wirtschaft beizustehen. Einer von ihnen hat es dann sehr ernst genommen und wurde eine führende Kapazität in der Branche. Der andere befasste sich mit der Erfassung und Maximierung von Einschaltquoten.

Die Personalchefin war wütend. Die Geschäftsleitung hatte sie wieder einmal übergangen. »Bis die Herren zurück sind, können Sie bei der Postverteilung behilflich sein«, war ihr Vorschlag. »So lernen Sie die Agentur am besten kennen.«

Das müsse man doch auch anders erledigen können, meinte ich.

»Und wie stellen Sie sich das vor?« fragte sie ironisch.

»Geben Sie mir einfach ein Büro und eine Sekretärin. Dann

werde ich mir etwas einfallen lassen.« Es war ein halbherziger Versuch, mit übertriebenen Ansprüchen die unwirkliche Geschichte zu beenden.

Aus derselben Überlegung gab sie mir ein Büro, das zuvor einem wichtigen Mitarbeiter gehört hatte, der wegen einer Indiskretion entlassen worden war. Ich erbte auch Nancy, seine gekündigte Sekretärin. Sie betrachtete das Ganze als Gelegenheit, um zum Abschied ein bisschen Staub aufzuwirbeln.

Mit *memos* und *press releases* gab sie meiner Ernennung beinahe soviel Bedeutung wie der meines Chefs. Und da er abwesend und ich anwesend war, wurde ich bald belagert von Lieferanten, die mich zum Lunch einluden und mit Drinks traktierten, um mich »über den neuesten Stand der Dinge« zu informieren.

Dry Martinis waren damals in Mode, viel Gin mit einem Spritzer Vermouth und einem Stück Zitronenschale. Schon der Duft machte mich benommen und machte es schwierig, den Gesprächen zu folgen. Und danach war ich natürlich zu nichts mehr zu gebrauchen.

Nancy wusste Rat. Es gab einen anderen Drink, Bloody Mary, Wodka und Tomatensaft. Wenn ich meine Lunches auf ein, zwei Stammlokale konzentieren würde, könnte ich dort den Auftrag geben, bei meinen Bestellungen den Wodka wegzulassen. Das machte das Leben viel einfacher, und ich war bestens vorbereitet, wenn die Kunden alles über das Fernsehen wissen wollten.

Noch gab es in Privatwohnungen nicht allzu viele Fernsehgeräte. Die meisten Empfänger, schwerfällige Grossbild-Apparate, standen entweder in Bars, wegen der Sportübertragungen, oder, wegen der Frauenprogramme, Magazinsendungen und Talkshows, in Schönheitssalons. Für letztere hatte ich einige Beiträge geliefert.

Die Zuschauerzahlen waren unbedeutend, ausser bei wichtigen Baseballspielen und Schwergewichtskämpfen. Aber es war der geeignete Zeitpunkt, mit einzelnen Sendungen Erfahrung zu sammeln – für den Fall, dass es sich zu einem ernst zu nehmenden Medium entwickeln würde.

Ich nahm die für den Kontakt Verantwortlichen immer zu den Kunden mit. Es lief erstaunlich gut, und ich war begeistert. Gemeinsam entwarfen wir für einige Kunden sogar schon erste Vorschläge für einen Probelauf. Ich betonte aber stets, dass sie von meinem Vorgesetzten nach seiner Rückkehr abgesegnet werden müssten.

Nur der Betreuer des wichtigsten Kunden, eine echte Machtperson in der Agentur, war erbost. »Was fällt dir ein, du Greenhorn, mit meinem verdammten Kunden Kontakt aufzunehmen?«

Er war damit beschäftigt, seine Schuhe auf Hochglanz zu polieren. Das war wichtig in der Agentur. Der Schuhputzer, der in den Büros zirkulierte, war ihm nicht gut genug. Eine Schublade seines grossen Schreibtischs enthielt ausschliesslich Bürsten und Schuhwichse. Sein blondes Haar war scharf gescheitelt, sein Anzug, Hemd und Krawatte auf seine Höhensonnenbräune abgestimmt.

»Das hab' ich nicht getan.«

»Wieso, verdammt, verlangt er dann heute früh, von dir über das verdammte Fernsehen informiert zu werden.«

Ich versuchte ihn zu beruhigen. »Das ist ja mein Job. Möglicherweise hat er von meinem Eintritt in die Firma gelesen.«

»In deinen verdammten Memos und Pressemitteilungen, was?«

»Ich versichere Ihnen, ich würde ihre Kunden nur in Ihrer Begleitung besuchen. Aber lieber morgen ...«

»Kommt nicht in Frage!« fiel er mir ins Wort. »Heute, und zwar sofort! Und ohne mich! Du kannst dich alleine blamieren.« Ich würde, erklärte er, von drei Männern erwartet und müsste sie nach Rangordnung begrüssen. Das war alles, was er mir zu sagen hatte. Er schickte mich noch schnell zum Friseursalon im Parterre, um den Haaren einen letzten Schnitt zu geben und meine Schuhe putzen zu lassen. Danach war ich *»on your own«*.

Als ich im ehrwürdigen Gebäude nahe der Wall Street, der

Zentrale eines weltumspannenden Unternehmens, auf der Chefetage aus dem Lift kam, fragte ich einen Mann in Hemdsärmeln, wo die Büros der drei Herren zu finden wären, mit denen ich verabredet sei.

Er stellte sich vor als einer von ihnen, und zwar der in der Hierarchie zwischen den zwei anderen stand.

»Das ist mir peinlich«, sagte ich, nicht ganz ernsthaft. »Ich wurde instruiert, Sie nicht an erster Stelle, sondern an zweiter zu begrüssen.«

»Ich weiss auch von wem«, antwortete er lachend und führte mich in ein grosses Sitzungszimmer, mit Tisch und Stühlen für zwanzig oder noch mehr Personen. Hier stellte ich mich ordnungsgemäss den zwei anderen, sehr sympathischen Herren vor. Die kurze Sitzung diente einer ersten Orientierung, verlief problemlos und hätte ebensogut am nächsten Tag oder nächste Woche stattfinden können.

In der Agentur wurde ich gleich am Eingang von einem Lehrling abgefangen, der den Auftrag hatte, mich sofort in das Büro des Betreuers zu bringen.

Ich musste genau berichten, worüber gesprochen worden war. Dabei wurde mir bewusst, dass ich in der Präsentation ein Detail vergessen hatte.

»Verdammt! Es musste ja so kommen!« fluchte er, erlaubte mir aber nicht, die fehlende Information dem Kunden am Telefon nachzureichen. »Merk dir eins: Gib niemals, niemals einen verdammten Fehler zu.«

Er muss Kalifornien angerufen haben, nicht nur, aber auch wegen mir. Denn mein Vorgesetzter liess mich gleich nach seiner Rückkehr rufen. Ich freute mich, ihn kennenzulernen, und war stolz, ihm unsere Projekte, die auf seine Zustimmung warteten, zu unterbreiten. Aber der kleine, rundliche Mann im schwarzen Nadelstreifenanzug hatte einen Wutausbruch und sagte alles unbesehen ab. Da er andererseits aber auch nichts Neues auf die Beine stellte, trennte sich die Agentur alsbald von ihm. Sie profilierte sich damit als erste Werbeagentur, die eine Fernsehabteilung eröffnet – und als erste, die eine geschlossen hatte.

Auch der Mitbesitzer der Agentur, den ich in unserem ersten Gespräch als einen sehr kultivierten, eleganten Mann erlebt hatte, rief mich in sein Büro und wollte ziemlich ungehalten wissen, ob ich grössenwahnsinnig geworden sei. In seiner Hand hielt er einen ungeöffneten Brief. Bei der Adresse war mein Name mit Bindestrich an den der Agentur gehängt. Ob ich die Absicht hätte, die Agentur zu übernehmen?

Das war so absurd, dass wir am Ende nur darüber lachen konnten. Aber es war erstaunlich, wie dünnschalig diese Männer waren, die sich ständig bemühten, Ruhe und Überlegenheit auszustrahlen.

Erstaunlich war auch, dass mich mein entschwundener Vorgesetzter mehrmals anrief und wir länger miteinander redeten als während seiner Amtszeit. War es aus Neugier, ob ich meine Stelle noch hätte? Aus Vorsicht, dass ich ihm nicht bei seiner Arbeitsuche schade? Ich war froh, als er mir schliesslich mitteilte, dass er zum Direktor des New Yorker Büros einer Wohltätigkeitsorganisation ernannt worden sei, und mich einlud, ihn doch in seinem neuen Büro zu besuchen.

Es war ein immenser Raum, mit einem knöcheltiefen weissen Teppich und einem grossen, mit weissem Leder bespannten Schreibtisch. Dahinter sass der kleine Mann im schwarzen Nadelstreifenanzug auf einem übergrossen Sessel. Aus weissem Leder, selbstverständlich. Zum ersten Mal sah ich ihn lächeln.

»Wo haben Sie denn das gefunden?« fragte ich. »War hier vorher ein Bordell?«

»Wieso?« Er war erstaunt. »Das habe ich alles selbst ausgewählt. Gefällt's dir nicht?«

»Um ehrlich zu sein: Ich habe Ihre Wohltätigkeitsorganisation jahrelang unterstützt. Ich schlage vor, dass Sie mich mit dem Geld jetzt zu einem feinen Mittagessen einladen. Und dann meinen Namen aus Ihrer Kartei streichen.«

Da meine Abteilung geschlossen worden war, wurde ich in der Agentur nicht mehr gebraucht. Aber man liess mir Zeit, eine neue Stelle zu finden. Ich hatte nur eine Seifenoper zu überwachen und ein Radioprogramm, das wöchentlich halbstündige kleine Hörspiele mit Geschichten rund um den Hauptbahnhof *Grand Central* präsentierte.

Was hiess überwachen? Als ich, um meine Anwesenheit zu rechtfertigen, nach einer Probe einen kleinen Vorschlag machen wollte, erwiderte der Regisseur, ein älterer Herr, der das Format erfunden und mit Liebe verwirklicht hatte und alle Episoden selber schrieb, freundlich und unmissverständlich: »Ihre Meinung, junger Mann, ist für mich von keinerlei Bedeutung.«

Es blieb mir nichts anderes übrig, als mich um die Werbespots zu kümmern. Ich bat ihn aber, mir die Platten vorhergehender Sendungen zu leihen. Aufnahmen auf Magnetband waren erst im Anfangsstadium. Ich hörte sie zu Hause sorgfältig ab. Und als ich sie zurückgab, stellte ich, zwischen ehrlich gemeinten Komplimenten, ganz unschuldig ein paar Fragen zu nicht ganz einwandfreien Stellen. Er kannte sie selbst und hatte sie durchgelassen, um nicht noch einmal mit einer Aufnahme von vorne anfangen zu müssen.

»Du bist ein Schlauer«, sagte er mit einem Schmunzeln. Ich belieferte ihn danach mit Exposés, die er verwertete und mich sogar ein paarmal selber umsetzen liess. Das war ein grosses Zugeständnis.

Mit der Seifenoper hatte ich mehr Mühe. Nach jahrelanger, täglicher Zusammenarbeit bildeten Regisseur und Darsteller eine geschlossene Gesellschaft. Die Rollen, die sie spielten, waren wie ein zweites Leben für sie. Ich war ein Aussenseiter, besonders weil ich nicht, wie sie alle, in psychoanalytischer Behandlung war. Es war ihr Hauptgesprächsthema und wichtigste tägliche Beschäftigung.

Erst als meine für einen Agenturmenschen ungewöhnliche Lebensgeschichte und die Beziehung zu George Grosz durchsickerten, kamen wir uns näher. Ich bewegte den Regisseur, sogar ein Aquarell von Grosz zu kaufen. Mitreden durfte ich trotzdem nicht. Aber sie leisteten gute Arbeit, die Einschaltquoten waren hoch. Also war die Agentur auch mit mir zufrieden.

Auf meinem täglichen Weg zum Radiostudio fesselte mich eine rotharige Schönheit am Empfangs- und Informationsschalter des Rockefeller Centers. Ich liess mich bei der ersten Gelegenheit empfangen und informieren. Viel mehr als ihren Namen erfuhr ich allerdings nicht: McLeod, sprich Mac Cloud, wie Wolke, ein Gedicht. Zu oft oder zu lang konnte ich sie nicht sprechen, denn die Bewunderte wurde von ihrer Chefin streng überwacht. Was konnte ich tun? Ich bat eine ihrer Kolleginnen, die von der Mutterhenne weniger aufmerksam kontrolliert wurde, bei ihr für mich zu intervenieren. Wir verabredeten, dass ich die Schöne während der Arbeit nicht stören, aber im Vorbeigehen mit einem kleinen Metallfrosch klicken würde, um sie zu begrüßen.

Sie versuchte, mein kindisches Verhalten zu ignorieren, konnte aber immer weniger ein Lächeln unterdrücken. Dann liess ich ihr die Nachricht zukommen, dass ich sie zu einem Mittagessen im *English Grill* an der Eisbahn vor dem Gebäude einladen wolle. Ein Tisch am Fenster, mit Blick auf das Eis sei in meinem Namen reserviert. Ich würde draussen laufen und, wenn sie mir ein Zeichen geben würde, hereinkommen und mit ihr einen Bissen essen. Sie revanchierte sich mit einer Einladung zu den Radiokonzerten von Toskanini, bei denen sie Zutritt zum Studio hatte. Als erstes hörten wir eine Oper, »Othello«. Die Sänger sassen vor dem Orchester und standen einfach auf, wenn sie »dran« waren. So begegnete ich Aileen, noch nicht ahnend, dass sie meine Frau werden würde.

Man gab mir neben der Überwachung der zwei Programme hin und wieder einen Alibiauftrag. Einmal sollte ich etwas für die vereinigten Hersteller von Männerhüten erledigen. Der Kunde erwartete, dass jeder, der für sie arbeitete, auch einen Hut tragen sollte. Ich besass aber keinen. Man schickte mich zum besten Laden in New York, der alle Berühmtheiten der Welt zu seinen

Die Familie auf Fire Island, einer kleinen Insel vor New York: FCW und Grete; Irmi und Kurt, die dort ein Ferienhäuschen gemietet hatten; Grossmutter, Vater und ich. Vermutlich war Mutter die Fotografin.

Mutter und ich im Stuyvesant Park. Wir hatten lange Gespräche. Sie war von der Rückkehr nicht begeistert. Ich bot ihr an, bei mir in New York zu bleiben.

Dann traf ich Aileen, eine rothaarige, schottische Empfangsdame im Rockefeller Center, und sie wurde meine Frau.

George Grosz, hier in seinem Atelier, schenkte Vater zum Abschied »ein Traktat von der Nutzlosigkeit moderner Malerei«.

Kunden zählte, um einen zu kaufen. Aber es liess sich wegen meines langen, schmalen Kopfes kein Hut auf Lager finden, der mir gepasst hätte. In einem solchen Fall bot die Firma Massanfertigung an. Ein hutähnliches Folterinstrument wurde mir aufgesetzt. Die Krone bestand aus beweglichen Nadeln, die mit ihren Perforationen den Umriss des Schädels auf ein Blatt Papier übertrug. Nur verkeilten sich die Nadeln in meinem Fall, und der konsternierte Verkäufer bedauerte, er könne mir nicht helfen.

Ich fragte: »Können Sie mir das bitte schriftlich bestätigen?«

»Tut mit leid. Es wäre in Widerspruch zu unserer Firmen-Philosophie.«

Es war das erste Mal, dass ich von so einer Philosophie hörte. Die war natürlich unantastbar. Nach langer Diskussion hat der Geschäftsführer der Agentur schliesslich telefonisch bestätigt, dass er mir keinen Hut anbieten könne, und ich wurde der Aufgabe enthoben.

Ein anderes Mal sollte ich *low cost* Radiowerbung für einen unbekannten kleinen Hersteller eines neuen Haarprodukts entwickeln. Der Kunde hatte wenig Geld, und die Agentur akzeptierte eine Beteiligung am Produkt als Teil der Bezahlung. Mein Vorschlag, zufriedene Konsumentinnen zu Wort kommen zu lassen, ein bewährtes Format, wurde nicht begeistert aufgenommen.

Aber ich machte trotzdem einen Probelauf, nahm längere Gespräche mit ausgewählten Frauen auf dem neu entwickelten Magnetband auf und liess die animiertesten Aussagen von einem Pionier der Tonband-Technik auf die richtige Länge zuschneiden und auf Platte überspielen. So glaubwürdige, persönliche, auch humorvolle Testimonials, hatte noch niemand gehört. Wie sie zustande kamen, war mein Geheimis.

Das Produkt wurde zum Marketingerfolg des Jahres. Meine Stellung war gesichert, ich erhielt eine Gehaltserhöhung und die ersten Anteilscheine der Agentur. Nur war ich weg von der Programmgestaltung, die mich eigentlich an dieser Stelle interessiert hatte. Ich sollte nur noch für Werbung zuständig sein.

Obwohl ich es mir nicht leisten konnte, kaufte ich ein Aquarell von George Grosz. Er hatte es nicht leicht, musste oft noch Unterricht geben, um seinen finanziellen Verpflichtungen nachkommen zu können. Und hat uns trotzdem, als Einziger, immer wieder geholfen. Es freute mich, etwas für ihn zu tun.

Natürlich freute mich auch das Bild: Es zeigte einen älteren Mann, der mit einem umgehängten Werbeschild für Dauerwellen auf einer dunklen Strasse unter der Hochbahn steht, um seinen Lebensunterhalt zu verdienen. »Bild dir nur nicht ein, du wärst was Besseres«, schien es zu sagen.

Zu dieser Zeit kam die Anfrage einer Senderkette, ob ich bereit sei, an einem sehr mässig bezahlten Trainingsprogramm für künftige Regisseure teilzunehmen. Leider musste ich ablehnen. Zwei der Absolventen des Programms wurden später sehr erfolgreich im Fernsehen und Film.

Aber ich konnte gerade jetzt nicht auf ein sicheres Einkommen verzichten. Es galt ja, die Rückkehr der Eltern nach Deutschland vorzubereiten. Vater hatte den Laden verkauft, aber der Erlös reichte nicht, um die Schulden des Aurora-Verlags zu bezahlen. Zugleich begannen wir Dinge anzuschaffen, von denen wir gehört hatten, dass sie in der sowjetisch besetzten Zone Deutschlands nicht erhältlich oder sehr knapp seien. Auf der Einkaufsliste stand alles mögliche, von Anzugstoffen bis Zahngold. Als Übersiedlungsgut durfte man so etwas einführen, diese Dinge später nachzuschicken war nicht möglich. Es erinnerte an meinen Abschied von Prag.

Es gab noch andere, unausgesprochene Gründe für meine Entscheidung, in der Werbung zu bleiben. Sie entsprach einem stärkeren Bedürfnis nach Sicherheit, als ich mir eingestand. Sie bot die Gelegenheit, durch Praxis zu lernen, kurzfristig verschiedene Formen der Gestaltung auszuprobieren und ihre Wirkung beurteilen zu können. Und sie war nicht mit übertriebenen Erwartungen befrachtet wie Schlittschuhlaufen und Theater.

Kein Zweifel: Ich war jetzt einer der »Tüchtigen«, zwar am

unteren Ende der Leiter, die in den Himmel ragte, aber auf dem Weg nach oben. Es wurde mir ein Assistent zugeteilt, nicht weil ich so überlastet war, sondern um meine Ablösung für Höheres vorzubereiten.

Mein Assistent war ein charmanter junger Mann, etwas älter als ich, frisch aus der Marine entlassen. Ich war eben ein Kriegsgewinnler. Oder war er es? Er hatte den Krieg als Informationsoffizier in Brasilien verbracht und dort eine reiche und schöne junge Frau geheiratet. Er hat in der weissen Uniforn sicher blendend ausgesehen. Aber jetzt war seine Frau unzufrieden, weil er nur Assistent und ich sein Vorgesetzter war. Es war nicht eine Frage des Einkommens, sondern des Ansehens, denn er kam auch aus einem reichen Haus.

Als wir nach der Arbeit, mit einem Scotch in der Hand, darüber sprachen, hatte ich eine verrückte Idee: Was wäre, wenn ich ihn so schnell wie möglich darauf vorbereiten würde, nachzurücken und ich dann kündigen würde? Als Gegenleistung sollte er mir die Dividenden eines Aktienpakets überschreiben, was mir erlauben würde, mich auf ein Studium und Schreiben zu konzentrieren. Die Aktien sollten weiterhin auf seinen Namen laufen. Sein Salär wäre anfangs etwas weniger, aber potentiell deutlich höher als das, was ich jetzt verdiente. Ausserdem würde ich ihn auch zu einem festen Prozentsatz an allen meinen Honoraren beteiligen, die über einem bestimmten Minimum lagen. Wäre das fair?

Er war von dem Vorschlag begeistert. Das Geld war für ihn nicht ausschlaggebend. Wenn es wirklich mein Ernst sei, würde er seinen Rechtsanwalt beauftragen, in absoluter Diskretion einen Vertrag zu erstellen. Als wir den Vertrag in der Kanzlei unterschreiben wollten, kam ein bulliger Mann mit rasiertem Kopf und kurzem weissen Bart zur Tür herein und steuerte direkt auf mich zu. »Sind Sie der junge Mann, der meinem Enkel diesen unfairen Tausch vorgeschlagen hat?«

Der Anwalt hatte sein Versprechen gebrochen. Wer wusste noch von der Vereinbarung?

»Wir haben die Vereinbarung gemeinsam erarbeitet, und sie schien mir durchaus fair.«

»Für Sie vielleicht. Für ihn nicht. Man kauft keine Karriere, man arbeitet für sie. So habe ich es gemacht, und so soll er es auch machen.«

Die Sache war erledigt. Sein Enkel, derart gedemütigt, verfiel dem Alkohol, verlor seine Stelle und seine Frau. Ich bin überzeugt, er hätte es zu etwas gebracht. Und was wäre wohl aus mir geworden?

Ich kaufte, durch Vermittlung von Maud Grosz, von ihren Nachbarn mein erstes Auto, ein altes, schweres, viertüriges Oldsmobile. Der schwarze Lack schaute noch gut aus, die Lenkung war etwas locker, die Reifen abgefahren. Als ich von der Ausfahrt in die regennasse Strasse einbog, drehte sich der Wagen um seine Achse.

Mutter sagte wieder einmal: »Um Gottes willen ...«, und Vater beruhigte sie: »Er steht ja jetzt in der richtigen Richtung. Das hat George sehr gut gemacht.« Sie hatten beide Freude, weil es mit dem Auto leichter war, vor ihrer Abreise noch alle unsere weit verstreuten Freunde ein paarmal zu besuchen.

Der Wagen war solid, aber anfällig. Glücklicherweise fand ich einen alten, halb blinden Automechaniker im ersten Stock eines verlassenen, dunklen Lagerhauses. Das Auto passte in der Länge millimetergenau in den Aufzug.

Der Mann war ein Zauberkünstler. Er konnte die meisten Pannen beheben, sogar ohne Ersatzteile, die es vielleicht gar nicht mehr gab.

Der Wagen hatte noch richtige Stossstangen, ein wichtiges Rüstzeug im Kampf um einen Parkplatz. Da die Strassenseite, auf der man parken durfte, jeden Tag wechselte, musste man den Wagen täglich bewegen, sonst riskierte man, einen Strafzettel zu bekommen oder, schlimmer noch, abgeschleppt zu werden. Einmal, als mir das passierte, verschwand eine Spiegelreflex-Kamera, die mir Onkel Kurt aus dem Krieg mitgebracht hatte. Sie lag im verschlossenen Handschuhfach, das wieder zu war, als ich das Auto vom Abstellplatz der Polizei abholte. Da half kein Protest.

Leider ging mit der Kamera auch der Film mit den Fotos der Freunde verloren, bei denen wir schon zu Besuch gewesen waren. Ich hätte gern eine ganze Serie aufgenommen, ehe sich unser Kreis auflöste.

Das Auto machte es mir leichter, wieder Abendkurse an der Columbia-Universität zu belegen. Es war eine Wohltat, nachts nicht mehr die U-Bahn benutzen zu müssen, sondern auf dem leeren West Side Highway beinahe die ganze Länge von Manhattan am Hudson entlang nach Hause zu rollen.

Einer meiner Kurse war *playwriting*, er wurde von John Gassner geleitet, dem Dramaturgen der *Theater Guild*, der von Vaters Stück so beeindruckt gewesen war. Er sah in meinem neuen Stück, das heisst dem Exposé und den ersten Auftritten, einen starken Einfluss von Brecht. Dieses gutgemeinte Urteil lähmte mich allerdings ziemlich.

War das Stück eine Hommage, mit der ich meinem Vater zeigen wollte, dass meine Überzeugungen noch die alten waren, auch wenn ich mich gegen die Rückkehr entschieden hatte? Er drängte mich, fertig zu schreiben, um es mit nach Deutschland nehmen zu können. Ich glaube, er hoffte, dass es mir ein Wiedersehen mit Berlin erleichtern würde, wenn es dort aufgeführt würde, dass es vielleicht sogar zu meiner Übersiedlung führen könnte …

Auch Bloch ermutigte mich: »Mach dich dran und spucke in die hohle Hand. Talent hast du durchaus schon gezeigt.«

Aileen, die sehr Teil der Familie geworden war, bot an, das Manuskript zu tippen. Es kam nicht dazu. Meine Note war *incomplete*.

Die Zeit rollte sehr schnell vorbei. Plötzlich war es Neujahr 1949. Meine Eltern, Aileen und ich waren bei Freunden von mir eingeladen. Sie hatten ein grosses Haus an der Westseite vom Central Park. Die junge Frau kannten die Eltern schon. Sie hatte gleichzeitig mit mir versucht, beim Theater Fuss zu fassen, und damals gerade einen jungen Gewerkschafter kennengelernt, der in Hawaii Landarbeiter organisierte. Inzwischen war er ein erfolgreicher Psychoanalytiker. So ist Amerika.

Am Nachmittag hatte es zu schneien angefangen. Und als wir nach Mitternacht nach Hause gingen, lag die ganze Stadt unter einer zwanzig Zentimeter dicken weissen Schneedecke. Die Eltern konnten noch die Subway nehmen, aber ich wollte Aileen nach Hause bringen. Sie teilte eine Wohnung mit drei Mädchen auf der gegenüberliegenden Seite des Parks.

Es fuhren weder Busse noch Taxis. Ich hatte das Auto zu Hause gelassen, und so blieb uns nichts anderes übrig, als zu Fuss zu gehen. Aileen hatte zumindest Gummistiefelchen, um ihre schönen Schuhe zu schonen. Meine Schuhe waren nur zum Tanzen geeignet. Also tanzten und liefen und sprangen wir durch den Schnee, begegneten anderen Nachtschwärmern, die teils in Abendgarderobe unterwegs waren, teils mit Schlitten und Langlaufskiern. Es war eine gloriose Nacht.

Wie durchnässt und durchgefroren wir waren, bemerkten wir erst, als wir in die Wohnung kamen. Schnell machten wir im Kamin ein Feuer, zogen die Kleider aus, legten sie zum Trocknen und wärmten uns. Aileen in einem schönen Morgenmantel, ich in einer Decke wie ein Indianer.

Lange unterhielten wir uns, lernten einander eigentlich erst richtig kennen. Sie war Kanadierin schottischen Ursprungs. Ihr Vater, sagte sie, sei ein Mann von wenigen Worten, tiefen Gefühlen und feinem Humor. Er war Farmer gewesen, bis ihn ein Unfall dazu zwang, die Farm aufzugeben und für die CNR-Eisenbahn zu arbeiten. Er war überzeugter Gewerkschafter. Das stand seinem Aufstieg im Weg, zum Missfallen ihrer Mutter. Sie kam aus einer etwas besseren Familie, hatte mehr vom Leben erwartet und liess ihn das spüren. Aileen war auf seiner Seite. Ich natürlich auch. Sie wäre gerne Tänzerin geworden, aber ihre Mutter fand es unpassend und liess sie stattdessen Gesangsunterricht nehmen. Sie hatte eine schöne Stimme, sang in der Kirche und war in New York, um sich weiter auszubilden. Aber spontan gesungen hat sie nie.

Als keine der anderen Bewohnerinnen auftauchte, liebten wir uns innig und ungeschützt. Aileen wurde schwanger. Das Schicksal wollte es so. Wir haben uns beide gefreut und entschieden uns bald zu heiraten, wenn auch Aileens Mutter für sie einen jungen englischen Piloten und Medizinstudenten im Sinn hatte, der eine bessere Partie war.

»Glückwunsch dem George und seinem Mädchen«, schrieb Bloch, als er davon erfuhr. »Vor elf Jahren sass ich noch am Bett meines kleinen naturwissenschaftlichen Freundes. Nun ist er in Kürze ein in Ehren gefestigter Ehemann. Trudchen wird leichter wegfahren, wenn George unter der Haube ist. Auch unter diesem Gesichtspunkt freue ich mich über die neue Verbindung.«

Ich hoffte, es sei wirklich so und ich hätte meiner Mutter den Grund zu bleiben nicht entzogen. Oder umgekehrt, in Erwartung eines Enkelkinds, die Trennung erschwert.

Es wurde eine fröhliche Hochzeit. Wir feierten am Abend zuvor in der elegantesten Wohnung, die Vater organisieren konnte. Sie gehörte Piscator. Ich war auf ihn nicht gut zu sprechen. Er erwies Vater diesmal einen Freundschaftsdienst, aber nicht, als es wirklich wichtig war. Es freute mich, als sich jemand an eine der protzigen Marmorsäulen lehnte und sich herausstellte, dass sie nur eine Requisite aus Pappmaché war, die beinahe umgekippt wäre. In der Wohnung war alles nur Show.

Am nächsten Morgen fuhren wir los, im alten Oldsmobile, Richtung Upstate New York, zu der Trauung und einem Flitter-Wochenende im *Concord Resort Hotel.* Aileen trug ein smaragdgrünes Seidenkleid, mein Hochzeitsgeschenk. Mutter gab ihr eine Smaragdkette, ein Erbstück. Und Vater fertigte aus grünen Federn einen eleganten, an den Kopf geschmiegten Hut. Mit ihrem roten Haar sah sie bezaubernd aus.

Zuerst machten wir an der Columbia-Universität halt. Das lag am Weg. Ich war eben der Sohn meines Vaters. Aileen leistete mir Gesellschaft in einer Vorlesung über deutsche Literatur und wurde von allen Studenten bewundert. Dann assen wir bei Kurt und Irmi, die in der Nähe wohnten, einen schwedischen Imbiss, geräucherten Aal und Aquavit. Erst dann fuhren wir richtig los.

Als wir beim dem noblen Hotel ankamen, verhakte sich das Gaspedal. Ich drehte zwei Runden auf der kreisförmigen Einfahrt, voll neuer Lincolns, Cadillacs und Packards, ehe ich auf die brillante Idee kam, die Zündung abzuschalten, um nicht ein drittes Mal an dem konsternierten Türsteher vorbeifahren zu müssen. Das Abstellen des Wagens überliess ich ihm, während wir einem Pagen hinterher eilten, der unseren verschwindend kleinen Koffer auf seinen grossen, goldenen Gepäckroller gepackt hatte.

Die Trauung nahm der Besitzer des Hotels vor, sehr einfach und persönlich. Er war dazu befugt wie der Kapitän eines Schiffs, und er bot uns das Beste, was er zu bieten hatte. Ich kannte inzwischen viele Hotels, aber dieses war wirklich aussergewöhnlich, besonders die Unterhaltung, die Musik, die Speisen und Getränke in einer ganzen Auswahl von Restaurants, ganz zu schweigen vom Room Service in unserer blumengeschmückten Suite. Für das Wintersportangebot waren wir nicht vorbereitet, aber wir fuhren in Decken gehüllt mit einem Pferdeschlitten durch die verschneite Landschaft.

Dennoch passierte ein schlimmes Malheur. Da Aileen Kanadierin war, schickte ein Schreiberling, der gewöhnlich eine Klatschspalte mit Nachrichten über die Lincoln-Cadillac-Gesellschaft verfasste, ohne uns zu fragen einen kurzen Bericht über unsere Hochzeit an die Zeitung ihres Heimatorts. So erfuhren ihre Eltern aus der Zeitung von der Eheschliessung ihrer Tochter, denn wir hatten sie von unseren Plänen und den Umständen, die dazu geführt hatten, bislang noch nicht benachrichtigt.

Erst ein paar Wochen später stellten wir uns ihnen und der weit verzweigten Verwandtschaft. Wenn man alle Höfe der Familie zusammenrechnete, konnte man den Eindruck gewinnen, dass der ganze Bezirk ihren Onkeln und Vettern gehörte. Wir trafen sie im Haus der Tante, die Aileen, und dann auch ich, am liebsten hatte. Ihres war eins der wenigen alten Gebäude, sanft modernisiert. Sie schenkte uns eine traditionelle selbstgenähte Flickendecke, einen sogenannten Quilt, und einen Kanister selbstgesammelten Ahornsirup.

Auch zwei anderen Tanten, eine Lehrerin und eine Direktionssekretärin, die beide mit Freunden lebten, waren sehr selbständige, lustige Frauen. In ihrer Jugend war Aileens Mutter die schönste der drei Schwestern gewesen, und das war nicht unbedingt ein Segen für sie.

Die Familien kamen in ihren *pick-up-trucks*, die junge Generation auf Motorrädern. Auf den schnurgeraden Feldwegen sah man sie schon in der Ferne den Staub aufwirbeln. Es war wie eine Szene aus einem Film. Sie beschenkten uns mit Stücken aus der Vergangenheit: gepresstes Glas, Zierteller, Handarbeiten, gerahmte Kopien alter Fotos und Kostproben ihrer Backkunst. Aber in ihren Scheunen standen grosse Maschinen, ein Cousin war im Saathandel, ein anderer hatte eine Schweinezucht, ihre Häuser waren modern, ein paar hatten *swimming pools*.

Aileens Mutter war verständlicherweise von mir noch lange nicht begeistert und besorgt wegen Aileens Zukunft und der religiösen Erziehung der Kinder. Mit ihrem Vater habe ich mich sofort verstanden, und er sagte nur ganz ruhig und liebevoll: »Pass gut auf sie auf.«

Abschied

Zehn Jahre nach unserer Ankunft in Amerika, im April 1949, traten die Eltern ihre Rückreise über Polen nach Deutschland an. Am Morgen ihrer Abreise musste ich in meiner Werbeagentur unbedingt noch zu einer »wichtigen« Sitzung, die als unumgänglich galt und mir an diesem Tag absolut endlos erschien.

Dann musste ich noch auf ein Taxi warten. Endlich kam eins.

»Zu den Docks«, sagte ich, »und bitte beeilen Sie sich.«

Auf dem Weg fuhren wir zufällig an Vaters altem Laden vorbei. Es gab mir einen Stich. Eine *One-Minute*-Schuhreparatur hatte Marken und Bücher abgelöst. Nur in den Akten von FBI und Stasi, in die ich Jahrzehnte später Einsicht nahm, war der *Seven Seas Books & Stamps Store* für immer verewigt. Sowohl die amerikanischen als auch die kommunistischen Staatsschützer (letztere freilich nur rückblickend) bezweifelten, dass wir von diesem Laden gelebt haben könnten, und hegten daher den Verdacht, dass er dem jeweiligen »Gegner« als Anlaufstelle gedient haben müsste.

»Which pier did you say?« Der Taxifahrer riss mich aus dem Grübeln. Ich gab ihm die Nummer des Landestegs, an dem das Schiff der Eltern liegen sollte, und fügte sicherheitshalber den Namen des Schiffs dazu: »Wir müssen zur *SS Batory*.«

»Der Kommi-Dampfer?« fragte der Fahrer misstrauisch.

Ich spielte den Ahnungslosen. »Es ist ein polnischer Frachter.«

»Dem sollte man den Hafen verbieten!« meinte der Mann, der wahrscheinlich zehn Stunden am Lenkrad sitzen musste, um seine Familie zu ernähren.

Ich hätte mir denken können, dass er so reagieren würde. Der Frachter war wochenlang in den Schlagzeilen gewesen, weil Gerhart Eisler Monate zuvor auf demselben Schiff unbemerkt das Land verlassen und sich so seiner Gefängnisstrafe entzogen hatte. »Ein feiger Hund, das«, sagte der Fahrer.

Es war zu befürchten, dass den Passagierlisten der *Batory* seit dem besondere Aufmerksamkeit geschenkt wurde, und es war denkbar, dass die Eltern noch in letzter Minute durch eine Vorladung an der Abreise gehindert wurden. Die Eltern liessen auf jeden Fall Vorsicht walten. Im Briefwechsel mit Bloch, der mit meinen Eltern zu reisen plante, wurden die Vorbereitungen auf rührende, nicht gerade professionelle Weise verschlüsselt. Als der Termin der gemeinsamen Abreise aus Gesundheitsgründen verschoben werden musste, schrieb Bloch: »... trotzdem bin ich zum Theaterbesuch bereit. Ich hörte, der Vorhang hebt sich am 7.« Und er schlug vor, »bei Gelegenheit des Umtauschs« der Fahrkarten etwas zu sparen und »nicht ersten Rang, Proszeniumloge, sondern zweiten Rang zu nehmen.«

Ich geriet plötzlich in Panik, weil die Zeit verflog, die mir noch mit meinen Eltern blieb. Wie unsinnig war es, die Sitzung, von der ich kam, als wichtig zu bezeichnen und unseren Abschied verkürzen zu lassen. Handkarren und Lastwagen, Busse und Taxis, Limousinen und Autos verstopften die Strasse, hupten um die Wette, verpesteten die Luft.

»Ich glaube, ich bin schneller zu Fuss.« Ich wollte mich auf jeden Fall bewegen.

»Suit yourself.« Der Fahrer warf mir einen verächtlichen Blick zu. Jeder, der mit der *Batory* etwas zu tun hatte, war ihm verdächtig.

Ich fand das Schiff und ging schweren Herzens die Laufplanke hinauf. Auch ich hätte heute ein Passagier sein können. Alle waren schon an Bord: Aileen und meine Eltern; Bloch, mit Frau und Sohn, Karola und Jan, die später nachkommen würden; und George Grosz mit Maud.

Grosz erzählte gerade bissig von einer *Gardenparty* in Hollywood, bei der neben Pingpong- und Tennisschlägern neben dem Swimmingpool auch Malmaterial ausgelegt worden war, für Gäste die sich die Zeit mit »ein bisschen Malerei« vertreiben wollten. Wir lachten Tränen über seine Darbietung, bei der er alle Beteiligten verbal karikierte.

Als Abschiedsgeschenk gab er meinem Vater einen Stoss Fotos seiner neuen, unverkäuflichen Arbeiten mit, »darunter mein gemaltes Gleichnis oder besser ›gemaltes Traktat‹, um Brechts Ausdruck zu gebrauchen, über die Leere und Nutzlosigkeit der jetzigen modernen Malerei ... jedoch mit grosser Sorgfalt, ja ›Liebe‹ (zum Handwerk) gearbeitet.« Das wollte besagen, er verstehe meines Vaters Entscheidung, auch wenn ihm dessen Gehorsam im Innersten widerstrebe.

Die Sirene forderte die Zurückbleibenden auf, das Schiff zu verlassen. Wir versprachen, einander oft und ausführlich zu schreiben. Maud versicherte meiner Mutter, sich um mich und Aileen zu kümmern. Bloch fand die tröstenden Worte: »Unsere warme, tüchtige Verbundenheit bleibt uns überall erhalten.«

Zuhause in der kleinen Wohnung in der 17. Strasse 307, die ich mit meinem Vater gefunden und mit den Eltern zehn Jahre lang bewohnt hatte, musste ich an unsere Vergangenheit denken, in Berlin, Salzburg, Prag, London und New York. Sie war von Trennungen geprägt, aber keine drohte so endgültig wie diese zu werden.

Ich hätte damals alles niederschreiben sollen und habe es jetzt, mehr als fünfzig Jahre später, endlich nachgeholt. Damals beanspruchte mich die Zukunft. Die Wohnung gehörte jetzt Aileen und mir. Auch mein Exil ging somit zu Ende. Aber die Eltern blieben sehr präsent. Auch Bloch, der mir zwei Stühle und einen Christus ohne Kreuz und Arme hinterliess.

Während der Überfahrt feierte mein Vater seinen dreiundfünfzigsten Geburtstag. Ich schickte ihm ein Telegramm: »Alles Beste zum 1. Geburtstag eines neuen Lebens«.

ENDE

Der Sandwich Man. Aquarell von George Grosz im Besitz des Verfassers.

Inhalt

Berlin 1925–32 5
Salzburg 1932–33 33
Die Flucht 63
Prag 1933–38 72
Schweiz 1938–39 129
Transit März–April 1939 146
Die Neue Welt 1939–1949 160
Der erste Sommer 164
Vom Millionär zum Tellerwäscher 169
Stuyvesant Park 173
Schule, Cello und Eis 185
Der zweite Sommer 194
Der Seven-Seas Buch- und Briefmarkenladen 210
On thin Ice 214
Schulabschluss 221
Sonja Henie's Stars on Ice 224
New York, New York 243
West Huntsville 245
Das Theater mit dem Theater 258
Die Werbung ruft 277
Abschied 294

073